本书受国家社科基金青年项目

“农民工随迁子女教育获得与城市融入研究”（13CSH036）资助

吴新慧　著

农民工子女教育获得与城市融入研究

中国社会科学出版社

图书在版编目(CIP)数据

农民工子女教育获得与城市融入研究 / 吴新慧著 . —北京 ：中国社会科学出版社，2023. 5
ISBN 978 - 7 - 5227 - 2156 - 9

Ⅰ. ①农… Ⅱ. ①吴… Ⅲ. ①民工—子女—教育资源—研究—中国②民工—子女—城市化—研究—中国 Ⅳ. ①G521

中国国家版本馆 CIP 数据核字（2023）第 118996 号

出 版 人 赵剑英
责任编辑 王莎莎
责任校对 张爱华
责任印制 张雪娇

出 版 中国社会科学出版社
社 址 北京鼓楼西大街甲 158 号
邮 编 100720
网 址 http://www. csspw. cn
发 行 部 010 - 84083685
门 市 部 010 - 84029450
经 销 新华书店及其他书店

印刷装订 北京市十月印刷有限公司
版 次 2023 年 5 月第 1 版
印 次 2023 年 5 月第 1 次印刷

开 本 710 × 1000 1/16
印 张 18. 25
插 页 2
字 数 288 千字
定 价 118. 00 元

目 录

CONTENTS

第一章　导论

第一节　问题缘起

一　农民工子女义务教育问题基本解决

自 20 世纪 90 年代以来，“举家迁徙”的人口流动模式逐步取代了分散的、跑单帮的流动方式，“家庭型迁徙”成为越来越多的流动人口在流动中的首选模式。随着时间的推移，流动人口家庭化流动趋势进一步加强，居留稳定性持续增强。有数据显示，2015 年流动人口在流入地的家庭规模比 2013 年增加了 0.11 人，为 2.61 人；2014 年流动人口子女在现居住地出生的比例达到 56.6%，比 2010 年上升了 29.1%。①《全国教育事业发展统计公报》显示，自 2009 年起随迁子女规模增长十分迅速：2009 年随迁子女 997.1 万人，在 2012 年达到一个高点，随迁子女规模达到 1393.87 万人，2013 年、2014 年数量有所减缓，但是到 2016 年随迁子女规模达到 1394.77 万人，之后逐年递增，直至 2021 年，受疫情影响，随迁子女数量有所减少，见表 1－1。

表 1－1　全国义务教育阶段在校生中随迁子女和留守儿童分布状况

（年，万人）

年份	随迁子女数	小学在读	初中在读	年份	随迁子女数	小学在读	初中在读
2009	997.10	750.77	264.34	2010	1167.17	864.30	302.88

① 祝乃娟：《异地高考改革：尽快落实国民待遇　异地务工人员越来越重视子女的教育》，《21 世纪经济报道》2016 年 10 月 31 日第 9 版。

续表

年份	随迁子女数	小学在读	初中在读	年份	随迁子女数	小学在读	初中在读
2011	1260.97	932.74	328.23	2017	1406.63	1042.18	364.45
2012	1393.87	1035.54	358.33	2018	1424.04	1048.39	375.65
2013	1277.17	930.85	346.31	2019	1426.96	1042.03	384.93
2014	1294.73	955.59	339.14	2020	1429.73	1034.86	394.88
2015	1367.10	1013.56	353.54	2021	1372.41	984.11	388.30
2016	1394.77	1036.71	358.06				

就随迁子女的随迁、就学状况来看：2012 年，全国义务教育阶段进城务工人员随迁子女，58.9%集中在东部地区；其中，外省迁入的占比 45.4%，省内流动占比 54.6%。小学阶段外省迁入所占比例为 48.2%；初中阶段外省迁入比例为 37.5%。2014 年，仍然以省内流动为主，外省迁入的占比 44.5%，省内其他县迁入的占比 55.5%；小学就读省内流动的比例为 53.5%；初中省内流动比例为 62.4%。2015 年，以省内流动为主，省内其他县迁入的比例小学为 54.5%、初中为 61.1%。2012—2015 年小学就读省内流动的比例稍有增长，但是初中阶段省内流动的比例于 2014 年、2015 年有了大幅度提升。2017—2019 年，农民工随迁子女以省内流动为主，省内其他县迁入的比例为 56%以上，超过 58%的农民工随迁子女在东部地区就读。①

为了保障农民工子女的受教育权利，2003 年国家提出了“以流入地政府管理为主、以全日制公办中小学就读为主”的“两为主”方针，目前为止，农民工子女入学规模不断扩大，各地公办学校招收农民工子女为主的教育格局基本形成，农民工子女义务教育问题基本解决。据统计，到 2011 年，全国进城务工人员随迁子女义务教育阶段在公办学校就读的比例约达 66.5%，2014 年该比例达到 79.5%，其中小学公办就读比例为 78.5%，初中公办就读为 82.3%；2019 年该比例为 79.4%，其中小学公办就读比例为 78.9%，初中公办就读为 80.8%，见表 1－2。

① 数据来源于：2012—2019 年历年教育部《中国教育概况》，http://www.moe.gov.cn/jyb_sjzl/s5990/202008/t20200831_483697.html。

表 1-2 随迁子女公办学校就读状况

（年；人；%）

年份	随迁子女数	占在校生比例	公办就读比例	小学就读	公办就读比例	初中就读	公办就读比例
2011	1260. 97	—	66. 5	—	—	—	—
2012	1393. 87	—	79. 2	1035. 54	—	358. 33	—
2014	1294. 73	9. 4	79. 51	955. 59	78. 53	339. 14	82. 25
2015	1367. 10	9. 8	79. 9	1013. 56	79. 1	353. 54	82. 4
2016	1394. 77	—	—	1036. 71	—	358. 06	—
2017	1406. 60	9. 7	79. 7	1042. 2	79. 0	364. 50	81. 6
2018	1424. 04	9. 5	79. 4	1048. 39	78. 9	375. 65	80. 8
2019	1427. 00	—	79. 4	1042. 00	78. 9	384. 90	80. 8

二　农民工子女初中后升学需求显现

随着时间的推移，农民工子女逐渐成长，其在流入地参加升学考试，初中后的教育问题日益凸显。根据有关调查推算，2005 年全国 6—14 岁农民工随迁子女数为 816 万人，其中 12—14 周岁的已达 264 万人，另外，尚有 552 万将陆续进入高中阶段。农民工随迁子女主体已经开始步入初中后阶段。① 段成荣通过对流动儿童的年龄结构推算，15—17 岁的随迁子女在全部流动儿童中占比 27. 59%，大龄随迁子女已经达 1050 万人。吴霓运用模型拟合测算未来 12—14 岁和 15—17 岁随迁子女人数在 2020 年达到 627. 73 万人和 1543. 65 万人。② 根据教育部的统计数据，自 2010 年随迁子女数量突破 2100 万人以来，随后十年，随迁子女总体增长趋势平缓，2016 年随迁子女规模达到 1394. 77 万人，初中就读 358. 06 万人，截至 2019 年有随迁子女 1429. 73 万人，其中初中就读 394. 88 万人，2020 年受疫情影响，随迁子女总数以及初中就读人数有所回落。虽然目前初中后随迁子女的数量没有一致的数据，但是，

① 秦华：《当前农民工随迁子女教育问题的新特征 2011 年 6 月 15 日及相关对策建议》，http://www. npopss-cn. gov. cn/GB/219471/219486/222142/14909639. html，2011 年 6 月 15 日。

② 吴霓、朱富言：《流动人口随迁子女在流入地升学考试政策分析》，《教育研究》2014 年第 4 期。

规模庞大是该群体的重要特征。

初中后教育分流是义务教育和非义务教育的分水岭，从这一阶段开始有复杂多样的教育分流：分流过程中，有重点和非重点学校、普通高中和职业高中、继续就读与终止学业之间的差异；与一般青少年不同，农民工随迁子女在这三类之间，多了一项城乡之间的选择，或返乡就读或留城就读。农民工随迁子女初中后分流有城市就读高中、城市就读职高技校、返乡就读高中、返乡就读职高技校以及终止学业进入劳动力市场等可能。本书对随迁子女“未来打算”调查显示，66.0%表示要“继续上高中、大学”，8.1%要“留在城里，学一门技术”，3.1%是“要回老家务农或经商”。对随迁子女“学习目的”调查发现，大部分孩子认识到读书可以改变未来生活、回报父母。其中“出人头地，提高社会地位”占比17.1%，“挣大钱过好日子”占比10.8%，“让父母过得好一点”占比32.3%，“为国家和社会进步读书”占比29.6%。随迁子女初中后升学意愿强烈，且通过教育改变自身命运的意愿也非常强烈。“理想很丰满，现实很骨感”，已有研究发现，农民工随迁子女初中后就学状况并不理想，大量随迁子女直接进入劳动力市场。

三 农民工子初中后教育获得与城市融入

美国教育社会学家特雷曼（Treiman）称，“那些获得教育最多的人走在工业社会最前面”，作为一种具有重要价值的资源，教育成就对个人命运具有巨大影响；与此同时，教育获得影响着社会分层和流动，是地位获得的核心内容，教育公平备受关注。伴随经济与社会发展，教育普及化席卷全球，中国的教育事业也有了长足发展。2016年，我国小学阶段的净入学率①达到99.92%，初中阶段毛入学率②达104.0%，高中阶段毛入学率达87.5%，高等教育阶段毛入学率达42.7%；截至2021年，我国高中阶段毛入学率达91.4%，高等教育阶段毛入学率达57.8%。各个阶段教育的普及率均超过高收入国家平均水

① 小学的净入学率，是指小学教育在校学龄人口数占小学教育国家规定年龄组人口总数的百分比，是按各地不同入学年龄和学制分别计算的。

② 毛入学率，是指某一级教育不分年龄的在校学生总数占该级教育国家规定年龄组人口数的百分比。含学前教育、初中阶段、高中阶段和高等教育。

平。教育扩张使得初中后教育在经济社会体系中的作用越发突出，见表1－3。

表1－3 2010—2021年历年各阶段教育入学率①

（年；%）

年份	2010	2011	2012	2013	2014	2015
小学净入学率	99.70	99.79	99.85	99.71	99.81	99.88
初中毛入学率	100.10	100.10	102.10	104.10	103.50	104.00
高中毛入学率	82.50	84.50	85.00	86.00	86.50	87.00
高等教育毛入学率	26.50	26.90	30.00	34.50	37.50	40.00
年份	2016	2017	2018	2019	2020	2021
小学净入学率	99.92	99.91	99.95	99.94	99.96	—
初中毛入学率	104.0	103.50	100.90	102.60	102.50	—
高中毛入学率	87.50	88.30	88.80	89.50	91.20	91.40
高等教育毛入学率	42.70	45.70	48.10	51.60	54.40	57.80

如果说高等教育是个人教育获得的重要表现，那么，高中教育在这个过程中扮演着重要的角色。高中教育这个角色是与青少年成长历程的特殊经历紧密相关的。青春期早期是一个“向下的螺旋式教育”的高风险时间②，尤其是当教育环境不能满足发展需求的时候。国外研究认为，二代移民有向下融入的可能，向下融入主要以辍学、失业、未婚生育、犯罪和监禁等为标志。③ 没有接受高中教育者沦入社会底层的风险增大。在美国25岁及以上的年轻人中，那些没有接受高中教育或高中中途辍学的年轻人的失业风险是那些接受高中教育的年轻人的两倍以上。④

① 根据2010—2021年历年《全国教育事业发展统计公报》数据整理，http://www.moe.gov.cn/。

② Eccles J. S., Midgley C., Wigfield A., Buchanan C. M., Reuman D., Flanagan C. and Mac Iver, D., “Development During Adolescence: The Impact of Stage Environment Fit on Young Adolescents' Experiences in Schools And In Families”, *American Psychologist*, Vol. 48, No. 2, February 1993, pp. 90－101.

③ Portes Alejandro, FernandezKelly Patricia and Haller William, “The Adaptation of the Immigrant Second Generation in America: A Theoretical Overview and Recent Evidence”, *Journal of Ethnic and Migration Studies*, Vol. 35, No. 7, June 2009, pp. 1077－1104.

④ National Center for Educational Statistics, “Digest of Educational Statistics”, *U. S. Government Printing Office*, Washington D. C., http://nces.ed.gov/programs/digest.

根据2006年《中国统计年鉴》显示的2005年全国初中升高级中学（包括升入技工学校）的升学率69.7%推算，随迁子女高中阶段教育的入学率仅为13.9%左右，实际入学率更低。大部分随迁子女在初中后直接进入劳动力市场，成为新生代农民工。由于他们大部分在城市出生和成长，其成长经历与城市密不可分；他们缺乏农村生活经验，更熟悉城市运作法则；他们要求做体面的工作，而不满足于能糊口的工作①，但是，由于受教育水平有限，其职业技能低下，学习能力弱，无法适应劳动力市场对劳动者的要求，无法获得其期许的职业，无法融入城市社会，往往面临底层再生产的危险。

有数据显示，上海市少年管教所在押的未成年犯大部分是农民工随迁子女，上海市籍与外省籍的比例在2000年为6∶4；在2005年为3∶7。虽然农民工子女只占未成年人口的10%，但无论是在城市还是在农村，这个群体已经成为未成年人犯罪的主体。北京市朝阳、海淀、丰台三区法院判处外地户籍未成年犯占全市未成年犯总数的65%—80%，随迁子女犯罪比率明显上升。在有关研究的100个随迁子女未成年犯样本中，6人次是14—16周岁，其余94人次是16—18周岁；93%的样本有吸烟、酗酒、赌博、夜不归宿等不良行为，88%的样本曾沉迷网吧；仅有16%的样本在校就读，84%的样本属于非在校人员中，其中26.2%的样本取得初中文凭，其余73.8%的样本均未完成义务教育；就非在校人员职业状况来看，29.7%的样本闲散无业，60.7%的样本在京打工，9.5%的样本随父母或亲属贩卖水果、肉菜、服装等。

四 新生代农民工城市融入与国家发展战略

城镇化是中国城市化、现代化不可逆转的必然趋势；农村人才培育也是我国乡村振兴、城乡融合发展中需要解决的重要课题，新生代农民工城市融入对于新型城镇化和乡村振兴战略都有重要意义。

改革开放以来，我国经历了世界历史上规模最大、速度最快的城镇化进

① 韩嘉玲：《及早关注第二代农村流动人口的成长与出路问题》，《中国党政干部论坛》2007年第8期。

程，取得了举世瞩目的成就。统计数据显示，2012 年至 2021 年，全国城镇化率年均提升 1.3 个百分点，高于 1978 年以来 1.1 个百分点的年均增幅。十年间，我国 1 亿非户籍人口在城市落户，至 2021 年城镇化率提高至 64.7%，城镇常住人口总量超过 9 亿人，城镇化发展速度令全世界瞩目。但也积累了不少矛盾和问题。如，有些城市资源环境承载能力减弱，城市社会治理水平滞后，大量农民工无法享受到市民权利和公共服务，处于“被城镇化”、“半城镇化”状态。

城镇化是指农村人口转化为城镇人口的一个过程，但这种“转化”不仅要有“广度”，更要有“深度”，其核心是人的城镇化。只有实现了“人的城镇化”，才能让城镇化带动经济增长的潜力释放。注重“人的城镇化”，不仅要让新生代农民工实现地域转移和职业转换，还要实现就业方式、人居环境、社会保障、身份认同等系列转变，逐步改变“贡献在城市，保障在农村；年轻在城市，养老回农村”的状态，消除制度和社会心理的歧视，保障新生代农民工在社会生活的各个方面享有市民权利、公共服务，实现真正的城镇化和城市融入。

新生代农民工城市融入与乡村振兴、城乡融合发展。随着城镇化的加快推进，到 2017 年我国城镇化率已经达到 58.52%，以城镇为主的人口分布格局已经基本形成，城镇化发展迈入中后期转型提升阶段。[①] 为了避免在工业化、城镇化深入推进的同时，出现乡村衰退问题，国家提出了乡村振兴战略。习近平总书记在党的十九大报告中提出，农业农村农民问题是关系国计民生的根本性问题，必须始终把解决好“三农”问题作为全党工作重中之重，实施乡村振兴战略；2018 年发布“中央一号”文件，即《中共中央国务院关于实施乡村振兴战略的意见》。实施乡村振兴战略，走城乡融合发展之路，要从根本上改变乡村长期从属于城市的现状，推动新型工业化、信息化、城镇化、农业现代化同步发展，加快形成工农互促、城乡互补、全面融合、共同繁荣的新型工农城乡关系。2022 年 5 月，中共中央办公厅、国务院办公厅印发了《关于推进以县城为重要载体的城镇化建设的意见》，明确提出县城是城乡融

---

① 陈文胜：《实施乡村振兴战略 走城乡融合发展之路》，《求是》2018 年第 6 期。

合发展的关键支撑，对促进新型城镇化建设、构建新型工农城乡关系具有重要意义。推进以县城为重要载体的城镇化建设，将为实施扩大内需战略、协同推进新型城镇化和乡村振兴提供有力支撑。

新生代农民工城市融入为乡村建设、城乡融合发展储备人才。在乡村振兴过程中，“谁来振兴”是一个非常重要的问题。2017 年中央农村工作会议明确了坚持农民主体地位的基本原则，让农民成为乡村振兴的主体即是乡村振兴的本质和核心，也是乡村振兴的出发点和落脚点。英克尔斯曾经提出，工厂工作是促进人实现现代化的重要途径。新生代农民工在城市的生存和发展经历必然成为其人生发展的重要财富，通过城市的历练，他们融入城市经济社会生活，是全方位提升自身现代化水平和能力的重要表现，同时他们也逐步成长为乡村振兴的“能人”。习近平总书记曾经指出：“城镇建设要体现尊重自然、顺应自然、天人合一的理念，依托现有山水脉络等独特风光，让城市融入大自然，让居民望得见山、看得见水、记得住乡愁。”在新生代农民工“望得见山、看得见水、记得住乡愁”城市融入进程中，当时机、能力成熟之时，“能人回乡”必然成为乡村振兴的重要力量。促进新生代农民工城市融入、保障农民工子女教育权利、实现教育公平，是促进农村建设人才培养的重要途径。

第二节　研究设计

一　概念界定

（一）农民工子女

农民工子女通常可以分为两部分：一部分是跟随父母进入城市和城镇的子女，即农民工随迁子女；另一部分是父母外出后仍然留在农村老家，不能与父母在一起共同生活的子女，即农民工留守子女。[①] 在已有研究中，对于随父母迁徙到城市的农民工子女有多样化的称谓：流动儿童、流动人口子女、

① 王宗萍、段成荣、杨舸：《我国农民工随迁子女状况研究——基于2005 年全国1% 人口抽样调查数据的分析》，《中国软科学》2010 年第9 期。

进城务工人员子女、农民工随迁子女、进城务工人员随迁子女，等等。教育部将进城务工人员随迁子女定义为：户籍登记在外省（区、市）、本省外县（区）的乡村，随务工父母到输入地的城区、镇区（同住）并接受义务教育的适龄儿童、少年。在本书中，农民工子女只涉及农民工随迁子女，并不涉及农村留守儿童、少年。在随后的研究中，本书会用“随迁子女”表示农民工子女。

（二）新生代农民工

新生代农民工指的是在1980年及之后出生的、外出从业6个月及以上的农村劳动力。本书主要是针对1980年及之后出生、进入劳动力市场的，父母有外出务工经历的，其儿童或青少年时期有随迁经历的农村劳动力。本书对新生代农民工的界定强调“父母有外出务工经历”以及自身的随迁经历。强调随迁经历但不对迁徙年龄做限制，强调不同年龄迁徙对城市融入的影响。

（三）教育获得

教育获得包含教育机会获得（入学、辍学、升学情况），学业成绩，教育相关的心理因素（教育抱负、努力程度、动机和旷课情况等）维度。[①] 笔者针对不同发展阶段的农民工子女，对其教育获得的考察有所不同。对继续升学的农民工子女而言，考察初中后是进入高中、职高、技校还是进入劳动力市场；对新生代农民工关注是“初中后”教育获得状况，考察其完成的学历教育状况，以及进入劳动力市场后是否接受职业技能培训。

（四）城市融入

在城镇化进程中，农村剩余劳动力适应城市社会生活，融入城市发展进程是城市融入的重要内容。农民工城市融入可以分为经济、社会、心理或文化维度[②]，也包括经济整合、文化接纳、行为适应和身份认同四个维度。[③] 本

---

① Sandra L. Dika and Kusum Singh, “Applications of Social Capital in Educational Literature: A Critical Synthesis”, *Review of Educational Research*, Vol. 72, No. 1, March 2002, pp. 31 –60.

② 田凯：《关于农民工的城市适应性的调查分析与思考》，《社会科学研究》1995年第5期。

③ 杨菊华：《从隔离、选择融入到融合：流动人口社会融入问题的理论思考》，《人口研究》2009年第1期。

书新生代农民工城市融入主要从经济融入（劳动力市场融入、住房状况、住房获得），文化融入（文化认同、社会距离）和身份认同三个层面展开。

经济融入中的劳动力市场融入重点考察劳动力市场进入、行业分布、所有制进入、职业类型、收入状况等；住房状况则是考察新生代农民工居住的社区类型以及住房产权获得状况。

文化融入包含文化认同、社会距离感。文化认同是指新生代农民工通过城乡文化比较、城乡文化辨识和城乡文化定位，形成对城市文化的接纳和认同状况，以及对家乡方言的态度、情感、认知、行为等层面的取舍；社会距离感是指农民工对城市居民的亲密或疏远程度的主观距离。

身份认同是个体对自己归属哪个群体的认知，以及对群体间的归属和关系的判断。本书主要包含新生代农民工对“我是谁?”“我属于哪一类群体或组织?”这两个问题的回答。

二 研究问题与研究思路

（一）研究问题和研究内容

本书重点回答以下三个问题。

第一，农民工子女初中后教育获得状况：随迁子女初中后教育获得的政策空间和文化空间；随迁子女初中后教育机会及其对教育期望的影响；随迁子女初中后教育获得状况及影响因素。

第二，新生代农民工的社会融入状况：经济融入状况；文化融入状况；身份认同状况。

第三，教育获得对城市融入的影响：教育获得对城市融入的影响大小与方向；教育获得对城市融入的影响路径。

研究内容具体如下图 1 - 1。

（二）研究思路与研究框架

根据研究问题，笔者在社会融入和生命历程的视角下，依照下列逻辑顺序展开研究：首先是在政策设计和文化接纳两个部分展开对农民工子女初中后教育获得的可能性分析；其次分析农民工子女初中后教育获得的机会并分

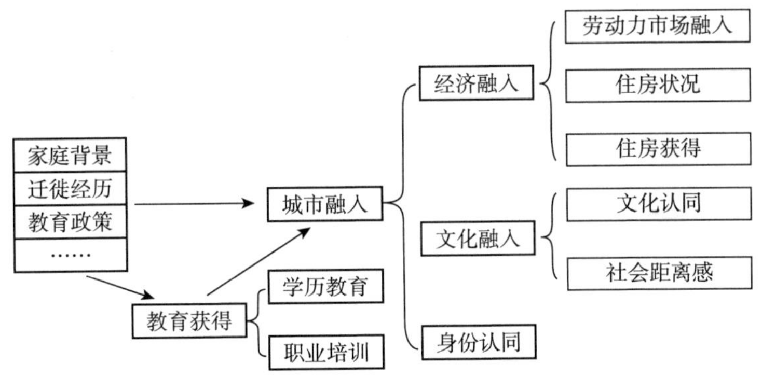

图 1－1　研究内容

析现实的教育获得的状况；最后探讨教育获得对城市融入的影响，主要分析进入劳动力市场的新生代农民工的经济融入、文化融入、身份认同。本书认为，初中后升学的政策空间、文化空间影响初中后教育获得，初中后教育获得影响各个维度的城市融入。

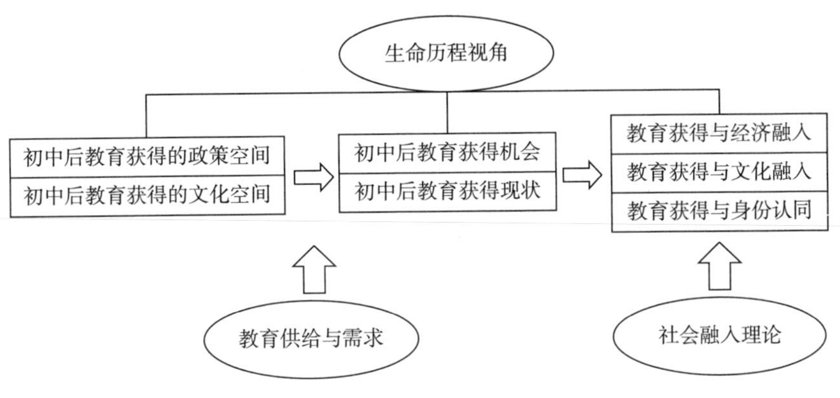

图 1－2　研究思路

不同的理论视角应用在不同部分。在初中后教育获得政策、文化空间部分主要采取教育供给和需求分析，重点分析教育政策、文化接纳对农民工子女初中后教育机会的影响，在此基础上分析初中后教育获得状况。而在教育获得对城市融入的影响分析中，则采用社会融入的理论框架，在经济融入、文化融入和身份认同三个层面分析学历教育和职业技能培训对新生代农民工城市融入的影响。

生命历程理论贯穿整个研究，关注迁徙时间、迁徙区域特征、代际传递、累积效应等。传统的社会地位标志（如教育、职业、收入）受生活阶段的影响。生命历程视角为研究教育获得和迁徙经历提供了一个最佳框架。在研究中，第一，关注“时间”，在动态视角下关注外出年龄。“时间”可以是静态时点，也可以是动态变迁。静态视角把时间理解为时点，在人口研究中，以具有年代意义的“年龄”用来解释人口的变动；动态方法则注重与个体的发展、演化紧密联系在一起的时点。[①]“外出事件”是划分农民工子女生活状态的标志性事件，因此，笔者更关注与“外出”事件相联系的“随迁年龄/外出年龄”，以其作为关键变量来重新组织和开展研究。此外，笔者也关注了农民工子女在城市或农村获得了多长时间的教育，关注了迁徙事件、教育获得等发生的先后次序和它们对未来社会发展的影响。第二，宏观事件和结构特征对个人生活的影响。[②]关注国家教育发展战略、地方教育发展特征、文化特征等结构性因素对初中后教育机会的影响。考察不同的迁徙空间区域下不同的机会水平。第三，关注社会模式的代际传递及累积效应。笔者还关注新生代农民工原生家庭结构、家庭资本等重要变量，考察其父母、家庭状况对新生代农民工教育获得、社会融入的影响。

三 研究意义与创新

（一）研究意义

关注农民工子女初中后教育问题不仅是农民工家庭人力资本投资发展的重要问题，更是关系国家新型城镇化和城乡融合发展的重要战略问题。党的十九大报告明确提出“普及高中阶段教育，努力让每个孩子都能享有公平而有质量的教育”“使绝大多数城乡新增劳动力接受高中阶段教育、更多接受高等教育”，2018 年全国两会上提出，切实降低农村学生辍学率。随着我国“异地高考”政策的开闸和农民工子女初中后教育需求的增长，笔者回答了农

① 李兵等：《迁移理论的基础：“理解人口学”的分析框架》，《市场与人口分析》2005 年第 4 期。

② 李强、邓建伟、晓筝：《社会变迁与个人发展：生命历程研究的范式与方法》，《社会学研究》1999 年第 6 期。

民工子女初中后教育获得状况和初中后教育获得对新生代农民工城市融入的影响问题，为我国教育“高中普及”战略的实施提供了实证研究基础，同时从促进农民工子女、新生代农民工初中后教育获得角度，提出了具有可操作性的对策建议，具有重要的现实意义。

笔者通过大量文献的阅读和梳理，对国内外二代移民研究、社会融入、区隔融入理论做了深入细致的梳理，并在中国研究的基础上，对国际移民和中国“乡—城移民”的城市融入模式进行比较，重点探讨了教育获得与社会融入的关系，发展了区隔融入模型，是对社会融入理论中国化发展的重要探索，具有一定的理论贡献。

（二）研究创新

第一，关注农民工子女初中后的教育问题，使农民工子女教育问题研究实现由“义务教育”向“初中后”的转向。在以往研究中，更多关注农民工子女义务教育阶段的问题，鲜有对其初中后教育问题的探讨。笔者深入细致地对农民工子女初中后教育获得机会、初中后教育分流、辍学等问题展开分析，探讨农民工子女教育获得的“泄漏管道”，使现有的农民工子女教育问题研究紧跟时代发展和现实需要。

第二，探讨教育获得对城市融入的作用机制和路径，拓展已有新生代农民工城市融入的研究。新生代农民工城市融入是学术界长期关注的问题，已有研究非常丰富，是本书的重要基石。但是，现有研究对教育获得与城市融入的关系并无深入探讨。本书关注初中后教育、职业技能培训等教育获得对城市融入的影响，分析不同类型教育对不同维度城市融入的作用路径，提出初中后教育获得不仅是农民工城市融入的重要指标，更是影响新生代农民工城市融入的重要因素；职业技能培训是城市融入中重要的赋权机制。另外，笔者通过纳入中介机制重新审视教育在城市融入中的作用，讨论了职业地位、自我效能感、住房获得、邻里效应等中介变量的影响，解答了教育获得对城市融入影响的作用机制。

第三，在实证研究基础上，修正和发展社会融入理论、区隔融入理论。在本书中，笔者对国内外二代移民研究、社会融入、区隔融入理论做了梳理，并在国内研究基础上，对国际移民和中国“乡—城移民”的社会融入模式进行比较，得出中国新生代农民工城市融入的特有路径；本书重点探讨了教育获得与社会融入的关系，将教育获得作为重要变量纳入区隔融入模型，对模型发展有了新的发展。

第三节　数据资料与研究方法

一　定量分析

（一）数据来源与变量说明

1. 中国教育追踪调查

中国教育追踪调查（CEPS）是中国人民大学中国调查与数据中心组织的大规模教育追踪调查。这是我国第一个从初中阶段开始，对在校学生群体展开的全国性、持续性的大规模追踪调查项目。该调查以 2013 年至 2014 学年为基线，以七年级与九年级的初中生为调查起点，采用分层次、多阶段、概率与规模成比例（PPS）的抽样方法，在全国随机抽取 28 个县/市中的 112 所学校的 448 个班级进行问卷调查。调查对象包括学生及其家长、班主任、任课老师、学校负责人等，此次调查共获得学生样本 19487 个。

由于研究关注初中后教育机会，在学生卷中，仅仅对九年级学生询问初中后报考本地高中的机会，因此，根据问卷中对受访者户口类型等的询问，剔除非农业户口、父母一方文化水平大学本科及以上、本地非流动的个案，筛选出受流动影响的九年级随迁农民工子女样本 857 个。从具体样本状况可以看出，在性别分布上，男生比例略高于女生；从家庭结构来看，非独生子女所占比重较大；省内流动比例略高于跨省流动；从父母同住状况来看，85.4%的样本是父母同住，也反映出农民工迁徙家庭化的特征；从学校分布来看，大部分被调查者就读于公办学校，而在其他类型学校就读的比例较低，见表 1 –4。

表1－4　九年级农民工子女个人基本信息

（人；%）

	频数	百分比		频数	百分比
性别			父母是否在家同住		
男	429	50.59	父母都在家	732	85.41
女	419	49.41	只有母亲在家	47	5.48
是否独生子女			只有父亲在家	26	3.03
是	200	23.34	父母都不在家	52	6.07
不是	657	76.66	就读学校类型		
迁徙流动状态			公立学校	742	86.58
省内流动	438	52.39	民办公助	2	0.23
跨省流动	398	47.61	普通民办学校	53	6.18
			民办打工子弟学校	60	7.00

2. 流动人口动态监测数据

流动人口动态监测调查是国家人口计生委为把握流动人口总量、结构、分布和变动趋势而开展的调查项目。本书主要采用2013年和2014年两年的数据。

（1）2013年流动人口动态监测数据

关于2013年流动人口动态监测数据，在问卷中有详细的询问子女的信息，笔者主要关注农民工子女的受教育状况，因此在个案选择上，选择户口性质为农业户口个案，剔除夫妻双方或者夫妻一方是非农业户口和其他户口的个案；剔除受教育程度在本科及以上的个案，以及未婚和未育（子女个数为0）的个案，得到120460个个案。

在本书中，笔者首先分析农民工家庭结构状况，之后将农民工子女分成在学组和初中后组再进行分析，主要对农民工子女不在学组（年龄大于等于9岁的不在学农民工子女）展开辍学问题和受教育年限的研究；另外，选择年龄在15—18周岁的农民工子女个案，对其初中后的教育状况展开分析。由于在分析中变量筛选条件不同，样本规模发生变化，具体的农民工子女样本状况在具体章节进行详述。

（2）2014 年流动人口动态监测数据

2014 年监测调查对象为“在本地居住一个月及以上，非本区（县、市）户口的男性和女性流动人口”，调查者年龄在 15—59 周岁之间，即 1954 年 6 月至 1999 年 5 月间出生的人口，共计 200937 人。调查采用分层多阶段 PPS 抽样，抽样框为全员流动人口年报数据，乡镇阶段和村居的抽样由国家统一设计和操作，村居内个人的抽样采用上下结合的方式。

由于本书主要研究随迁经历对新生代农民工的影响，因此，需要进一步筛选随迁样本。这里需要对随迁经历进行界定。关于随迁经历界定，在问卷中有问题问到“您第一次离开户籍的原因是什么?”其中有务工经商、随同流动、学习、婚嫁、出生等选项。在问卷中由于没有涉及父母的流动经历和上学的地点，回答第一次外出时“学习”的就无法判断是随迁到其他地方学习还是独自一人去外地求学，因此这些样本不纳入分析；另外，选择在户籍地之外出生的，可以确定是随父母外迁流动。筛选出“您第一次离开户籍的原因是随同流动和出生”的个案，其中，随同流动部分则需要判断，以获得随父母迁徙的样本。在我国，随父母迁徙和随配偶迁徙是流动人口随迁的两种重要模式，在本书中，笔者只考察随父母迁徙的状况。具体方法是，以初婚年龄（婚前流动和婚后流动）判断随迁者中是随父母迁徙还是随配偶迁徙，并将随配偶迁徙的样本剔除。另外，本书主要是对在劳动力市场工作的新生代农民工的研究，因此，剔除未进入劳动力市场的原因是“在读”“学生”等个案，得到最终使用变量 7722 个个案。样本具体状况见表 1－5。

（3）2014 年“流动人口社会融合与心理健康调查”

2014 年“流动人口社会融合与心理健康调查”在北京朝阳区、浙江嘉兴、福建厦门、山东青岛、河南郑州、广东深圳和中山、四川成都进行，除朝阳区和成都市样本量为 1999 人外，其余城市样本量均为 2000 人，共有 15999 人填答。调查内容涵盖流动人口个人和家庭基本信息、劳动就业、社会融合和心理健康状况等；八市区虽非随机抽样，但异质性较强；且市内样本随机抽样，可有较好的代表性。在本书中，笔者主要对新生代农民工进行调查，因此剔除 1980 年以前出生、非农业户口以及非农业转居民，受教育程度在大学本科及以上的个案，得到新生代农民工样本 8269 个，其中有随迁经历的新生代农民工 426 人。[①] 样本具体状况见表 1－6。

表 1－5 有随迁经历的新生代农民工样本状况

（人；%）

	频数	百分比		频数	百分比
性别			代际		
男	3511	45. 47	“80 后”	2938	38. 05
女	4211	54. 53	“90 后”	4784	61. 95
受教育程度			流动范围		
未上过学	48	0. 62	跨省流动	3139	40. 65
小学	496	6. 42	省内跨市	2942	38. 10
初中	4058	52. 55	市内跨县	1641	21. 25
高中	2260	29. 27	随迁时间		
大学专科及以上	860	11. 14	城市出生	325	4. 21
民族			学前随迁	873	11. 31
汉	6865	88. 90	小学	1569	20. 32
少数民族	857	11. 10	初中	1303	16. 87
是否就业			高中	1676	21. 70
否	4228	54. 75	高中以后	1976	25. 59
是	3494	45. 25			

表 1－6 新生代农民工样本状况

（人；%）

	频数	百分比		频数	百分比
性别			代际		
男	4414	53. 38	“80 后”	5622	67. 99

① 具体样本筛选方法同本书第八章。

续表

	频数	百分比		频数	百分比
性别			代际		
女	3855	46.62	“90后”	2647	32.01
受教育程度			流动范围		
未上过学	23	0.28	跨省流动	4399	53.20
小学	271	3.28	省内跨市	3605	43.60
初中	4509	54.53	市内跨县	265	3.20
高中	2558	30.93	外出年龄		
大学专科	908	10.98	城市出生+学前	46	0.56
婚姻状况			小学	166	2.01
未婚	3304	39.96	初中	528	6.39
已婚	4965	60.04	高中	2305	27.88
民族			高中以后	5224	63.18
少数民族	303	3.66	是否随迁		
汉	7966	96.34	否	7843	94.85
			是	426	5.15

3. 城乡居民异地高考态度调查

虽然2012年9月四部委发布的《工作意见》以解决农民工随迁子女的义务教育后问题为主，但事实上，除了农民工之外，那些未取得目前工作生活城市户籍的、来自其他城市的外来人口子女同样面临着由于户籍限制而无法在当地参加升学考试的困境，这部分人群同样有“异地高考”的需求和意愿；与此同时，本地居民，尤其是城市居民作为接纳方，他们对异地高考政策以及外来人口的态度对政策顺利实施也十分重要。本书对异地高考政策的利益相关者展开调查，调查对象包括HZ居民、生活在HZ的外地城市居民以及农民工群体。调查在2014年6月展开，共发放问卷400份，回收有效问卷377份，回收有效率为94.3%。样本的基本情况如下，在性别分布上，男女各半，其中女性为50.9%、男性为49.1%；被调查者中有孩子的占比69.0%，文化程度集中在大学（大专、本科）和高中水平，其中高中占比20.4%，大学占比42.7%；杭州户口占比30.2%，外地农村户口占比46.4%，外地城市户口占比23.3%。

（二）变量说明

本书涉及农民工子女教育获得与新生代农民工城市融入两块内容，其中教育获得涉及初中后教育机会、初中后教育获得；城市融入包含：劳动力市场融入、文化融入和身份认同，以下分别就本书涉及的变量进行具体说明。

1. 初中后教育机会与教育获得

因变量：

（1）初中后“教育机会”

CEPS问卷中对九年级学生外县（区）户籍同学询问“按照当地政策，你能否在本市（地级市）报考高中?”以考察在城市升学的可能。选项分别为：1. 可以报考重点高中；2. 只能报考普通高中，不能报考重点高中；3. 重点和普通高中都不能报考；4. 不知道。对变量进行处理，其中“可以报考重点高中”，“只能报考普通高中，不能报考重点高中”合并为“能报考”=1；重点和普通高中都不能报考、不知道合并为“不能”=0。

（2）未来期望包含初中后打算、学历期望和职业期望三个维度

①初中后打算：问卷中对九同学初中后的打算进行了测量，“你初中毕业后的打算是：1. 在本市（地级市）读高中；2. 回老家读高中；3. 到其他地方读高中；4. 在本市读职业高中/中专/技校；5. 到其他地方读职业高中/中专/技校；6. 直接工作；7. 其他。”其中在本市（地级市）读高中、回老家读高中、到其他地方读高中合并为“读高中”=1；在本市读职业高中/中专/技校、到其他地方读职业高中/中专/技校合并为“读职高、技校”=2；“直接工作和其他”=3。

②学历期望：主要通过家长卷中“您希望孩子读到什么程度?”与学生卷中“你希望自己读到什么程度?”来测量，并将教育程度重新编码为教育年限：“现在不要念了”赋值为7年（初一年级）和8年（初二年级）；初中毕业=9；中专/技校=11；职业高中=11；高中=12；大学专科=15；大学本

科 =16；研究生 =19；博士 =23。

③职业期望：CEPS 在问卷中涉及问题："你最希望自己将来做什么?" 选项给出国家机关事业单位领导与工作人员政府公务员、企业/公司管理人员、科学家、工程师等选项。对随迁子女的职业期望进行重新归类，将"国家机关事业单位领导与工作人员、政府公务员"和"企业/公司管理人员"归为"管理人员"，"科学家、工程师""教师、医生、律师""设计师"归为"专业技术人员"，"艺术表演类人员"和"专业运动员"归为"体育演艺人员"，"技术工人"和"其他"归为"工人"。

自变量：

在这几个模型中，均涉及性别、几岁来本地、转学次数、认知能力、学习成绩状况、兄弟姐妹数、母亲文化水平、父亲文化水平、母亲职业、父亲职业、家庭经济状、迁徙类型、学校性质等自变量。其中，认知能力以每个学生认知能力测试题的标准化得分进行测量；学习成绩状况采用学生自评学习成绩班级排名进行测量。

在初中后教育机会模型中，考察学校因素的影响，主要涉及学校所在城市级别：直辖市、省会城市市区、地级市市区和县、县级市；学校所在的区域：东部、中部和西部地区；学校好坏：在本县（区）排名（三分类）。

在期望模型中，考察初中后教育机会的影响，可以报考重点高中 =1，只能报考普通高中，不能报考重点高中 =2，都不能报考 =3，不知道 =4。

2. 初中后教育获得

因变量：

（1）农民工子女辍学状况，即是否高中阶段辍学（辍学 =1，非辍学 =0）；

（2）农民工在读子女初中后就读状况，其中高中 =1，职高技校 =0；

（3）农民工在读子女初中后教育分流状况，其中高中 =1，职高技校 =2，劳动力市场 =3。

自变量：

家庭子女数量、父母受教育程度、父母外出务工状况：包括父亲或母亲外出年限（2013—最早外出年份），父亲或母亲本地连续工作多少年；母亲怀孕前外出流动经历（有 =1，无 =0）。

控制变量：子女的人口学特征变量，老大性别（男 =1，女 =0）、老大年龄；老二性别、老二年龄；老三性别、老三年龄等。

3. 经济融入

劳动力市场融入因变量：

（1）就业状况：未就业 =0，就业 =1。根据 2014 年流动人口动态监测数据，调查以“今年五一前一周是否做过一小时以上有收入的工作”进行测量。虽然学徒、家庭帮工、从事农业劳动不属于“一小时以上有收入的工作”，但事实上这些工作是就业或就业准备，在本书中计入就业。

（2）部门进入：就业的经济部门，主要考察行业、职业、所有制。

①行业：遵循岳希明等[①]的方法，将行业分为垄断、竞争和其他三个类别。

②职业：根据职业声望[②]，将 7 种职业分为白领、蓝领和服务业；另外，将有一定比例的自我雇佣单独列出。考虑到农民工大量是在体制外就业，无固定职业，最终将职业分为：白领、蓝领、服务业、自我雇佣和无固定职业五类。

③所有制：将“国有及国有控股企业”，“机关、事业单位”视为国有部门，将“集体企业”“私营企业”“个体工商户”“外资企业”“土地承包者”“其他”以及“无单位”视为非国有部门。

（3）收入：被访者 2014 年问卷填答前一个月的收入。遵循固有的处理策略，本书对收入变量取自然对数。

居住状况因变量：

（1）居住社区类型：以“您目前居住在什么样的社区中?”来测量，选项包括：别墅区或商品房社区、经济适用房社区、机关事业单位社区等。笔者将社区类型进行合并。经济适用房社区、别墅或商品房社区合并为“商品房社区”，城中村或棚户区、城乡接合部和未经改造老城区合并为“老城区”；将农村社区、工矿企业及其他社区合并为“其他社区”。

---

① 岳希明、李实、史泰丽：《垄断行业高收入问题探讨》，《中国社会科学》2010 年第 3 期。

② 李强：《农民工与中国社会分层》，社会科学文献出版社 2012 年版。

（2）居住隔离：以“您的邻居主要是谁?”来测量，选项包括：外地人，本地市民，外地人和本地人数量差不多，不清楚。邻居主要是外地人以及不清楚合并为居住隔离 =1；邻居主要是本地市民、外地人和本地人数量差不多合并为居住非隔离 =0。

（3）住房产权：在问卷中询问“您现住房属于下列何种性质?”选项包含：租住私房，租住单位/雇主房，政府提供廉租房，政府提供公租房，单位/雇主提供免费住房，已购政策性保障房，已购商品房，借住房，就业场所，自建房，其他非正规居所。按照产权状况，将政策性保障房、商品房、自建房合并为有产权房，其他则合并为无产权房。

经济融入自变量：

（1）随迁阶段：主要是考察农民工子女随父母外出时的年龄。“个人问卷”对被调查者的年龄和“第一次离开户籍地”的时间做了询问，因此，可以准确计算其外出年龄。根据外出年龄将新生代农民工分为以下五组：城市出生（随迁年龄为 0 岁），学前随迁（1—6 岁随迁），小学阶段随迁（7—12 岁随迁），初中阶段随迁（13—15 岁随迁），高中阶段随迁（16—18 岁随迁），大龄随迁组（19 岁及以上随迁）。

（2）迁徙类型：包括跨省流动、省内流动、市内跨县。

（3）教育获得主要考察有随迁经历的农民工子女的教育年限以及是否接受职业技能培训。笔者将受教育程度按照年限进行转换。职业技能培训的状况“近三年中，您在本地接受过政府提供的免费培训吗?”选项：是 = 1，否 =0。

控制变量：包括性别、年龄；制度和环境因素，如户籍情况、本次流动的范围；经济发展因素，主要考察不同经济发展区域的影响。

交互项：为了考察随迁阶段和本人受教育程度的交互作用，将受教育程度以义务教育为界限，分为初中及以下和高中及以上两个类别，形成高中及以上 * 随迁阶段的交互变量。

4. 文化融入

因变量：

①社会距离：问卷中采用鲍格达斯社会距离量进行测量。量表涉及以下

问题："我愿意与本地人共同居住在一个街区（社区）""我愿意与本地人做同事""我愿意与本地人做邻居""我愿意与本地人交朋友""我愿意自己或亲人与本地人通婚"。各问题对应的答案完全不同意—完全同意，分别是1—4；对答案进行重新赋分，完全不同意—完全同意，分别是4—1。以四个变量做因子分析，得到社会距离因子，共解释方差变异的73%，以该因子为因变量纳入模型。

②文化距离：问卷中对"我的卫生习惯与本地市民存在较大差别"，"我的衣着打扮与本地市民存在较大差别"，"我的教育理念或养老观念与本地市民存在较大不同"，"我对一些社会问题的看法与本地市民存在较大差别"这四个问题展开测量。各问题对应的答案完全不同意—完全同意，分别是1—4；对答案进行重新赋分，得分越高，文化距离感越强烈。再做因子分析，得到文化距离感因子，共解释方差变异的71%，以该因子为因变量纳入模型。

自变量：

考察流动范围、随迁经历和外出阶段等的影响外，重点关注受教育程度、是否接受过职业技能培训的影响。另外，在模型中加入"自我效能感"和"社会交往状况"。

（1）自我效能感：将"感觉无法控制自己生活中重要的事情"，"对于有能力处理自己私人的问题感到很有信心"，"感到事情顺心如意"，"常感到困难的事情堆积如山，而自己无法克服它们"作为提问，选项有从不、偶尔、有时、时常、总是五等。由于四个题目方向不同，对"感觉无法控制自己生活中重要的事情"和"常感到困难的事情堆积如山，而自己无法克服它们"重新赋分：从不=5，总是=1。对四项的得分加总，总分越高，自我效能感越高。

（2）社会交往状况：以"您觉得自己或家人与本地人相处得好不好?"进行测量，很融洽—来往很少，得分1—5分。

5. 身份认同

身份认同主要通过"您觉得自己还是不是老家人?""您认为自己是不是本地人?"这两个问题展开测量，选项分别是：1. 是，2. 不是。根据新生代农民工的身份认同状况生成四个变量：既是本地人又是老家人=1，老家人=

2，本地人 =3，既不是本地人又不是老家人 =4。以这四种不同的身份认同作为因变量。

自变量：

主要考察受教育程度、迁徙时间、职业状况等对身份认同的影响。另外，还将“住房产权”“居住隔离”“居住社区类型”等作为自变量。

二 文献研究

文献法主要应用于农民工子女教育政策分析部分。由于农民工子女教育问题涉及国家教育规划和教育政策，以及相关的地方教育政策，在本书中，笔者整理了教育部网站以及各地（浙江、上海、北京）等多地的教育厅（局）网站，新浪、搜狐等门户网站的相关资料，搜集了关于随迁子女初中入学、中考以及高考等相关政策文件；并整理《中国统计年鉴》《中国教育经费统计年鉴》《中国教育统计》教育资源分布、学龄人口分布等数据资料。在此基础上，分析中央和地方政策设计的特点和规律，及其存在问题和原因。

三 网络舆情分析

随着互联网的兴起，网络成为公众表达意见的重要途径和平台，天涯论坛是我国网民意见表达的重要空间，长期有网民在该论坛发表相关意见。为了能深入地了解利益相关者对异地高考的态度，笔者对天涯论坛上关于异地高考的帖子进行网络舆情分析，以探讨城市居民对外来人口的接纳与排斥，以及流动人口在网络中教育权益捍卫。

第二章　理论视角与研究议题

第一节　社会融入的理论视角

早在 1990 年，伦博（Rumbaut）和波特斯（Portes）就对第二代移民展开了纵向研究，但是当时，在美国社会科学研究中，大部分研究集中在一代移民的视域。随着研究的推进，学者们逐渐意识到二代移民将对美国社会产生长期的影响，其融入将决定各民族的长期命运。由此，大量研究以社会融入的视角分析二代移民融入问题。

一　文化主义视角与结构主义视角

国外二代移民社会融入的研究包含“文化主义”和“结构主义”两种视角。文化主义视角强调将移民同化到主流文化；结构主义视角强调移民在移入国的经济社会分层状况，关注诸如职业成就、教育获得、贫困、早育和监禁等。两类广义的融入不是并行的，那些完全融入主流社会文化的人，他在劳动力市场和教育领域中仍可能有不良的后果；同样，那些没有完全融入主流文化的人也可能在经济和职业领域有好的表现。也就是说，文化融入并不能带来结构主义的融入，这些观点被美国经验所证实。[①] 总体来看，对于二代移民的发展，国外学者持乐观和悲观两种不同的态度。

---

① A. Portes and A. Rivas, “The Adaptation of Migrant Children”, *The Future of Children*, Vol. 21, No. 1, Spring 2011, pp. 219 – 246.

表2-1 对社会融入理论的回顾

视角	主要支持者	同化观点	经验基础
文化主义视角			
西班牙裔移民的挑战	塞缪尔·亨廷顿	悲观，没有形成理论	理论化的
新熔炉理论	理查德·阿尔巴；倪淑娴	乐观	对移民同化历史和当代研究的二次审查
结构主义视角			
第二代优势	菲利普·卡西尼茨；约翰·莫伦科普夫；玛丽·沃特斯；詹妮弗·霍尔德威	乐观，第二代移民处于一个对其有利的社会文化空间	在纽约市对第二代的年轻人的横向研究
代际—排斥	爱德华·特莱斯；维尔玛·奥尔蒂斯	悲观，墨西哥裔移民进入工人阶级或同化到一个种族的下层阶级	在洛杉矶和圣安东尼奥对三代及以上墨西哥裔移民的纵向研究
区隔融入	伦博；波特斯；周敏	混合，同化可以帮助或伤害经济和社会结果，这取决于父母的人力资本、家庭结构，以及融入的背景	在圣地亚哥和南佛罗里达对第二代青年从青春期早期到成年早期的纵向研究
移民年龄	伦博；道尔·迈尔斯；巴里·奇斯威克	混合，土生土长的年轻人和那些幼年时移民的人具有明确的语言和教育优势；青春期时期移民的面临风险	根据各种流动人口调查数据分析

（一）文化主义视角

文化主义视角对于移民及其子女如何融入美国社会主流的观点并不一致，有的持悲观的态度，有的则持乐观态度。政治学家塞缪尔·亨廷顿（Samuel P. Huntington）持悲观态度，他认为移民社区中存在阻碍移民同化的文化力量，移民子女不能融入美国主流社会;① 某些移民群体，尤其是西班牙裔移民，在美国一些地方大量聚集，他们忠诚于族裔社区和母国利益，拒绝学习英语，拒绝融入美国文化。② 亨廷顿的观点并非源于实证研究，而其他研究发现，移民子女拒绝使用英语而继续使用母国语言的证据很少③，因此，亨廷顿的观点受到了大量的批评。

有些研究者延续21世纪传统的“熔炉理论”，提出文化主义中乐观融入观点。他们认为，与过去一样，文化和政治同化继续发生，移民融入的并不是一个特殊隔离的社会，而是一个被他们改变了的广阔的社会主流。理查德·阿尔巴（Richard Alba）和倪淑娴（Victor Nee）提出“新熔炉”观点，在他们看来，同化虽然需要时间，移民子女及其后代即使没有最终实现向上流动，但终将融入社会主体。④ 新熔炉理论不同于“旧熔炉理论”（即认为同化是将主流文化强加于移民群体）⑤，前者认为同化是一个双向的过程，由于移民自身的能动性，主流社会也受移民文化的影响发生变化。

（二）结构主义视角

结构主义观点对移民子女未来估计同样存在乐观、悲观和混合的观点差异。根据更悲观的“代际—排斥”（Generations of Exclusion）理论，由于移民及其子女属于弱势种族群体而被社会主流提供的各种流动机会隔离，自身无法融入主流社会，而不是因为他们避免同化。来自欧洲的移民能融入特权白人阶层控制的文化和经济社会，而拉美裔移民及其后裔则只能进入那些已经被种族化和边缘化的社区和隔离的社会，融入的结果在代际之间不会有太大

---

① Samuel P. Huntington, *Who Are We: The Challenges to America's National Identity*, New York: Simon & Schuster, 2004.

② Samuel P. Huntington, "The Hispanic Challenge", *Foreign Policy*, Vol. 141, March/April 2004, pp. 30 – 45.

③ Richard Alba and Others, "Only English by the Third Generation? Loss and Preservation of the Mother Tongue among the Grandchildren of Contemporary Immigrants", *Demography*, Vol. 39, No. 3, August 2002, pp. 467 – 484.

④ Richard Alba and Victor Nee, *Remaking the American Mainstream: Assimilation and Contemporary Immigration*, Cambridge: Harvard University Press, 2003.

⑤ Charles Hirschman, "America's Melting Pot Reconsidered", *Annual Review of Sociology*, Vol. 9, August 1983, pp. 397 – 423.

差异。[①] 有对墨西哥裔美国人社区几代移民的研究发现，那些移民后代中的大多数成员主要居住在西班牙裔社区，同族通婚并认同墨西哥人身份；第一代和第二代之间的经济社会地位获得停滞不前，第三代、第四代移民中贫困率居高不下，教育获得水平下降。[②]

与此不同，“第二代优势”理论的支持者认为生活在两个社会和文化之间是移民子女的优势所在，“他们处于社会和文化潮流的交叉点，更能获得信息和支持”[③]。第二代移民可以通过利用移民的社会网络、本地少数族裔人士的资源和机构找工作，以实现向上流动。[④]

不同于“代际排斥”理论和“第二代优势”理论，“区隔融入”理论认为结构的观点并不能自动地预测积极或消极的结果。区隔融入的支持者较少关注移民子女是否被同化，而是更多地关注他们融入哪个层次。在他们看来，同化不是自动向上通往中产阶级阶层，也存向下流动的可能。从区隔融入的视角来看，第二代优势确实在发挥作用，但移民群体面临着阻碍向上流动的独特障碍。群体种族、种族社区以及政府对这些群体的政策，能促进或者阻碍移民子女的社会融入。

伦博、波特斯等人对移民子女的纵向研究支持区隔融入的观点。该研究对圣地亚哥和南佛罗里达数千名初中、高中的二代移民青少年展开追踪研究，直至其成年进入高校。通过对这些人的成长重要时期的追踪研究，并根据种族、劳动和社会经济部门状态及其父母用于帮助其成长的资源，对其未来生活中的经济社会地位进预测。[⑤] 每个孩子必须面对其特殊家庭背景带来的优势

---

① Mathew Jacobson, *Whiteness of a Different Color: European Immigrants and the Alchemy of Race*, Cambridge: Harvard University Press, 1999.

② Edward Telles and Vilma Ortiz, *Generations of Exclusion: Mexican Americans, Assimilation and Race*, New York: Russell Sage Foundation, 2008.

③ Philip Kasinitz, John H. Mollenkopf and Mary C. Waters, "Becoming American/Becoming New Yorkers: Immigrant Incorporation in a Majority Minority City", *International Migration Review*, Vol. 36, No. 4, December 2002, pp. 1020 – 1036.

④ Philip Kasinitz and Others, *Inheriting the City: The Children of Immigrants Come of Age*, Harvard University Press, 2008.

⑤ Alejandro Portes and Rubén G. Rumbaut, eds., *Immigrant America*, 3rd., University of California Press, 2006.

和劣势，但是一些条件不好的移民家庭可以通过“选择性同化”来应对他们的情况。移民子女在学习移入国语言、文化的同时，保留母国的语言、价值观和习俗，以便在移入国站稳脚跟的同时保持与父母文化之间的联系。① “选择性融入”则强调父母和一个有凝聚力的民族社区能在多大程度上促使他们保留自己文化的重要方面，阻止子女融入不利的社会底层。

“移民年龄”视角关注移民出生地和年龄如何形塑移民子女的教育和职业。伦博通过对在国外出生的、在不同年龄带到美国的移民子女，以及在美国出生、父母或父母一方是移民的儿童（二代和 2.5 代）的教育、职业结果差异分析推动了研究发展。② 迈尔斯（Myers）等人通过对在不同年龄到美国的墨西哥移民妇女的研究发现，到美国时年龄越小的女孩比青少年时到美国的女性其外语水平更好；移民年龄越小，其高中毕业率越高，但是她们在大学毕业率或成为白领的优势则会下降。③ 与此类似，有研究发现，青春期移民的青少年的教育获得比本土青少年和在美国出生的移民子女差，④ 这些青少年在语言和教育存在的劣势，如果没有强大和持续的外部援助，可能成为难以逾越的障碍。⑤

二　区隔融入理论

不同于主流的“直线融入”，甘斯（Gans）有预见性地提出“二代移民下降”的观点，认为在美国的移民子女的未来可能不如“直线融入”提出的

---

① Alejandro Portes, Patricia Fernάndez-Kelly and William Haller, “No Margin for Error: Educational and Occupational Achievement among Disadvantaged Children of Immigrants”, *Annals of the American Academy of Political and Social Science*, Vol. 620, No. 1, November 2008, pp. 12 – 36.

② Rubén G. Rumbaut, “Ages, Life Stages, and Generational Cohorts: Decomposing the Immigrant First and Second Generations in the United States”, *International Migration Review*, Vol. 38, No. 3, September 2004, pp. 1160 – 1205.

③ Dowell Myers, Xin Gao, and Amon Emeka, “The Gradient of Immigrant Age-at-Arrival: Effects on Socioeconomic Outcomes in the U. S”, *International Migration Review*, Vol. 43, No. 1, March 2009, pp. 205 – 229.

④ Barry Chiswick and Noyna Deb-Burman, “Educational Attainment: Analysis by Immigrant Generation”, *Economics of Education Review*, Vol. 23, No. 4, August 2004, pp. 361 – 379.

⑤ Arturo Gonzalez, “The Education and Wages of Immigrant Children: The Impact of Age at Arrival”, *Economics of Education Review*, Vol. 22, No. 2, April 2003, pp. 203 – 212.

那样乐观：许多移民由于缺乏人力资本以至于他们没有能力带领其子女适应美国复杂的教育系统，接受高等教育，从而获得好的工作，进入社会中上阶层。这些孩子只能停留在低收入的体力劳动上，从事与他们的父辈所从事的工作相似的职业。而那些不愿意从事这些工作的孩子，将面临沮丧的、辛酸的生活，难以抗拒帮派组织和毒品文化的诱惑。[①] 波特斯和伦博对甘斯的观点提出了质疑[②]，之后学者们陆续开展了大量研究。

（一）区隔融入理论基本观点

波特斯和周敏认为，统一的同化路径并不成立。相反，这个过程已经被分割成几个不同的路径：一些人向上流动；另一些人向下流动。这些不同的结果正反映了二代移民在同化过程中所遭遇的障碍，以及他们及其家庭所拥有的社会经济资源差异。[③] 在他们看来，第二代优势可能确实在发挥作用，但移民群体面临着阻碍向上流动的独特障碍。种族群体、社区以及政府对这些群体的政策等，能促进或者阻碍移民子女的社会融入。区隔融入更多关注移民子女能融入社会的哪个层次。第一，由于一些族裔的移民群体拥有较高人力资本，被当地文化接纳程度高，而能较快地融合到主流经济社会文化体系中，同时为二代移民提供好的受教育机会，二代移民有可能融入美国的主流文化实现向上流动。第二，二代移民也可能融入美国的底层文化导致向下流动，融合于城市贫困文化。一些族裔的移民拥有的资源少，工作稳定性差，收入低，其子女多就读于质量低劣的学校，暴露于城市街角的少年文化中，从而失去学习兴趣和向上流动的内在动力，其向主流社会流动的机会非常少。第三，选择性融入。伴随着经济融入，一些族裔的移民群体有能力为子女选择更好的教育，在有意识地为子女选择教育的同时，鼓励子女坚守自己传统文化与价值观念，限制子女对美国社会文化的

---

① H. Gans, "Second-Generation Decline: Scenarios for the Economic and Ethnic Futures of the Post – 1965 American Immigrants", *Ethnic and Racial Studies*, Vol. 15, No. 2, April 1992, pp. 173 – 192.

② A. Portes and R. G. Rumbaut, *Immigrant America: A Portrait*, Berkeley: University of California Press, 1990

③ A. Portes, M. Zhou, "Gaining the Upper Hand: Economic Mobility among Immigrant and Domestic Minorities", *Ethnic and Racial Studies*, Vol. 15, No. 4, October1992, pp. 491 – 522.

认同，最终实现选择性融入。[①] 二代移民融入过程中，他们受到语言文化、种族、移民政策、社区环境等多方面的影响，其中教育获得状况是影响移民子女融入的重要因素。

（二）区隔融入模型

波特斯和伦博的区隔融入理论考察移民父母拥有的人力资本、移入国的社会背景和家庭结构对社会融入的影响。其中人力资本（正规教育和职业技能）是转化为劳动力市场竞争力和在美国阶层中获得理想地位与财富的潜力。然而，这种潜力能否转化为现实依赖于移民被接纳的状态，即接纳模式（Modes of Incorporation），指政府、社会和社区三方面接纳移民的不同态度：一个接受或至少中立的接纳移民的政府；同情或者至少没有敌意的本地人；一个完善和繁荣的同民族社区社会网络等。相反，敌对的政府和公众、弱小的同族社区都阻碍移民将其人力资本转换为相称的职业，或者获得新的职业技能。[②]

按美国社会的标准，大部分二代移民是非白人，由印欧混血人、黑人、亚裔构成，他们的身体特征与占主导地位的美国人有着差异。在美国这样一个种族敏感的环境中，身体特征具有非常重要的意义，它们影响甚至决定年轻人的生活机会。黑人以及混血父母的孩子发现他们在美国种族阶层社会中处于非常不利的地位。[③]

移民子女社会融入所面临的障碍，可以概括为种族主义，分化的劳动力市场，帮派、毒品贸易以及离经叛道生活方式。随着大规模去工业化和服务业为主的经济的发展，美国劳动力市场已逐步分化成一个顶级的、以知识为基础、要求熟练的计算机应用能力和高等教育的劳动力市场与底部的、体力劳动力市场。这样的分化表明以前的以不熟练、半熟练和熟练工为基础的金

---

① Portes Alejandro and Min Zhou, "The New Second Generation: Segmented Assimilation and Its Variants", *Annals of the American Academy of Political and Social Science*, Vol. 530, No. 1, November 1993, pp. 74 – 96. Zhou Min and Carl L. Bankston, *Growing Up American: How Vietnamese Children Adapt to Life in The United States*, New York: Russell Sage Foundation, 1998.

② W. Haller, P. Landolt, "The Transnational Dimensions of Identity Formation: Adult Children of Immigrants in Miami", *Ethnic and Racial Studies*, Vol. 28, No. 6, November 2005, pp. 1182 – 1214.

③ J. A. Geschwender, *Racial Stratification in America*, Dubuque, IA: William C. Brown, 1978.

字塔结构的终结，这样的职业分布为早期移民及其子女的向上流动提供良好的机会。[①] 新的“沙漏型”劳动市场产生的过程一直伴随着日益增长的经济不平等，将美国从一个相对平等的社会变成一个收入和财富差距越来越大的国家。对于新进入劳动力市场者，包括移民子女，这个绝对的分化意味着，他们必须在一代人的过程中获得高等教育证书。[②] 在“正常”情况下，那些不能获得较好教育的二代移民能实现简单的水平流动，从事那些与父辈相似的职业。代际流动不足和滞留在工薪阶层，将是低人力资本和不被积极接纳的移民子女的大致路径。[③]

灾难的结果是，那些不满在低工资、没前途的工作干一辈子的青少年，将目光投向了离经叛道的活动和组织团伙。贫民区学校的学生经常接触到暴力和“酷”的生活方式，于是他们绕过白人主导的主流流动渠道，进入一种充满暴力、吸毒、监禁的生活。[④] 美国文化的学习不能实现这些青少年向上流动，而是相反的向下流动，这条道路被标签为向下融入。

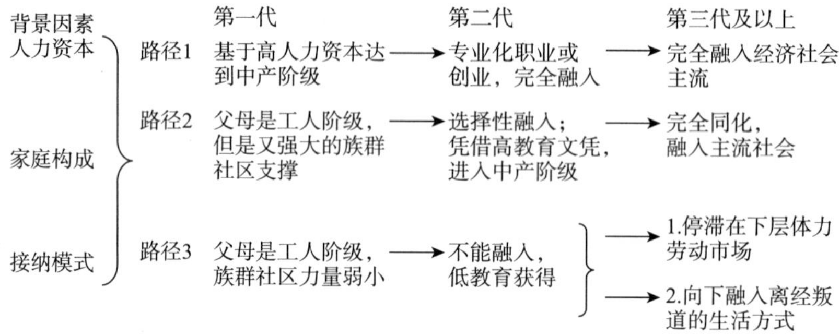

图 2－1 代际流动路径模型

① B. Bluestone and B. Harrison, *Advantage and Disadvantage: A Profile of American Youth*, Hillsdale, NJ: Lawrence Erlbaum, 1982, p. 35.

② D. S. Massey and D. Hirst, “From Escalator to Hourglass: Changes in the U. S. Occupational Structure: 1949 – 1989”, *Social Science Research*, Vol. 27, No. 1, March 1998, pp. 51 – 71.

③ Ruben G. Rumbaut, “The Crucible Within: Ethnic Identity, Self-Esteem, and Segmented Assimilation Among Children of Immigrants”, *International Migration Review*, Vol. 28, No. 4, December1994, pp. 748 – 794.

④ J. D. Vigil, *A Rainbow of Gangs: Street Cultures in the Mega-City*, Austin, TX: University of Texas Press, 2002.

国外研究阐述了社会融入路径和决定融入的关键性因素。在父母人力资本、家庭构成、接纳模式等因素的共同影响下，形成三个不同的融入路径。路径1是在父母人力资本上实现向上融入，路径2是停留在工薪阶层，路径3是向下同化，陷入贫困、失业和离经叛道的生活方式。后两个融入方式在贫穷、不被接纳的移民中较为普遍，特别是在那些非法移民的后代中更为常见。

但是也有研究认为，影响二代移民适应的外部因素如种族主义、分化的劳动力市场、青年帮派和毒品贸易等相互作用，使得需要对融入过程进行更细致的发展，并提出了以下更为细致的区隔融入模型，该模型体现了代际间不同同化速度的一系列其他路径。

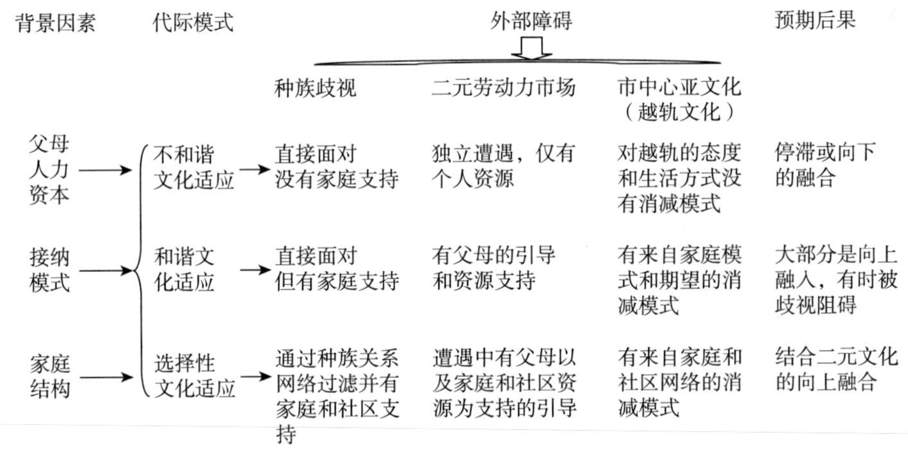

图2-2 区隔融入过程模型

专业人士和其他高人力资本移民的子女常常发生和谐文化适应（Consonant Acculturation）过程，父母和子女共同学习和适应移入国的语言和文化。其他父母人力资本低，但是有强大的同族社区的移民子女，则经历选择性同化（Selective Acculturation），他们在学习英语和美国文化的同时保持母文化的核心元素。流利的双语能力是二代移民选择性融入的一个良好指标。①

另外，那些来自工薪阶层家庭的移民子女，由于缺乏强大的社区支持，

① A. Portes and L. Hao, "The Price of Uniformity: Language, Family, and Personality Adjustment in the Immigrant Second Generation", *Ethnic and Racial Studies*, Vol. 25, No. 6, November 2002, pp. 889 - 912.

而遭遇“不和谐融入”（Dissonant Acculturation），他们在拒绝移入国语言和价值观的同时，也拒绝母国的文化和价值观。在某种程度上，移民父母仍然使用母语，而孩子们拒绝使用非英语语言，拒绝父母的生活方式，在他们看来这些是低贱甚至是尴尬的，“不和谐融入”导致家庭沟通破裂。[①] 虽然“不和谐融入”并不一定导致向下同化，但是它增大了这种可能。因为破裂的家庭沟通致使父母失去了对子女的控制权，因此，家庭无力引导和控制他们的后代。相反，“和谐融入”，特别是“选择性融入”更多的是与积极的结果联系在一起，因为年轻人学会欣赏和尊重父母的文化，而掌握另一种语言让他们有一个优越的认知和有价值的经济工具。[②]

（三）对区隔融入理论的检验

区隔融入理论同样遭受批评。特别是佩尔曼（Perlmann）和瓦尔丁格（Waldinger）认为，当下移民子女所面临的环境和挑战与早期欧洲移民后代所面临的有很大的差异，因此，就不必要对这个过程重新概念化。[③] 其次，二代移民子女停滞或向下融入的证据不多。为了支持这些点，这些研究者进行了一系列的实证研究。

佩尔曼比较20世纪初意大利移民，以及20世纪末墨西哥人的融入过程；瓦尔丁格及其同事分析了美国最大的二代移民——墨西哥裔美国青年（这个群体被认为有着向下融入的巨大风险）在劳动力市场的表现。研究结果最终发现与区隔融入模型一致。佩尔曼的研究表明，“过去意大利人和现在墨西哥人”这两个群体处于不同的历史背景下，无论他们面临着什么样的劣势，意大利移民从未面临耻辱和违法状态下的不安全感。此外，他们的到来满足了不断扩大工业经济对劳动力的需求，工业经济为他们及其后代提供了大量的发展机会。由于他们处于在熟练的工业行业内，这些机会不依赖于获得大专

① M. Zhou and C. Bankston, *Growing up American: How Vietnamese Immigrants Adapt to Life in the United States*, New York: Russell Sage Foundation, 1998.

② E. Peal and W. E. Lambert, “The Relation of Bilingualism to Intelligence”, *Psychological Monographs: General and Applied*, Vol. 76, No. 27, 1962, pp. 1 – 23.

③ R. Waldinger and J. Perlmann, “Second Generations: Past, Present, and Future”, *Journal of Ethnic and Migration Studies*, Vol. 24, No. 1, Jaunary 1998, pp. 5 – 24.

以上学历。与此不同，墨西哥裔美国人则面临双重劣势，墨西哥移民子女带着他们在教育上的巨大劣势进入劳动力市场，那时候，教育回报率比1940年至2000年的任何时候都高；而墨西哥裔美国人的辍学率远远高于本土白人，甚至高于本土黑人，这也预示着“当代一部分二代移民将实现向下融入”①。

事实上，这个理论断言向下融入社会底层只是移民子女同化的一个可能的结果，而弱势的劳工移民后代更多的是停滞在劳动者阶层。瓦尔丁格等人的研究发现，多数墨西哥裔美国青年的职业是谦卑的、低收入的，与其父辈的职业没有太大差异。② 这些研究虽然最初大力批评区隔融入理论，但最终确支持了该理论的主要观点。区隔融入预测两个基本事实：第一，向下融入在相当数量的二代移民青年身上存在，向下同化以辍学、失业、未婚生育和监禁等为标志；第二，向下或者向上同化并不是随机的，而是由一组外部因素作用的结果。

（四）国内新生代农民工社会融入状况

国内农民工社会融入的研究沿袭西方社会融入理论展开。大量研究从社会融入的各个维度展开分析。新生代农民工的收入分配、工作方式、生活行为、消费模式以及都市文化均存在一定程度的融入困境；③ 经济、社会、制度和文化心理这四个维度的城市融入状况均较差；④ 经济—社会—心理—身份融入四个层次不存在递进关系，农民工的经济融入并不必然带来其他层次的融入，社会融入的不同层次更有可能是平行的和多维的。⑤ 流动人口的总体社会融入水平一般，经济整合、社会适应、文化习得和心理认同等各个维度融入状况差别较大：经济和社会方面的融入进程严重滞后于文化和心理方面的

---

① J. Perlmann, *Italians Then, Mexicans Now: Immigrant Origins and Second Generation Progress 1890 - 2000*, New York: Russell Sage Foundation and the Levy Economics Institute at Bard College, 2005.

② R. Waldinger R, N. Lim and D. Cort, “Bad Jobs, Good Jobs, No Jobs? The Employment Experience of the ‘New’ Second Generation”, *Journal of Ethnic and Migration Studies*, Vol. 33, No. 1, January 2007, pp. 1 - 35.

③ 王春光：《新生代农民工城市融入进程及问题的社会学分析》，《青年探索》2010年第3期。

④ 王佃利等：《新生代农民工的城市融入——框架建构与调研分析》，《中国行政管理》2011年第2期。

⑤ 李培林、田丰：《中国农民工社会融入的代际比较》，《社会》2012年第5期。

融入；乡—城流动人口的融入水平不如城—城流动人口的融入水平；社会融入差异性、分层性、社区依赖性和互动性明显。①

在新生代农民工的城市融入上，融入状况不好，城市化水平不高，绝大多数仍然处于一种“半城市化”② 或“不完全城市化”③ 状态。无论是城市社会融入还是返乡适应都表现出“难融入”的特性。④ 农民工中多数人没有建立“城市人”身份认同；虽然其定居城市的积极性较高，但他们并不愿意以农村土地作为交换的筹码。⑤ 新生代农民工的空间生存状态“跨空间化”的特征，体现在居住空间的栖居性、家庭的离散性、社会身份的不确定性等方面。⑥

研究也关注社会融入的代际差异。李培林、田丰对两代农民工社会融入状况进行分析发现，尽管新生代农民工在绝对收入、受教育年限和工作技能等方面都要优于老一代农民工，但是两代农民工之间的社会融入状况没有根本差异。农民工的社会互动主要集中在群体内部，缺乏与城市人群的互动，属于“区隔型融入”。⑦ 但是，大多数研究认为，中国农民工群体内部社会融入代际差异明显。老一代农民工的社会融入以经济融入为重点，但经济融入未必能带动其他层面的融入；新生代农民工存在身份认同模糊、未来发展不明的边缘化倾向，但新生代农民工在社会和心理层面的融入程度要好于第一代农民工。⑧ 两代农民工具有相似的生命轨迹，家庭角色的转变形塑了他们最终的生活期望和社会归属。新生代农民工虽具有更多城市性和现代性，但因

---

① 杨菊华：《中国流动人口的社会融入研究》，《中国社会科学》2015 年第 2 期。

② 王春光：《农村流动人口的“半城市化”问题研究》，《社会学研究》2006 年第 5 期。

③ 王春光：《农民工的“半城市化”问题》，载李真《流动与融和：农民工公共政策改革与服务创新》，团结出版社 2005 年版，第 41—57 页。

④ 何绍辉：《双重边缘化：新生代农民工社会融入调查与思考》，《求索》2014 年第 2 期。

⑤ 卢海阳等：《农民工的城市融入：现状与政策启示》，《农业经济问题》2015 年第 7 期。

⑥ 张荣：《空间生产理论视域下新生代农民工社会融入研究》，《中国青年社会科学》2015 年第 4 期。

⑦ 李培林、田丰：《中国农民工社会融入的代际比较》，《社会》2012 年第 5 期。

⑧ 卢小君、孟娜：《代际差异视角下的农民工社会融入研究——基于大连市的调查》，《西北农林科技大学学报》（社会科学版）2014 年第 1 期。

社会结构和自身能力的限制，其社会融入与老一代相似，实质是区隔性融入。[①] 两代农民工在城市融入过程中，均注重工资待遇水平、居住条件、物价水平、基本公共服务满意度及城市归属感的实现，但新生代农业转移人口更强调职业升迁机会、工作环境和子女教育状况满意度的提升。[②]

第二节　生命历程的理论视角

生命历程（Life Course）是一种由社会界定并按年龄分级的事件和角色模式，该模式受文化和社会结构历史性变迁的影响[③]，包含一系列的生命事件序列[④]。迁徙对个人而言是重大的生命事件，对人生走向产生重大影响，因而本书更关注迁徙、迁徙时机、累积效应等对教育获得和社会融入的影响。

一　生命历程理论

（一）理论概况

《身处欧美的波兰农民》是20世纪初一项生命历程的经典研究[⑤]，该研究通过关注移民个人和东道国社会之间的相互作用来解释社会变化。虽然在很长一段时间内，受新实证主义的排斥、经济萧条、战争等破坏性事件的影响，该理论发展迟缓，但是该研究开启了生命历程视角下移民研究的大门。20世纪60年代，生命历程理论开始复兴。埃尔德（Elder）的著作《大萧条的孩子们》提出了生命历程理论的内容与研究范式，标志着生命历程理论成为完整、独立的理论体系。20世纪80年代，研究者提出动态数据建立和研究方

---

① 孙文中：《殊途同归：两代农民工城市融入的比较——基于生命历程的视角》，《中国农业大学学报》（社会科学版）2015年第3期。

② 曾鹏、向丽：《中西部地区人口就近城镇化意愿的代际差异研究——城市融入视角》，《农业经济问题》2016年第2期。

③ ［美］埃尔德：《大萧条的孩子们》，田禾、马春华译，译林出版社2002年版，第X页。

④ G. H. Elder, et al.,"The Emergence and Development of Life Course Theory", in J. T. Mortimer, M. J. Shanahan, eds., *Handbook of the Life Course*, NewYork: Springer, 2003, pp. 3 – 19.

⑤ ［美］W. I. 托马斯、［波兰］F. 兹纳涅茨基：《身处欧美的波兰农民》，张友云译，译林出版社2000年版。

法，将国家视角引入该理论中，由此该理论迎来发展高峰。到了21世纪，《生命历程手册》围绕理论视角发展、时空变量比较、标准时间结构化、动态研究思路等进行了探讨，《生命历程手册》的出版标志着生命历程理论发展成独立的理论体系。①

生命历程范式包括生命的时与空、相互依存的生命、生命的时机、个体能动性②和毕生发展③这五个基本原则。时与空原则，认为个人的生命历程植根于历史时间和地方背景，并受到时间和空间的限制；相互依存的生命原则，认为社会和历史通过社会网络对个人产生影响；生命的时机原则，认为人生是一个连续轨迹，其中有转变、转折点和持续，生命的时机原则强调生活转折或事件对个人的影响，关注个人发展与时间的关系；个体能动性原则，认为每个人在生活中受到历史和社会环境的制约，但是个人能发挥主观能动性，通过选择和行动来构建生命历程；④ 毕生发展原则，是指个体发展是一个由出生至死亡的长久过程，并非只局限于未成年阶段。轨迹（Trajectory）和变迁（Transition）是生命历程范式中基本的分析主题。轨迹是指在生命跨度内，依据角色发生的先后次序而建立的发展轨迹，如工作、婚姻、生育等；变迁在生命轨迹之中发生，且由某些特别的生命事件所标明（入学、就业、参军、结婚）；轨迹和变迁相互作用产生了生命历程中的转折点（turning points）。转折点有可能改变生命轨迹的方向，而这些重要的、伴随着相对急剧的变化、可能改变生命轨迹的方向的事件则是生命事件（Life Events）。⑤

（二）生命历程理论与移民研究

生命历程理论自20世纪60年代复兴以来，在教育获得、从学校到工作

① Jeylan T. Mortimer and Michael J. Shanahan, *Handbook of the Life Course*, Springer: NewYork, 2004.

② G. H. Elder, et al., "The Emergence and Development of Life Course Theory", in J. T. Mortimer, M. J. Shanahan, eds., *Handbook of the Life Course*, NewYork: Springer, 2003, pp. 3 - 19.

③ 曾迪洋：《生命历程理论及其视角下的移民研究：回顾与前瞻》，《社会发展研究》2016年第2期。

④ 李强、邓建伟、晓筝：《社会变迁与个人发展：生命历程研究的范式与方法》，《社会学研究》1999年第6期。

⑤ Richard A. Settersten, Jr. and Karl Ulrich Mayer, "The Measurement of Age, Age Structuring and the Life Course", *Annual Review of Sociology*, Vol. 23, August 1997, pp. 233 - 261.

的转变、职业生涯、婚姻和生育的时间选择、从工作到退休的转 变等领域得到了广泛应用①，大量的研究关注移民的生命历程。

研究认为迁徙影响结婚、生育、健康等。家庭迁移在一定程度上形塑了生育模式②，经历了早期劳动力迁移的移民比非移民成家、结婚和生育的年龄晚；③ 但也有研究发现，迁移的时机影响初婚年龄，越早迁移的人结婚年龄小的可能性越高④。由于迁移的时机通常与结婚的时机重叠，因此移民比非移民表现出更高的生育水平。⑤ 这种差异在西欧土耳其移民后代中不存在，其生育行为越来越趋同于迁移国本土青年。⑥ 在健康状况方面，早期迁移是儿童焦虑情绪和压力的主要来源。⑦ 0—4 岁之间迁徙的移民精神障碍的风险最高，但在 29 岁及以后迁移者中，风险与当地人没有显著差异；社会失败、社会排斥或社会逆境都导致了低龄迁徙移民的高精神障碍风险。⑧ 在成年后迁徙到美国的移民死亡风险比在童年或中年时期迁移的人要低得多。⑨

有研究分析了澳大利亚和英国移民的高等教育入学、劳动力市场进入、合作关系建立、结婚、生育五个关键生活转折点对移民生活的影响，研究发现在各国的移民年龄和生活过程转变的相对重要性各不相同。在英国，迁移与多重转变的强烈关联解释了大量移民多集中在青年阶段迁移；在澳大利亚，

---

① 李强、邓建伟、晓筝：《社会变迁与个人发展：生命历程研究的范式与方法》，《社会学研究》1999 年第 6 期。

② Hill Kulu and Andres Vikat, "Fertility Differences by Housing Type: The Effect of Housing Conditions or of Selective Moves?" *Demographic Research*, Vol. 17, No. 3, December 2007, pp. 775 – 802.

③ Emilio A. Parrado, "International Migration and Men's Marriage in Western Mexico", *Journal of Comparative Family Studies*, Vol. 35, No. 1, Winter 2004, pp. 51 – 71.

④ 曾迪洋：《生命历程理论视角下劳动力迁移对初婚年龄的影响》，《社会》2014 年第 5 期。

⑤ Lesia Nedoluzhko and Gunnar Andersson, "Migration and First-time Parenthood: Evidence from Kyrgyzstan", *Demographic Research*, Vol. 17, No. 25, December 2007, pp. 741 – 774.

⑥ Nadja Milewski, "Transition to a First Birth among Turkish Second-generation Migrants in Western Europe", *Advances in Life Course Research*, Vol. 16, No. 4, December 2011, pp. 178 – 189.

⑦ C. E. Lewis, J. M. Siegel, and M. A. Lewis, "Feeling Bad: Exploring Sources of Distress among Preadolescent Children", *American Journal of Public Health*, Vol. 74, No. 2, February 1984, pp. 117 – 122.

⑧ Wim Veling, Hans W. Hoek, Jean-Paul Selten, and Ezra Susser, "Age at Migration and Future Risk of Psychotic Disorders Among Immigrants in the Netherlands: A 7 – Year Incidence Study", American Journal of Psychiatry, December 2011, Vol. 168, No. 12, pp. 1278 – 1285.

⑨ Ronald J. Angel et al., "Shorter Stay, Longer Life: Age at Migration And Mortality Among The Older Mexican-Origin Population", *Journal of Aging And Health*, Vol. 22, No. 7, October 2010, pp. 914 – 931.

生活过程对移民的影响较弱，进入高等教育的年龄跨度较大，有助于延长移民年龄，移民者的移民年龄并不集中。① 对泰国的研究发现，尽管经历了严重的经济衰退，但是青年的教育水平仍然比以前高。与家长和兄弟姐妹的联系、移民、婚姻和生育等生活事件的时间安排都会影响教育获得。② 对导致高中辍学的压力和转折点进行分析表明，有些学生不是因为长期困难而离开学校，而是为了应对在上学期间出现的情况，例如健康问题或严重的校园暴力才离开；相反，具有早期困难的一些人在高中时情况改善。③

二 生命历程的影响

（一）迁移经历对社会融入的影响

父母迁徙带来的流动、留守经历会对儿童的学业表现、交往需求、心理健康、自尊、社会适应等产生显著影响。④ 大量研究对流动儿童和留守儿童展开比较并发现：流动儿童社会化状况优于留守儿童：从社会文化机构接触、大众传媒接触、社团活动参与、课外知识来源渠道⑤、学习方法、学习环境、行为习惯和人际交往方面⑥、身心健康、知识面广度⑦、社会文化适应⑧等方面看，流动儿童均优于留守儿童；但也有研究发现，留守儿童人际关系优于

① Aude Bernard et al., "Internal Migration Age Patterns and The Transition to Adulthood: Australia and Great Britain Compared", *Journal of Population Research*, Vol. 33, No. 2, June 2016, pp. 123 - 146.

② Martin Piotrowski & Yok-Fong Paat, "Determinants of Educational Attainment in Rural Thailand: A Life Course Approach", *Population Research and Policy Review*, Vol. 31, No. 6, December 2012, pp. 907 - 934.

③ Véronique Dupéré et al., "Stressors and Turning Points in High School and Dropout A Stress Process, Life Course Framework", *Review of Educational Research*, Vol. 85, No. 4, December 2015, pp. 591 - 629.

④ 刘杨等：《流动儿童歧视、社会身份冲突与城市适应的关系》，《人口与发展》2012 年第 1 期。杨阿丽、赵洪朋：《生活事件、社会支持与流动儿童问题行为的关系》，《心理研究》2011 年第 6 期。周皓、荣珊：《我国流动儿童研究综述》，《人口与经济》2011 年第 3 期。段成荣、杨舸：《我国流动儿童最新状况——基于 2005 年全国 1% 人口抽样调查数据的分析》，《人口学刊》2008 年第 6 期。

⑤ 陈国华：《社会教育：流动儿童与留守儿童的比较分析》，《西北人口》2011 年第 2 期。

⑥ 许传新：《学校适应情况：流动儿童与留守儿童的比较分析》，《中国农村观察》2010 年第 1 期。

⑦ 王水珍、刘成斌：《流动与留守——从社会化看农民工子女的教育选择》，《青年研究》2007 年第 1 期。

⑧ 袁晓娇等：《教育安置方式与流动儿童城市适应的关系》，《北京师范大学学报》（社会科学版）2009 年第 5 期。

流动儿童[①]，流动儿童心理适应不如留守儿童[②]。不同类型儿童的社会适应不同，一般儿童总体社会适应最好；流动儿童优于留守儿童。[③]

随着时间的推移，流动儿童和留守儿童进入劳动力市场，成为新生代农民工[④]，这个群体在社会融合上呈现分化迹象，一部分能利用社会变迁、制度变革中提供的机会，适应城市生活；[⑤] 而另一部分则社会交往内卷化倾向明显，就业状况糟糕，经济社会融入困难。[⑥] 新生代农民工的现状与流动或留守经历高度相关，他们更可能成为城市和农村之间真正的“两栖人”，流动的代际传承并未使二代农民工获益，也并未提升他们对城市的认同。[⑦] 童年留守经历与成年后负性情绪和低自尊相关[⑧]，留守经历影响工作的适应性和稳定性，有留守经历的工人更难适应世界工厂的高强度、异化的劳动方式，工作稳定性更差[⑨]，完全留守、长期留守者表现出更高的工作流动性，男性农民工更易受到童年时期留守经历的影响。[⑩]

留守经历导致新生代工人脱嵌于乡村社会的同时，也脱嵌于城市的劳动现场，“双重脱嵌”下的新生代农民工处于持续不断的流动与漂泊状态[⑪]，留守经历影响着新生代农民工的集群行为参与，相较于童年期随迁的新生

---

① 王水珍、刘成斌：《流动与留守——从社会化看农民工子女的教育选择》，《青年研究》2007年第1期。

② 袁晓娇等：《教育安置方式与流动儿童城市适应的关系》，《北京师范大学学报》（社会科学版）2009年第5期。

③ 范兴华等：《流动儿童、留守儿童与一般儿童社会适应比较》，《北京师范大学学报》（社会科学版）2009年第5期。

④ 王春光：《新生代农村流动人口的社会认同与城乡融合的关系》，《社会学研究》2001年第3期。

⑤ 董章琳、张鹏：《城市农民工社会融合的影响因素分析——基于重庆市1032名农民工的调查》，《重庆理工大学学报》（社会科学）2011年第2期。李树茁等：《中国农民工的社会融合及其影响因素研究——基于社会支持网络的分析》，《人口与经济》2008年第2期。

⑥ 悦中山等：《从“先赋”到“后致”：农民工的社会网络与社会融合》，《社会》2011年第6期。

⑦ 梁宏：《生命历程视角下的“流动”与“留守”——第二代农民工特征的对比分析》，《人口研究》2011年第4期。

⑧ 李晓敏等：《留守儿童成年以后情绪、行为、人际关系研究》，《中国健康心理学杂志》2010年第1期。

⑨ 汪建华、黄斌欢：《留守经历与新工人的工作流动——农民工生产体制如何使自身面临困境》，《社会》2014年第5期。

⑩ 谢东虹：《留守经历对新生代农民工工作流动的影响——基于2015年北京市数据的实证检验》，《南方人口》2016年第3期。

⑪ 黄斌欢：《双重脱嵌与新生代农民工的阶级形成》，《社会学研究》2014年第2期。

代农民工，童年期留守的新生代农民工参与集群行为的可能性更大。① 童年曾有“城市流动双系抚育”经历的“90 后”新生代农民工的社会资本存量最高②，有随迁经历的新生代农民工的社会经济状况好于无随迁经历的农民工；③ 迁移类型、迁移时机和迁移持续期对新生代农民工成年早期生命历程有持续的影响，儿童随父母一起迁移对其成年早期的生活机会有积极的影响，其中，随父母一起长期迁移比长期的父母单独迁移对儿童未来的发展更好。④

（二）迁移时机对教育获得影响

儿童期迁移时机对个体教育获得有何影响？现有研究结论不一。有研究发现，在洛杉矶的移民群体不论移民年龄、合法或非法，其完成高中教育的可能性都较小，童年早期或后期迁徙对移民能否完成高中学业没有影响。⑤ 但是大量研究认为，移民时间对教育获得有影响：对丹麦移民子女和本土儿童之间完成高中教育差距的研究发现，移民家庭特征和移民年龄是重要影响因素⑥；荷兰的年轻移民子女的数学能力和科学技能受移民年龄影响。⑦

移民时机如何影响教育获得？有研究认为，移民年纪越小，移民对学业的消极影响越大，随着年龄的增长而逐年减轻。⑧ 但是大量研究认为，由于教

① 杜海峰等：《生命历程视角下农民工集群行为参与的影响研究》，《西安交通大学学报》（社会科学版）2016 年第 3 期。

② 南方、李振刚：《“90 后”农民工童年经历与社会资本积累的研究》，《同济大学学报》（社会科学版）2016 年第 1 期。

③ 王毅杰、卢楠：《农民工随迁子女与城市居民收入差距研究——基于改进后的 Oaxaca-Blinder 分解》，《河海大学学报》（哲学社会科学版）2015 年第 4 期。

④ 刘玉兰：《生命历程视角下童年期迁移经历与成年早期生活机会研究》，《人口研究》2013 年第 2 期。

⑤ Daysi X. , Diaz-Strong and Marci A. Ybarra, "Disparities in High School Completion Among Latinos: The Role of The Age-At-Arrival And Immigration Status", *Children and Youth Services Review*, Vol. 71, December 2016, pp. 282 – 289.

⑥ Bjørg Colding, Leif Husted & Hans Hummelgaard, "Educational Progression of Second-Generation Immigrants And Immigrant Children", *Economics of Education Review*, Vol. 28, No. 4, August 2009, pp. 434 – 443.

⑦ Asako Ohinataa & Jan C. van Ours. , "Young Immigrant Children And Their Educational Attainment", *Economics Letters*, Vol. 116, No. 3, September 2012, pp. 288 – 290.

⑧ Gary M. Ingersoll et al. , "Geographic Mobility and Student Achievement in An Urban Setting", *Educational Evaluation and Policy Analysis*, Vol. 11, No. 2, June 1989, pp. 143 – 149.

育所产生的路径依赖关系，迁移年龄塑造未来的轨迹，它可以打开或者关闭对后期生活进一步投资的机会。受世界各国教育制度影响，小学和中学教育的时间通常有年龄的限制，超出某个年龄节点，相应的受教育机会也就丧失了。[①] 移民年纪越小，越有利于成绩发展。儿童期迁移时间对高中学业完成的作用明显，在青少年时期移民比儿童期移民的消极影响更大。[②] 对美国的研究发现，在青春期移民到美国的墨西哥移民子女高中未入学率超过了40%，但是在比较小的年龄移民到美国的墨西哥青少年入学率只是比在美国出生的美国墨西哥青少年稍差一点。[③] 在墨西哥出生的儿童，在0岁至6岁之间迁入美国，可能相对于晚迁徙的同龄人具有教育优势，而在13岁至15岁之间迁徙的则具有教育劣势，较大年纪迁徙与儿童后期的辍学有关。[④] 在德国1.5代移民中，在学龄前（0—5岁）大多数移民（41%）获得本地人和二代移民相当的教育水平；在11—15岁中等教育阶段移民的人，只有三分之一达到了本地人水平；16—17岁移民的青年因超出德国义务教育的年龄限制，面临特别高的辍学风险，他们中有12%的学生没有学历，远高于本地人2%的水平。移民的迁徙年龄越高，其受教育程度越低。[⑤] 对挪威的研究发现，虽然移民儿童和挪威本土出生儿童的教育差距在缩小，但是，那些移民时间较晚的第一代移民儿童更容易在高中辍学，二代移民的教育成就的确受移民的时间影响。[⑥]

移民年龄越小的孩子，其学习学校官方语言的时间越多，越能融入主流社会。在学龄前移民意味着孩子们有机会参加移民国的幼儿园教育，可以了

① Mayer, K. U. & Müller, W, "Lebensverläufe im Wohlfahrtsstaat", in H. Solga, J. W Powell, & P. A Berger, eds., *Soziale Ungleichheit. Klassische Texte zur Sozialstrukturanalyse*, Frankfurt a. M. /New York: Campus, 2009

② Robert Haveman, Barbara Wolfe & James Spaulding., "Childhood Events and Circumstances Influencing High School Completion", *Demography*, Vol. 28, No. 1, February 1991, pp. 133 – 157.

③ Hirschman Charles, "The Educational Enrollment of Immigrant Youth: A Test of the Segmented-Assimilation Hypothesis", *Demography*, Vol. 38, No. 3, August 2001, pp. 317 – 336.

④ Karyn Miller, "Education across Borders: The Relationship between Age at Migration and Educational Attainment for Mexico-U. S. Child Migrants", *Teachers College Record*, Vol. 118, No. 1, April 2016, pp. 1 – 78.

⑤ Janina S., "ImmigrantsEducational Attainment: A Closer Look at the Age-at-Migration Effect", *A Life-Course Perspective on Migration and Integration*, April 2011, pp. 27 – 53.

⑥ Jan C. van Oursa & Justus Veenmanb, "Age at Immigration and Educational Attainment of Young Immigrants", *Economics letters*, Vol. 90, No. 3, March 2006, pp. 310 – 316.

解东道国的语言；[①] 小学/中学教育阶段的迁移意味着学生必须追赶并学习母国未教授的课程内容；儿童移民年龄越大，其父母适应东道国学校体系正式、非正式规则的时间越少，而这些是在学校生活中做出重要教育决策、教帮助孩子面临挑战的重要内容。[②]青少年时期移民可能会损害其学业生涯，降低课堂上成功以及获得更有声望的学校学位证书的机会。移民年龄越小，在东道国的教育体系中获得成功的可能性就越大[③]；移民年龄越小，越能发展起与本土学生同样的学业期望，对课程、语言和移入国文化适应越好，适应成本越低，早移民的儿童比晚移民的儿童可获得更好的教育。[④]

还有研究发现，在移民的过程中有一个关键的时间点。[⑤] 对瑞典移民的成年后状况研究发现，在 9 岁左右，移民子女的生活条件特别重要，在临界年龄之后迁移可能会对儿童成长产生不利影响。[⑥] 9 岁左右移民的儿童，他们可以赶上同龄人，而 9 岁以后移民则会损害移民子女的学业的表现。移民年龄对男性和女性移民学业成绩的影响相似。[⑦] 对德国的研究发现，15 岁以后移民的青年面临特别的风险，因为德国的全日制义务教育通常在 15 岁结束，16 岁和 17 岁移民的青少年多被非全日制义务教育（职业学校）录取。[⑧] 对加拿大的研究发现，在 15 岁至 18 岁之间移民的青年比那些在年龄更小或更大时

---

① Hartmut Esser, "Familienmigration und Schulkarriere ausländischer Kinder und Jugendlicher", in H. Esser & J. Friedrichs eds. , *Generation und Identität*: *Theoretische und Empirische Beiträgezur Migrationssoziologie*, Opladen: Westdeutscher Verlag, 1990, pp. 127 – 146.

② Dominique Lemmermann Regina T. Riphahn, "The causal effect of age at migration on youth educational attainment", *Multidisciplinary Panel Data Research*, Vol. 63, No. 1, April 2018, pp. 78 – 99.

③ Anders Böhlmark, "Age at Immigration and School Performance: A Siblings Analysis Using Swedish register Data", *Labour Economics*, Vol. 15, No. 6, December 2008, pp. 1367 – 1389.

④ Arturo Gonzalez, "The Education and Wages of Immigrant Children: The Impactof Age at Arrival", *Economics of Education Review*, Vol. 22, No. 2, April 2003, pp. 203 – 212.

⑤ Gefsen, Hege Marie and Taryn Ann Galloway, "Young Immigrants: Age at Migration and Performance in Education", discussion paper, Last accessed: January 27, 2016, http://www.svt.ntnu.no/iso/Marianne.Haraldsvik/Workshop2013/Papers2013/gjefsengalloway.pdf. .

⑥ Gerard J. van den Berg et al. , "Critical Periods During Childhood and Adolescence", *Journal of the European Economic Association*, Vol. 12, No. 6, December 2014, pp. 1521 – 1557.

⑦ Anders Böhlmark, "Age at Immigration and School Performance: A Siblings Analysis Using Swedish register Data", *Labour Economics*, Vol. 15, No. 6, December 2008, pp. 1367 – 1387.

⑧ Janina S. , "Immigrants Educational Attainment: A CloserLook at the Age-at-Migration Effect", *A Life-Course Perspective on Migration and Integration*, April 2011, pp. 27 – 53.

候迁徙的人获得的教育要少，“在高中学龄阶段去适应一个新的环境将带来永久的影响”[①]。对澳大利亚的研究发现，在小学或中学教育阶段移民的子女大大减少了与拥有受过良好教育的家长或拥有澳大利亚特权的1.5代移民间的差距。[②] 还有研究发现，移民时间对女性的受教育程度的影响要大于对男性的受教育程度影响，通过比较不同年龄迁移的移民子女在21岁时教育程度发现，6岁左右是重要的时间节点。但是也有对挪威的研究发现，随着移民年龄的增长，学业成绩逐渐下降，但是其中没有发现关键的移民年龄。

（三）累积效应及影响

累积效应是生命历程的作用机制，用于解释生命早期条件和后期结果之间的关系[③]，是一种不平等的机制。如果后期结果因某种早期条件、因素而发生改变，这些不平等就将在生命历程的多个阶段持续存在，最终导致不平等随时间的推移而增长。[④] 累积效应包含优势累积和劣势累积。优势累积认为，生命历程中一个有利的相对位置将成为进一步获得收益的资源，早期不平等随时间推移而扩大，从而在一定意义上导致生命历程的轨迹差异[⑤]，优势累积通过提高进入优势机会的概率实现，劣势累积则往往带有路径依赖的含义。[⑥]

“累积的劣势”（Cumulative Disadvantage）常用于老龄化和健康领域，用

---

① Joseph Schaafsma and Arthur Sweetman.，“Immigrant Earnings：Age at Immigration Matters”，*Canadian Journal of Economics*，Vol. 34，No. 4，November 2001，1999，34（4），pp. 1066－1099.

② Helga de Valk，Michael Windzio et al.，“Immigrant Settlement and the Life Course：An Exchange of Research Perspectives and Outlook for the Future”，*A Life-Course Perspective on Migration and Integration*，2011，pp. 283－297.

③ Karl Ulrich Mayer，“New Directions in Life Course Research”，*Annual Review of Sociology*，Vol. 35，No. 1，August 2009，pp. 413－433.

④ Thomas A. DiPrete and Gregory M. Eirich，“Cumulative Advantage as a Mechanism for Inequality：A Review of Theoretical and Empirical Developments”，*Annual Review of Sociology*，Vol. 32，No. 1，August 2006，pp. 271－297.

⑤ O' Rand A. M.，“Cumulative Advantage Theory in Life Course Research”，*Annual Review of Gerontology and Geriatrics*，Vol. 22，No. 1，2002，pp. 14－30.

⑥ O' Rand A. M.，“Stratification and the Life Course：Life Course Capital，Life Course Risks，and Social Inequality”，in R. H. Binstock，L. K. George，eds.，*Handbook of Aging and the Social Sciences*，San Diego：Elsevier，2006，pp. 145－162.

以描述社会经济不利和歧视在整个生命历程在中的累积和复合对健康的影响。[①] 对于移民来说，劣势累积指的是与脆弱的社会经济轨迹相关的问题积累[②]，这可能不会被最终的社会经济改善和合法化所补偿。研究显示，移民在生活中存在的劣势累积，相比于美国出生的西班牙裔美国人，移民的死亡率更高，在健康方面消极“同化”。[③] 新生代农民工所处的弱势地位与其劣势积累相关，这一境况是由当前的社会历史文化背景中的各种矛盾决定的，是特定时机下移民的必然处境。[④] 影响移民父母的累积劣势的因素也会影响其子女在童年时期和以后的生活轨迹。[⑤]

但是也有研究者提出不同的意见，认为随着移民经验积累，带来收入增加、适应性增强。[⑥] 有研究发现，社会网络中的社会资本和种族等因素相互作用累积，导致妇女的劳动力市场的分化。对于泰米尔妇女来说，移民早期劣势被转化为优势，使他们能够在美国获得高薪专业工作；而北非女性，早期优势消失，之后处于劣势地位，以至于在劳动力市场中处于女性化、低工资状态。[⑦] 有研究探讨父母长期接受的社会救助与子女完成初中学业的关系发现，父母贫困以及接受社会援助的话，其 22 岁以下的子女不能完成中学教育。然而，社会经济弱势家庭之间的差异比富裕家庭间更大，表明

① Kenneth F. Ferraro and Jessica A. Kelley-Moore, “Cumulative Disadvantage and Health: Long-Term Consequences of Obesity?” *American Sociological Review*, Vol. 68, No. 5, October 2003, p. 707.

② Escobar-Latapí A., Lowell B. L., eds., *Third Binational Study on Migration*: *Binational Dialogue on Mexican Migrants in the United States and Mexico*, Guadalajara and Mexico City: In press, 2013.

③ Fernando Riosmena, Bethany G. Everett, et al., “Negative Acculturation and Nothing More? Cumulative Disadvantage and Mortality During the Immigrant Adaptation Process Among Latinos in the United States”, *International Migration*, Vol. 49, No. 2, June 2015, pp. 443 – 478.

④ 陈占江：《生命历程理论视野下的新生代农民工社会保护研究》，《学术交流》2008 年第 11 期。

⑤ Fernando Riosmena, Bethany G. Everett, et al., “Negative Acculturation and Nothing More? Cumulative Disadvantage and Mortality During the Immigrant Adaptation Process Among Latinos in the United States”, *International Migration*, Vol. 49, No. 2, May 2015, p. 443.

⑥ Barry R. Chiswick, Yew Liang Lee & Paul W. Miller, “Immigrant Earnings: A Longitudinal Analysis”, *Review of Income and Wealth*, Vol. 51, No. 4, December 2005, pp. 485 – 503.

⑦ F. Brian & K. Finch, et al., “Could ‘Acculturation’ Effects Be Explained by Latent Health Disadvantages Among Mexican Immigrants?” *International Migration Review*, Vol. 43, No. 3, September 2009, pp. 471 – 495.

非社会经济因素改变了父母劣势与未完成初中学业之间的关系。① 还有研究利用劣势累积假设，考察了“难民差距”即难民与其他类型移民之间劳动力市场参与率差异发现，难民在荷兰工作生涯开始时存在劣势，随着时间的流逝，这种“差距”会减少。② 对移民犯罪研究发现，同化和邻里劣势在不同代际内的运作模式不同，并影响犯罪行为，一代移民不太可能参与严重的违规行为，居住在不利环境中且具有高同化水平的二代青年的犯罪的风险最大。③

第三节 二代移民教育获得

教育一直被看作社会流动的重要手段，移民子女教育问题以及教育带来的社会分层和流动问题在移民研究中备受关注。

一 移民子女教育获得状况

（一）国外移民子女教育获得

对于移民子女的教育问题研究，主要关注移民子女在学校中诸如成绩状况和升学等问题。美国三分之一的移民集中在加利福尼亚州，经济结构调整、经济持续衰退和财政困境加剧了公众对移民的不满，移民的孩子在不利的环境中长大。④ 移民学生面对较少的资源、不称职的教师（对学生期望低、更严

① Johanna M. Kallio, Timo M. Kauppinen & Jani Erola, “Cumulative Socio-economic Disadvantage and Secondary Education in Finland”, *European Sociological Review*, Vol. 32, No. 5, October 2016, pp. 649 - 661.

② Linda Bakker, Jaco Dagevos & Godfried Engbersen, “Explaining the Refugee Gap: A Longitudinal Study on Labour Market Participation of Refugees in the Netherlands”, *Journal of Ethnic and Migration Studies*, Vol. 43, No. 11, August 2017, pp. 1775 - 1791.

③ Bianca E. Bersani, Thomas A. Loughran & Alex R. , “Piquero Comparing Patterns and Predictors of Immigrant Offending Among A Sample of Adjudicated Youth”, *Journal of Youth and Adolescence*, Vol. 43, No. 11, October 2014, pp. 1914 - 1933.

④ Rubén G. Rumbaut, “The New Californians: Comparative Research Findings on the Educational Progress of Immigrant Children”, *Californians Immigrant Children: Theory, Research, And Implications For Educational Policy*, 1995.

历)、家校文化不匹配、教师和学生流动率高、学校差等问题;[①] 教育分流、校际不平等也影响着移民儿童的教育获得，地位低的移民家庭的孩子落后于非移民家庭的孩子。[②]

在学业成绩上，对移民子女和本土青少年学业状况的比较发现，其结果各异。舒尔茨[③]和贝茨（Betts）等人[④]的研究发现，美国移民儿童的受教育水平与本土儿童的受教育水平相当。另外，也有学者认为，移民子女在学业成绩上不如本土的青少年，但是这种差距存在阶段性。移民子女和本土儿童有同样的机会在美国中小学就读，但他们不太可能升入高中，这样的情况在西班牙裔移民青年中尤为严重。如果移民青少年被美国高中录取，他们将比美国青少年有更有可能选择继续上大学，一旦入学后，他们的教育程度即使没有超过本土少年儿童，也大体与其相当。[⑤] 阿尔冈（Algan）等对英、法、德等国的比较研究发现，移民子女教育获得存在国家间的差异。另外，有研究比较了在意大利和西班牙的移民子女与本土学生阅读和数学技能之间的差距发现，移民学生表现不如这两个国家的本土学生，国家政策对其学习技能影响巨大。[⑥] 还有对经济合作组织成员国之间比较研究发现，移民儿童和本土儿童考试成绩的平均差距存在国家差异，父代成绩影响显著，一旦控制父母特

---

① Gindling, T. H. and Poggio, "Family Separation and Reunification as a Factor in the Educational Success of Immigrant Children", *Journal of Ethnic and Migration Studies*, Vol. 38, No. 7, December 2012, pp. 9 - 104.

② Richard Alba, Jennifer Sloan, and Jessica Sperling, "The Integration Imperative: The Children of Low-Status Immigrants in the Schools of Wealthy Societies", *Annual Review of Sociology*, Vol. 37, No. 1, August 2011, pp. 395 - 415.

③ T. Paul Schultz, "The Schooling and Health of Children of U. S Immigrants and Natives", *Research in Population Economics*, Vol. 5, No. 1, October 1984, p. 251.

④ Betts, Julian R. and Magnus Lofstrom, "The Educational Attainment of Immigrants: Trends and Implications", in George J. Borjas, ed., *Issues in the Economics of Immigration*, University of Chicago Press, 2000, pp. 51 - 116.

⑤ Vernez Georges and Abrahamse Allan, *How Immigrants Fare in US Education*, New York: Andrew W. Mellon Foundation, 1996.

⑥ Davide Azzolini, Philipp Schnell, et al., "Educational Achievement Gaps between Immigrant and Native Students in Two 'New' Immigration Countries: Italy and Spain in Comparison", *Annals of the American Academy of Political and Social Science*, Vol. 643, No. 1, September 2012, pp. 46 - 77.

征，移民子女的不利表现减少甚至消失。①

另一些研究发现移民子女教育存在“移民悖论”，虽然移民家庭存在诸多不利的因素，但是移民子女学业成绩要优于本土的青少年。波特斯教育程度模式研究表明，美国移民的教育水平超过全国平均水平。② 谢宇研究发现，亚裔美国人有学士学位的比例高于非西班牙裔白人。③ 有研究对1990年美国15岁至17岁移民分析，发现大多数移民青少年，特别是来自亚洲的青少年，与本国出生的同龄人一样，也可能获得高中教育，甚至高等教育。④

（二）农民工子女义务教育获得

大量研究关注二代移民的教育问题，围绕随迁子女义务教育教育获得状况，从社会适应、教育支持系统、校园适应等不同的视角展开探讨。

农民工子女义务教育状况：学生就学年龄明显大于正常就学年龄，年龄跨度大；学生流动性强；就读公办学校过程中入学手续繁杂；民办中学师资和教学硬件问题突出；省内流动、家庭购有住房、独生子女因素等有利于学生就读公办学校。⑤ 农民工子女“学习生态圈”脆弱，父母期望高但辅导少、学习兴趣在一定程度上被挤压、与本地同学沟通交流偏少。⑥ 农民工子女难以分享城市优质教育资源，学业不良问题较为普遍，频繁流动给正常的教学秩序和学籍管理带来困难；在结束义务教育后，与后续高中等非义务教育衔接困难。⑦

家庭经济环境、自我评价、自我要求、亲子关系及人际交往、邻里关系、

---

① Christian Dustmann, Tommaso Frattini and Gianandrea Lanzara, “Educational Achievement of Second generation Immigrants: An International Comparison”, *Economic Policy*, Vol. 27, No. 69, January 2012, pp. 143 – 185.

② Portes, *Alejandro and Ruben G. Rumbaut. Immigrant America*, Berkely: University of California Press, 1990.

③ Xie Y., Goyette K., *The American People*, *Census 2000*: *A Demographic Portrait of Asian Americans*, New York: Russell Sage Foundation Press & Washington D. C.: Population Reference Bureau, 2004

④ Hirschman Charles, “The Educational Enrollment of Immigrant Youth: A Test of the Segmented-Assimilation Hypothesis”, *Demography*, Vol. 38, No. 3, August 2001, pp. 317 – 336.

⑤ 陶红等：《农民工子女义务教育状况分析——基于我国10个城市的调查》，《教育发展研究》2010年第9期。

⑥ 马良：《流动人口子女学校教育的调查和分析》，《教育发展研究》2007年第6期。

⑦ 王守恒、邵秀娟：《农民工子女教育：难题与对策》，《教育科学研究》2011年第1期。

父母教育期望等构成随迁子女受教育支持系统。[①] 农民工子女社会支持源和支持利用度欠佳。[②] 农民工子女及其家长与城市学生及其家长、教师之间在教育观念、文化取向等方面存在差异和冲突。[③] 农民工对子女进入城市公立学校就读愿望强烈，但对相关政策了解不多；[④] 公立学校教师接纳流动人口子女的意愿低，对学校资源空间、对两类少年儿童素质等的判断以及对现行流动人口子女教育政策的认同度影响教师接纳意愿。[⑤]

校园适应是农民工子女教育问题研究中的重要问题，有学者发现随迁子女在公立学校人际适应、学习适应、行为习惯适应良好；[⑥] 心理适应和学习适应均比较稳定。[⑦] 学校安置、个人因素、家庭因素影响随迁子女在两类学校的城市适应。[⑧] 也有研究发现，家庭类型和户籍对学生学业成就和各方面的表现并无影响，城乡儿童之间同质性较强。[⑨]

（三）农民工子女初中后教育获得

2007 年，韩嘉玲的论文《及早关注第二代农村流动人口的成长与出路问题》提出了大龄随迁子女的教育问题、就业问题及社会融合问题。农民工从对儿童入学机会的关注逐步转变到关注教育过程、教育质量和初中后入学机会，随迁子女教育正经历一次结构转型。[⑩] 2012 年，段成荣等揭示了我国近 700 万

---

① 董钰萍、秦金亮：《流动儿童受教育的家庭支持系统结构分析》，《教育研究与实验》2011 年第 5 期。

② 李海华等：《农民工子女的社会支持分析》，《中国特殊教育》2007 年第 3 期。

③ 汤林春：《农民工子女就读城市公办学校的文化冲突与融合研究》，《教育发展研究》2009 年第 10 期。

④ 许传新：《家长的认知与意愿：流动人口子女融入城市公立学校的一个视角》，《中国青年研究》2009 年第 5 期。

⑤ 许传新：《教师接纳意愿及其影响因素：流动人口子女融入城市公立学校的一个视角》，《中国青年研究》2009 年第 7 期。

⑥ 许传新：《流动人口子女公立学校适应性及影响因素研究》，《青年研究》2009 年第 3 期。

⑦ 曾守锤：《流动儿童的社会适应：追踪研究》，《华东理工大学学报》（社会科学版）2009 年第 3 期。

⑧ 王中会等：《公办学校和打工子弟学校中流动儿童城市适应过程对比研究》，《中国特殊教育》2010 年第 12 期。

⑨ 夏雪：《河南省流动人口子女初中教育状况比较》，《青年研究》2007 年第 2 期。

⑩ 雷万鹏、杨帆：《流动儿童教育面临结构转型——武汉市流动儿童家长调查》，《教育与经济》2007 年第 1 期。

名 15—17 岁大龄流动儿童的现实处境：就业儿童月收入不足 700 元、劳动权益保护无从谈起；在校儿童因为流动辗转求学又面临学业失败的高风险。[①] 虽然随迁子女义务教育的问题已得到较好解决，但幼儿园和高中的“上学难”问题依然困扰着农民工家庭。[②] 随迁子女及家长初中后在流入地继续就读的愿望强烈[③]，随迁子女城市成长经历使其返乡读书面临着融入家乡教育难、适应家乡生活难等诸多问题。[④]

受多种因素影响，随迁子女在其城市升机会有限[⑤]，教育获得机会不同。17—18 岁青少年中，因父亲流动而仅与留守母亲同住的孩子具有较大的教育优势；因母亲流动而仅与留守父亲同住的孩子的高中教育机会较差；[⑥] 李德洗等的研究也得出相似的结论[⑦]。此外，高校扩招、社会结构因素、城镇集聚等都对随迁子女初中后就学机会有影响。由于高校扩招，“80 后”“90 后”在初中后进入高级中学，尤其是普通高中的难度远远大于高中进入大学的难度，大量未能接受高等教育的学生是在中考时被淘汰了，他们无法享受高校扩招的成果。而且由于城乡教育差距，中考时被淘汰的学生多来自农村地区，这间接导致了高等教育入学机会的城乡差异。[⑧] 社会结构因素对高中教育机会获得的作用非常大，且在重高教育机会中的作用大于其在普高教育机会中的作用；行动策略、资源和价值观念对教育机会的决定作用弱于结构因素，且助

---

① 段成荣、黄颖：《就学与就业——我国大龄流动儿童状况研究》，《中国青年研究》2012 年第 1 期。

② 谢永飞、杨菊华：《家庭资本与随迁子女教育机会：三个教育阶段的比较分析》，《教育与经济》2016 年第 3 期。

③ 吴晓燕、吴瑞君：《上海市流动人口子女初中后教育的现状、问题及其难点分析》，《教育学术月刊》2009 年第 1 期。杨东平、王旗：《北京市农民工子女初中后教育研究》，《北京社会科学》2009 年第 1 期。袁新文：《二代移民回原籍受初中后教育不现实》，《中国农村教育》2009 年第 6 期。

④ 刘洁：《农民工子女在流入地义务教育后升学问题探析——一种正义论视角》，《中小企业管理与科技》（上旬刊）2011 年第 8 期。

⑤ 王守恒、邵秀娟：《农民工子女教育：难题与对策》，《教育科学研究》2011 年第 1 期。

⑥ 杨菊华：《父母流动、家庭资源与高中教育机会》，《学海》2011 年第 2 期。

⑦ 李德洗等：《父母外出务工与子女高中教育机会获得——基于劳务输出大省的实证研究》，《调研世界》2016 年第 11 期。

⑧ 闫晓庆：《中考分化机制研究——以 80、90 后受教育机会为例》，《当代教育科学》2016 年第 6 期。

长结构因素对教育机会的影响。[①] 城镇集聚对流动农民工子女的入学几率和进入公立学校的几率都有负面影响；随迁多子女家庭中，子女受教育的机会较均等，并不存在数量和质量间的替代关系。[②]

在农民工子女初中后教育问题对策方面：研究者对上海等重点城市展开分析，对上海开放高中阶段教育进行了可行性论证，并对准入标准、出路的选择和导向、经费来源与筹措办法等具体问题进行了探讨。[③] 并认为，上海现阶段已经具备了向随迁子女开放初中后教育的条件。综合上海现有教育资源供需情况，主张采取“有条件，分步走”[④] 的策略，充分利用“三校”教育资源[⑤]。吴霓认为解决该问题需要清晰把握随迁子女的总体情况，全面了解随迁子女在流入地接受义务教育后的升学状况，在此基础上，提出解决随迁子女异地中高考的思路。[⑥] 但是总体来看，学界对农民工随迁子女初中后教育问题关注并不多，而且关注重心也主要集中在教育学领域。

二 家庭、代际对教育获得的影响

（一）家庭的影响

家庭因素经常被看作导致移民子女教育获得差异的原因。有研究提出对移民子女的在校表现最有影响的是：英语语言能力、家庭经济社会背景、孩子在迁移之前的教育背景、社区和学校特色；孩子或家长是否为非法移民，以及社会支持网络和社会组织。有良好凝聚力的家庭能积极参与子女的教育，良好的同伴关系和强大的师生关系能引导其教育的获得。[⑦] 移民家庭结构对二

---

① 杨宝琰、万明钢：《城乡高中教育机会分配的影响因素及作用模式：结构决定抑或行动选择》，《教育研究》2014 年第 10 期。

② 赵颖、石智雷：《城镇集聚、户籍制度与教育机会》，《金融研究》2017 年第 3 期。

③ 胡瑞文等：《上海流动人口子女义务教育后出路问题研究》，《教育发展研究》2008 年第 Z 期。

④ 吴晓燕：《上海流动人口子女初中后教育问题研究》，硕士学位论文，华东师范大学，2009 年。

⑤ 吴晓燕、吴瑞君：《上海市流动人口子女初中后教育的现状、问题及其难点分析》，《教育学术月刊》2009 年第 1 期。

⑥ 吴霓：《进城务工人员随迁子女在流入地参加中高考的问题》，《求是》2012 年第 4 期。

⑦ Suárez-Orozco, M. & Suárez-Orozco, “Immigration: Youth Adapt to Change”, *Du Bois Review: Social Science Research on Race*, Vol. 4, No. 1, January 2008, p. 251.

代移民子女的未来有着重要的影响。双亲家庭、扩展家庭（祖父母和兄姐在激励和控制青少年上扮演着重要角色）在移民子女向上流动中有着重要作用，破碎家庭则有着完全相反的影响。[①] 来自完整家庭或者有紧密社会网络家庭的儿童比来自单亲家庭或社会孤立家庭的儿童有着更好的心理状态、更好的学业成绩、更强烈的教育期望；黑人、西班牙裔美国人、美洲原住民儿童教育成就低，主要是因为学校成功所需的家庭因素或文化技能的缺乏。[②] 在迁移过程中有与父母分离经历的儿童在学习成绩上落后于同龄人，而且更可能在高中辍学。[③] 父母的社会经济地位、生活在单亲家庭结构、教育期望等因素对考试成绩和移民儿童的辍学有关。[④] 也有研究提出，父母经济社会地位和其他人力资本对二代移民的教育成就有显著影响，但是要比社会资本指标的影响弱得多。[⑤]

（二）代际差异

在代际比较上，研究发现不同代际的移民子女的受教育程度不同，二代移民受教育水平往往高于一代移民，而三代移民又高于二代移民。但是也有研究认为，二代移民的受教育状况比一代移民和三代移民都要差。

代内比较发现，在荷兰第二代移民与本地儿童之间教育成就的差距要小于第一代移民。[⑥] 在德国，受教育程度的差距在第二代移民之间比第一代

---

① P. Kasinitz, J. Battle and I. Miyares, "Fade to Black? The Children of West Indian Immigrants in South Florida", in R. G. Rumbaut and A. Portes, eds., *Ethnicities: Children of Immigrants in America*, Berkeley, CA: University of California Press and Russell Sage Foundation, 2001, pp. 267 – 300. A. Portes and R. G. Rumbaut, *Legacies: The Story of the Immigrant Second Generation*, Berkeley, CA: University of California Press and Russell Sage Foundation, 2001.

② Min Zhou & Susan Kim, "Community Forces, Social Capital, and Educational Achievement: The Case of Supplementary Education in the Chinese and Korean Immigrant Communities", *Harvard Educaional Review*, Vol. 76, No. 1, September 2006, pp. 1 – 29.

③ T. H. Gindling & Sara Poggio, "Family Separation and Reunification as A Factor in the Educational Success of Immigrant Children", *Journal of Ethnic and Migration Studies*, Vol. 38, No. 7, August 2012, pp. 1155 – 1173.

④ Portes, A., and R. G. Rumbaut, *Legacies: The Story of the Second Generation*, Berkeley: University of California Press, 2001.

⑤ Alejandro Portes and Dag MacLeod, "Educating the Second Generation: Determinants of Academic Achievement among Children of Immigrants in the United States", *Journal of Ethnic and Migration Studies*, Vol. 25, No. 3, July 1999, pp. 373 – 396.

⑥ Jan C. van Ours & Justus Veenman, "The Educational Attainment of Second-Generation Immigrants in The Netherlands", *Journal of Population Economics*, Vol. 16, No. 4, November 2003, pp. 739 – 753.

要小。[①] 对移民列队的研究发现，20 世纪 70 年代移民的受教育程度下降；[②] 但在 20 世纪 80 年代，这一趋势已经停止，并发生了变化。[③]

一些重要的研究发现，移民代在教育成就和校园行为上有着重要的影响。[④] 有研究发现，移民代影响青年的受教育程度。通常情况下，二代移民比一代移民，甚至当地青年有更好的学业表现，而一代移民中那些在小时候就移民的青年的教育成就类似二代移民。[⑤] 有研究通过面板数据对成年的三代移民的教育成就研究发现，20—64 岁的 1.5 代移民受教育年限和完成初中学业教育的比例要高于三代移民。[⑥] 还有研究发现，西班牙、亚洲和非洲移民子女比父母获得更多的教育，但三代和四代移民青少年失去了这种优势。家庭人力资本、学校社会资本和社区社会资本低下使移民的孩子面临辍学风险；文化资本和移民乐观主义则降低了西班牙裔二代移民青年和亚洲移民孩子高中辍学的风险。[⑦]

第四节　教育获得与移民社会融入

一　学历教育与社会融入

国外关于教育对移民城市融入的影响研究认为，教育、人力资本是影响

① Gang, Ira N., and Klaus F. Zimmerman, "Is Child Like Parent? Educational Attainment and Ethnic Origin", *The Journal of Human Resources*, Vol. 35, No. 3, July 2000, pp. 550 – 569.

② George J. Borjas, "Self-Selection and the Earnings of Immigrants", *American Economic Review*, Vol. 77, No. 4, September 1987, p. 531.

③ Yinon Cohen, "The Educational Attainment of Immigrants: Changes over Time", *Quarterly Review of Economics and Finance*, Vol. 37, No. 1, January 1997, pp. 229 – 243.

④ Portes, Alejandro and Ruben G., *Rumbaut*, *Immigrant America*, Berkely: University of California Press, 1990. Kao, Grace and Marta Tienda, "Optimism and Achievement: The Educational Performance of Immigrant Youth", *Social Science Quarterly*, Vol. 76, No. 1, 1995, pp. 1 – 19.

⑤ Xue Lan Rong and Linda Grant, "Ethnicity, Generation, and School Attainment of Asians, Hispanics and Non-Hispanic Whites", *The Sociological Quarterly*, Vol. 33, No. 4, December 1992, pp. 625 – 636.

⑥ Monica Boyd, "Educational Attainments of Immigrant Offspring: Success or Segmented Assimilation?" *International Migration Review*, Vol. 36, No. 4, December 2002, pp. 1037 – 1060.

⑦ Krista M. Perreira et al., "Making It in America: High School Completion by Immigrant and Native Youth", *Demography*, Vol. 43, No. 3, August 2006, pp. 511 – 536.

移民城市融入的重要因素。由于美国劳动力市场日趋分化，位于劳动力市场的顶部的高技术和高薪职业，和处于底部的低薪卑微的职业，两者之间流动的机会很少，年轻人职业地位获得影响其一生的经济福祉，而一个青年能否接受优质的教育，则决定着他能否在劳动力市场中获得处于顶部的高薪职业。[①] 如果移民进入的是一个公开竞争的市场，则他们在移入国的经济成就将主要取决于其人力资本水平；[②] 具有雄厚的人力资本的新移民，能够更好地融入美国主流社会。随着移民受教育水平和工作技能的提高、迁移时间的增长和英语的熟练掌握，移民及其后代可以实现向上的社会流动。[③]

国内部分研究沿着“人力资本—融城能力—城市融入”的逻辑机理研究发现，知识型、技能型人力资本均能在一定程度上提高农民工留城意愿和留城能力[④]，进而促进其城市融入。初中及以下文化程度的新生代农民工市民化能力明显低于高中及以上文化程度者，受教育程度越高，市民化能力越强。[⑤] 受教育程度高的农民工不仅在城市就业的稳定性增加，而且职业选择的能力也随之增强。培训在提供非农就业所需要的实用技能的同时，促进其原有人力资本的有效转化，增强其城市谋生的能力。[⑥] 教育水平、职业培训能显著提高农民工社会保障项目的获得能力[⑦]、社会网络拓展能力、行为适应能力、心理认同能力[⑧]，以及权利行为能力[⑨]。

---

① Alejandro Portes and Alejandro Rivas，“The Adaptation of Migrant Children”，*The Future of Children*，Vol. 21，No. 1 April 2011，pp. 219 – 249.

② 赵延东：《再就业中的社会资本：效用与局限》，《社会学研究》2002 年第 4 期。

③ Barry R. Chiswick，“Sons of Immigrants：Are They at An Earnings Disadvantage”，*The American Economic Review*，Vol. 67，No. 1，February 1977，pp. 376 – 380.

④ 张广胜、周密：《新生代农民工市民化进程的测度及其决定机制》，经济科学出版社 2013 年版，第 88 页。

⑤ 李练军：《新生代农民工融入中小城镇的市民化能力研究——基于人力资本，社会资本与制度因素的考察》，《农业经济问题》2015 年第 9 期。

⑥ 张洪霞：《新生代农民工社会融合的内生机制创新研究——人力资本、社会资本、心理资本的协同作用》，《农业现代化研究》2013 年第 4 期。

⑦ 秦立建等：《教育人力资本、企业所有制与农民工社会保障获得》，《武汉大学学报》（哲学社会科学版）2015 年第 6 期。

⑧ 王春光：《新生代农村流动人口的社会认同与城乡融合的关系》，《社会学研究》2001 年第 3 期。刘传江、程建林：《第二代农民工市民化：现状分析与进程测度》，《人口研究》2008 年第 5 期。

⑨ 王竹林、范维：《人力资本视角下农民工市民化能力形成机理及提升路径》，《西北农林科技大学学报》（社会科学版）2015 年第 2 期。

教育获得与城市融入呈现：受教育程度越高—人力资本越高—职业价值越高—经济收入越高—越容易适应城市。最为重要的因素是是否受过高等教育的训练。[①]受教育水平与城市融入的实现呈正相关，受教育程度越高，城市融入意愿越强[②]、能力越高，城市融入程度也越快、越深、越和谐[③]。人力资本以嵌入社会资本的方式，促进经济融入[④]。教育年限每增加 1 年，城市新移民总体社会融合程度提高 0.89 分。[⑤] 也有研究认为，受教育水平与城市融入呈“倒 U 形”模型关系，教育程度较低时，受教育程度的提高有利于农民工城市融入，但达到一定水平后，受教育程度的提高反而会起阻碍作用。[⑥]

受教育水平高者能在劳动力市场上获得更好的就业机会和更高收入，流动者受教育的时间与其收入水平呈正相关[⑦]，人力资本对于城乡流动人口经济地位具有显著正效应[⑧]。对于不同教育水平的劳动者，教育对其经济地位获得的影响路径不同。对于低学历劳动者，受教育年限和工作经验对其收入没有影响，而职业流动是提升其收入水平的最重要因素；高学历劳动者的职业流动对收入获得基本没有任何作用，人力资本是影响其收入分层的最重要因素。[⑨]

二 职业技能培训与社会融入

大量研究对农民工职业技能培训效果进行了实证分析，但研究结论并未达成共识，主要有有用说、无用说和条件说这三类观点。

培训有用说。大量研究认为，职业技能培训对农民工的经济发展和社会

---

① 朱力：《中外移民社会适应的差异性与共同性》，《南京社会科学》2010 年第 10 期。

② 陈昭玖、胡雯：《人力资本、地缘特征与农民工市民化意愿——基于结构方程模型的实证分析》，《农业技术经济》2016 年第 1 期。

③ 龚文海：《农民工群体的异质性及其城市融入状况测度》，《城市问题》2014 年第 8 期。

④ 刘建娥：《中国乡—城移民的城市社会融入》，社会科学文献出版社 2011 年版。

⑤ 张文宏、雷开春：《城市新移民社会融合的结构、现状与影响因素分析》，《社会学研究》2008 年第 5 期。

⑥ 周密等：《人力资本、社会资本与市民化抑制》，《中国人口资源与环境》2012 年第 7 期。

⑦ 刘玉来：《农村劳动力培训的经济学分析》，《农村经济》2003 年第 9 期。

⑧ 赵延东、王奋宇：《城乡流动人口的经济地位获得及决定因素》，《中国人口科学》2002 年第 4 期。

⑨ 吴愈晓：《劳动力市场分割、职业流动与城市劳动者经济地位获得的二元路径模式》，《中国社会科学》2011 年第 1 期。

融入有着重要作用，可以通过职业技能培训提高农民工的职业素养和就业能力，提升就业机会、职业选择，能更多在正规行业和部门就业①，提高劳动生产率和工作适应能力，保障收入的持续性②，提高工资收入③；职业技能培训还能提高社会认同度、转变价值观念④，增强农民工的社会交往能力⑤，促进新生代农民工社会融入。但是，也有研究认为，职业培训的效应主要体现在工资收入的提高上，但是对职业发展、择业就业能力的提升作用不明显⑥。培训收益率各研究结论不同，罗锋等发现，接受 1 个月以上的培训会使新生代农民工非农收入增长 11.2%。⑦ 宁光杰、尹迪⑧认为非农培训的收益率是 14.5%。杨玉梅、曾湘泉发现培训使得农民工的月工资提高 33.5%，李实等认为能提高 6%左右。⑨ 江金启等认为培训农民工的小时工资比未培训者平均提高了 60.94%。⑩

培训无用说。有研究发现，培训对农民工非农工资的回报并不是很高；⑪无论对于何种收入群体的农民工而言，职业培训均没有发挥增收作用⑫，受过

---

① 展进涛等：《劳动力市场分割视角下农民工技能培训与非农工资差异——基于 CFPS 数据的实证分析》，《江海学刊》2017 年第 2 期。

② 王竹林、范维：《人力资本视角下农民工市民化能力形成机理及提升路径》，《西北农林科技大学学报》（社会科学版）2015 年第 2 期。

③ 吕莉敏、马建富：《基于人力资本理论的新生代农民工培训》，《中国职业技术教育》2012 年第 24 期。

④ 陈维华、陈醒：《基于新生代农民工城市融入的成人教育策略》，《中国成人教育》2014 年第 14 期。

⑤ 胡平：《农民工融入城市：教育培训是关键》，《农业科技与信息》2015 年第 1 期。

⑥ 柳军等：《新生代农民工职业教育投资意愿分析》，《高等农业教育》2015 年第 7 期。

⑦ 罗锋、黄丽：《人力资本因素对新生代农民工非农收入水平的影响——来自珠江三角洲的经验证据》，《中国农村观察》2011 年第 1 期。

⑧ 宁光杰、尹迪：《自选择、培训与农村居民工资性收入提高》，《中国农村经济》2012 年第 10 期。

⑨ 李实、杨修娜等：《我国农民工培训效果分析》，《北京师范大学学报》（社会科学版）2015 年第 6 期。

⑩ 江金启等：《异质性培训、技能分化与农民工的工资收入决定》，《农业技术经济》2016 年第 10 期。

⑪ Dennis Tao Yang, "Education and Off-Farm Work", *Economic Development and Cultural Change*, Vol. 45, No. 3, April 1997, pp. 613 – 632.

⑫ 周世军、李逊超：《农民工培训：困局、成因与破解机制设计》，《继续教育研究》2017 年第 4 期。

职业培训的劳动力回报与普通劳动力的回报无差别[①]。培训内容简单而非专业精细化，培训次数增加，不能使其技能大幅提高，反而使培训费用增加；[②] 企业通过支付低于农民工实际劳动收益的工资，变相地转嫁培训成本；[③] 农民工培训存在参与率偏低、简单同质和不可持续等问题。[④]

培训条件说。研究认为培训效果受培训的内容、时长、培训提供方、谁来支付培训费用等因素影响。与工作相关的技能型培训的作用最为明显，技能性强[⑤]、专用性强的培训有利于提高工资，通用性培训无法有效促进工资增加[⑥]。15 天左右的简单培训无效果，15 天到 90 天的短期培训收益率为 9.9%，90 天以上的正规培训收益率为 24%，多次培训或时间较长培训，才能对农民工工资增长带来实质性影响。[⑦] 职前培训收益率高，农民工职前培训的收益率为 21%—25.36%[⑧]，远高于在职培训收益率（5%）[⑨]。企业内部的培训效用大于社会提供的培训，户籍地政府提供的培训对其工资影响大于户籍地以外政府提供的培训[⑩]；由个人支付费用的培训效果最大，由国家支付费用的培训效果最小，由企业支付费用的培训效果居中[⑪]，个人出资的培训收益率为 7% 或

① 陆文聪、叶建：《市场化转型中的农民收入影响效应研究——对浙江、湖北两省的实证分析》，《中国人口科学》2005 年第 4 期。

② 李练军：《新生代农民工融入中小城镇的市民化能力研究——基于人力资本、社会资本与制度因素的考察》，《农业经济问题》2015 年第 9 期。

③ 杨修娜、李实：《不同费用来源的培训对农民工工资的影响》，《北京社会科学》2015 年第 7 期。

④ 周世军等：《职业培训增加农民工收入了吗？——来自皖籍农民工访谈调查证据》，《教育与经济》2016 年第 1 期。

⑤ 宁光杰、尹迪：《自选择、培训与农村居民工资性收入提高》，《中国农村经济》2012 年第 10 期。

⑥ 江金启等：《异质性培训、技能分化与农民工的工资收入决定》，《农业技术经济》2016 年第 10 期。

⑦ 宋月萍、张涵爱：《应授人以何渔？——农民工职业培训与工资获得的实证分析》，《人口与经济》2015 年第 1 期。

⑧ 侯风云：《农村外出劳动力收益与人力资本状况相关性研究》，《财经研究》2004 年第 4 期。

⑨ 张世伟、王广慧：《培训对农民工收入的影响》，《人口与经济》2010 年第 1 期。

⑩ 李实、杨修娜：《我国农民工培训效果分析》，《北京师范大学学报》（社会科学版）2015 年第 6 期。

⑪ 宁光杰、尹迪：《自选择、培训与农村居民工资性收入提高》，《中国农村经济》2012 年第 10 期。

6.1%，政府出资的培训无效果[①]；国家补贴部分费用的培训比国家补贴全部费用的培训更有助于提高受训者的工资水平。[②]

三 学历教育和职业技能培训的效用比较

职业技术培训与学历教育之间存在替代关系，通过职业培训，受教育水平低的劳动力可以获得较高的非农就业机会[③]，接受培训、职业技能水平、资格证书数等是重要的发展性资本，教育等人力资本经过培训进行补充和转化，才能更好地发挥作用，近五年内接受过培训的农民工收入明显高于未接受培训者。[④]

有研究对培训和正规教育的效用进行比较，发现培训的作用大于正规教育所起的作用。[⑤] 职业培训对农民工收入最为显著，且对青少年组的新生代农民工的影响更大，随着受教育程度的提高，其收入回报率有显著的增长[⑥]，培训的纯收益率（10.8%）显著高于教育的纯收益率（5.8%）；教育和培训交互作用，有培训经历的农民工的教育收益率显著高于无培训经历的农民工；农民工的培训收益率会随着学历层次的提升而提高。[⑦] 在职培训对新生代农民工工资收入的贡献高于教育回报率，但在职培训与教育水平的交互项对新生代农民工工资收入呈负向效应。[⑧] 技能培训对农民工正规就业的影响远远高于正规教育，效果更为直接和有效，培训效用的代际差异和职业分化明显：技能培训的作用对于两代农民工均高于正规教育，但在一代农民工的就业中更明显；

① 翁杰：《政府对农村转移劳动力人力资本投资的效果评估——来自浙江省杭州市制造业的调查》，《中国人口科学》2012 年第 6 期。

② 杨玉梅、曾湘泉：《农民工培训与就业能力提升——基于河南省阳光工程培训效果的实证研究》，《中国劳动经济学》2011 年第 1 期。

③ 任国强：《人力资本对农民非农就业与非农收入的影响研究——基于天津的考察》，《南开经济研究》2004 年第 3 期。

④ 赵延东、王奋宇：《城乡流动人口的经济地位获得及决定因素》，《中国人口科学》2002 年第 4 期。

⑤ 侯风云：《农村外出劳动力收益与人力资本状况相关性研究》，《财经研究》2004 年第 4 期。

⑥ 李中建、金慧娟：《农民工人力资本回报率差异：年龄与类型——基于城市农民工调查数据的实证分析》，《财经论丛》2015 年第 10 期。

⑦ 崔玉平、吴颖：《教育培训对苏州市农民工收入的影响——教育培训经济收益率的再检验》，《教育与经济》2017 年第 2 期。

⑧ 张俊：《新生代农民工在职培训的工资效应》，《财经科学》2015 年第 11 期。

在农民工去体力化职业中，技能培训作用高于正规教育的趋势越来越明显。[①] 但是也有研究者认为，与学校教育相比，职业技能培训对新生代农民工收入增长作用仍有待进一步提高。[②]

有研究比较学历教育和职业技能培训对城市融入的影响发现：受教育年限对农民工城市融入并无影响，而对农民工的工作技能水平影响显著[③]，是否参加过技能培训、培训次数、拥有的技能数以及技术等级决定了新生代农民工能否获得稳定的工作与收入，从而影响其市民化意愿。[④] 但也有研究发现，职业技能培训对在大城市工作的新生代农民工城市融入并无影响；对在中小城市就业者则会显著提高其融入城市水平。[⑤] 还有研究发现，受教育程度、工作年限对新生代农民工市民化能力影响最为显著，而职业技能则没有明显影响。[⑥]

---

① 王建：《正规教育与技能培训：何种人力资本更有利于农民工正规就业?》，《中国农村观察》2017 年第 1 期。

② 周小刚：《劳动力市场分割、培训机会获取与新生代农民工培训收益率差异》，《晋阳学刊》2014 年第 5 期。

③ 李培林、田丰：《中国农民工社会融入的代际比较》，《社会》2012 年第 5 期。

④ 陈延秋、金晓彤：《新生代农民工市民化意愿影响因素的实证研究》，《西北人口》2014 年第 4 期。

⑤ 周密等：《城市规模、人力资本积累与新生代农民工城市融入决定》，《农业技术经济》2015 年第 1 期。

⑥ 李练军：《新生代农民工融入中小城镇的市民化能力研究》，《农业经济问题》2015 年第 9 期。

第三章　农民工子女初中后教育获得的政策空间

教育政策作为宏观社会系统的重要构成，是一个国家在一定时期为实现一定的教育任务而规定的，调整国家与教育之间、社会各领域与教育之间、教育内部各种主体之间关系的行动依据和准则。由于农民工子女初中后教育问题直接触及“异地高考”“异地中考”等升学考试制度；城市人口管理政策和教育成本、教育经费负担机制等都对其产生影响，制度性瓶颈明显。本章在梳理农民工随迁子女初中后教育政策演进的基础上，就影响政策演进、设计和实施因素等展开分析，讨论随迁子女初中后教育获得的政策空间。

第一节　农民工子女初中后教育政策演进

20 世纪 90 年代以来，农民工随迁子女义务教育问题备受关注。对于农民工随迁子女城市义务教育问题，国家教育政策经历了限制、认可、重视、政策导向明朗化以及政策强化等多个阶段①，通过一系列教育政策变革、调整，“两为主”方针的落实，基本保障了农民工随迁子女义务教育阶段的受教育权利，但是在很长一段时间内，初中后教育问题在政策设计中基本没有被讨论。本节就随迁子女初中后教育政策的演进进行梳理。

一　政策缺席期（1993—2006 年）

1993 年前后，随着农民工随迁子女流入城市，最早的农民工子女简易学

---

①　吴新慧、刘成斌：《出路与保障——农民工子女教育的国家政策》，《中国青年研究》2007 第 7 期。

校出现，在很长一段时间内，随迁子女在城市接受义务教育权利未得到保障。2003 年“两为主”政策颁布，国家和地方在制度层面接纳了农民工子女，赋予了他们在城市接受义务教育的权利，但在这个该阶段，工作的重心仍在义务教育权利保障，且随迁子女主体并未进入升学年龄，初中后升学问题并未引起政策关注。

高中阶段教育属于非义务教育，且与高考制度紧密相关，在大部分城市，高中阶段教育资源相对短缺的情况下，很多城市规定随迁子女不能在本地普通公办高中就读；即使能在城市接受高中教育，除了烦琐的手续外，还需要缴纳高额的“借读费”“赞助费”。与此同时，国家有关高校招生工作规定明确指出，申请报考高校的所有考生，须在其户籍所在省、区、市，高校招生委员会规定的时间和指定地点报名。各省自主命题，高考内容不同，成绩缺乏可比性，相互之间无法认证，考生成绩难以在其他地区进行衡量。受多种因素影响，随迁子女初中后城市升学困难。

二 政策破冰期（2007—2012 年）

随着农民工随迁子女的成长，他们面临“初中后”升学、就业、城市融入等一系列问题；随迁子女初中后升学作为一个涉及高考制度、户籍制度等的复杂问题，日渐引起社会的关注。2007 年，《人民日报》发表文章《关注农民工子女初中后教育“我的课桌在哪里?”》，这是较早的对农民工子女义务教育后问题的报道；《北京流动儿童超过 50 万，委员呼吁关注二代移民》《农民工子弟：如何逃离“阶层再生产”?》等文章都对随迁子女初中后升学进行问题了报道。

2008 年，有全国人大代表提出解决农民工随迁子女就地高考问题。2009 年，国家《教育规划纲要》明确提到“制定进城务工人员随迁子女义务教育后在当地参加升学考试的办法”，这被认为是教改的亮点之一，体现了国家直面教育公平的问题，努力实现教育公平的决心。

从 2010 年开始，我国开始分区域、有步骤地开展国家教育体制改革试点，其中一项重点内容是流动人口子女在流入地平等地接受义务教育和参加升学考试，推进高考制度改革。

2010 年 5 月，《国家中长期教育改革和发展规划纲要（2010—2020 年）》提出“研究制定进城务工人员随迁子女义务教育后在当地参加升学考试的办法”。同年 12 月，教育部公布了一批综合改革的试点地区，在这些地区对包括基础教育在内的重点领域进行改革；基础教育综合改革的试点任务，包括探索流动人口子女在流入地平等接受义务教育和参加升学考试的办法。①

2010 年 12 月，在山东、湖南、重庆启动解决异地高考试点工作；2011 年 3 月，教育部同上海、北京市教委共同研究，逐步推进异地高考。在这一阶段，各地主要探索随迁子女初中后中职升学。2008 年起，上海允许符合学籍等条件的随迁子女报考上海市的中职学校。2011 年，参加合肥市中考的随迁子女与本市学生统一学籍、统一编班、统一教学、统一安排，同等标准录取省市示范高中，百分之百录取到高中阶段就学。浙江温岭市于 2011 年上半年起，四所职业高中对非温岭户籍初三学生就读职业高中实行“单列计划、提前录取、免收学费”政策。在实施过程中，随迁子女城市初中后就读仍然存在学校类别的限制。如浙江温岭市规定，符合中考招生政策的随迁子女，可报考高中学校，但不参加省一级重点中学指标分配。能够在城市升学的随迁子女人数有限：2008 年浙江镇海区在区内选拔综合素质较好的 88 名初中生保送职校，而截至 2009 年 9 月，镇海市共有 19590 名随迁子女在区内接受义务教育。

三　政策开放期（2012 年至今）

2012 年，农民工随迁子女教育问题从“义务教育”到“义务教育后”演变迈出了实质性的一步。2012 年 3 月，教育部部长表示，异地高考改革方案将在 10 个月内出台；同年 7 月，异地高考方案获国务院同意；同年 8 月，国务院办公厅发文，要求各地在 2012 年年底前出台异地高考具体办法；同年 11 月，党的十八大报告提出“积极推动农民工子女平等接受教育”，这一表述相较于党的十七大的“保障经济困难家庭、进城务工人员子女平等接受义务教育”，虽然只是将“义务教育”改为“教育”，“义务”两字取消，但是这意

① 周逸梅：《教育部试点流动人口子女平等接受义务教育升学》，《京华时报》2010 年 12 月 27 日。

味着城市在学前教育、高中就读和异地高考方面，都要对农民工子女尽可能地敞开大门。

2012 年全国两会上，异地高考问题再次成为会议讨论的重要议题；同年 9 月，教育部、发展改革委等部委颁布《关于做好进城务工人员随迁子女接受义务教育后在当地参加升学考试工作的意见》，就做好进城务工人员及其他非本地户籍就业人员随迁子女接受义务教育后在当地参加中考和高考工作，提出了指导性意见。

在异地高考具体政策出台上，由于各地实际问题不同，因而进度各异。2012 年 10 月，黑龙江最早公布方案，其他省份方案也陆续出台。在异地高考实施时间上，河北、湖南、辽宁等省于 2013 年开始实施，福建、山东等省于 2014 年开始实施，陕西、广东 2016 年开始实施。政策出台及实施时间详见表 3－1。

表 3－1 异地政策出台及实施时间

出台时间		省份
2012 年	10 月	黑龙江
	11 月	江西
	12 月	湖南、重庆、河北、吉林、辽宁、浙江、贵州、北京、广东、天津、上海、广西、安徽、甘肃、河南、江苏、四川、云南、内蒙古
2013 年	1 月	山西、湖北、陕西、宁夏、海南、福建
	3 月	青海、新疆
实施时间		省份
2013 年		河北、湖南、辽宁、吉林、黑龙江、江苏、浙江、安徽、广西、湖北、河南、重庆、天津、青海
2014 年		福建、山东、江西、四川、宁夏、贵州、内蒙古、山西、海南
2016 年		陕西、广东
其他		北京、上海、云南、甘肃、新疆

2014 年《国家新型城镇化规划（2014—2020 年）》明确提出实行“两纳入”政策，要求“推动各地建立健全农民工随迁子女接受义务教育后在流入地参加升学考试的实施办法”。同年 9 月，《国务院关于深化考试招生制度改

革的实施意见》提出，改进高中阶段学校考试招生方式，实行优质普通高中和优质中等职业学校招生名额合理分配到区域内初中的办法，进一步落实和完善进城务工人员随迁子女就学和升学考试的政策措施。同年9月30日，国务院印发《关于进一步做好为农民工服务工作的意见》，提出：保障农民工随迁子女平等接受教育的权利；在升学考试方面，各地要进一步完善和落实好符合条件的农民工随迁子女接受义务教育后在输入地参加中考、高考的政策。

之后，教育部《关于进一步推进高中阶段学校考试招生制度改革的指导意见》（2016年）、《国务院关于印发国家教育事业发展“十三五”规划的通知》（2017年）、《中国教育现代化2035》（2018年）等政策文件都对随迁子女在当地参加高中阶段学校考试招生政策、异地升学考试制度等做出规定。《教育部办公厅关于进一步做好普通中小学招生入学工作的通知》（2022年）对保障随迁子女接受义务教育后在流入地参加中考权益等提出要求。

第二节　异地升学政策设计

随迁子女异地升学不仅是一项教育改革，也是一项涉及就业、住房、公共服务、人口管理等诸多方面的复杂的社会系统工程。各地根据城市功能定位、产业结构布局和城市资源承载力进行制度设计。各地人口流动状况、资源承载力不同，所设置的制度门槛也不同：有流入地“高门槛，渐进型”和“低门槛，友好型”，也有流出地“低门槛，开放型”。北京、广东强调过渡和渐进，上海则将异地高考与居住证挂钩，其他地区的升学“门槛”相对较低。本节将对“北上广”等热门流入城市异地高考、异地中考政策设计进行讨论。

一　“异地高考”政策设计

（一）北京

2009年7月，国家《教育规划纲要》颁布。随后，北京市公布了《教育规划纲要》征求意见稿，其中提到“将制定来京务工随迁子女接受高中教育的办法，满足符合条件的来京务工人员随迁子女接受高中阶段教育的需求”，“打造从小学、初中、高中到大学的绿色成长通道”。但在2010年3月，该纲要正式版公布，征求意见稿中针对随迁子女升学部分的内容被删除。征求意见稿和正式稿之间的差距并不意味着退步，更多是基于现实的考虑而带来政策的渐进性思考。

2010年7月至11月，部分在京外地学生家长代表累计5次向教育部和北京市教委提交建议书。同年11月，9名在京外地家长代表及1名志愿者向教育部和北京市教委递交了1万余名在京外地家长联合签名的《取消高考户籍限制呼吁书》和《2011年北京高考报名紧急建议》，建议北京出台临时措施，允许外地考生在京参加2011年高考。

2012年12月，《进城务工人员随迁子女接受义务教育后在京参加升学考试工作方案》出台，方案对农民工子女参加高等职业学校的考试录取、在京借考高考、在京参加成人高等教育等考试录取的条件做了明确规定。具体要求见表3-2。

表3-2 在京异地高考的政策条件

生效年份	居住证明	合法稳定住所	合法稳定职业	连续缴纳社保	连续就读	报考类别
2014年	√	√	满6年	满6年	高中3年	高等职业学校
2014年	√	√			高中3年	在京借考
	√	可报考：北京市成人高等教育、高等教育自学考试、网络高等教育、开放大学				

2013年9月，北京市教委出台的《2014年进城务工人员随迁子女在京参加高等职业学校招生考试实施办法》规定，进城务工人员及其随迁子女符合：拥有合法稳定住所、拥有合法稳定职业满6年、在京连续缴纳社会保险已满6年、拥有有效期内的北京市暂住证或工作居住证，且随迁子女具有本市学籍、在京连续就读高中阶段教育3年，这5项条件即可以申请在京参加高等职业学校招生考试。之后，从2015年到2022年，政策条件与2014年的政策保持一致。

2014年，北京市推出“五年一贯制”大专教育，学生在初中毕业的基础上，用两年时间补习高中课程，再用三年时间学习大专类课程，即可获得国家承认的大专学历。据统计，2014 年有数千名北京市异地初中毕业生考取了“五年一贯制”大专院校。

（二）上海

早在 2002 年，上海市就有规定，持有人才类《上海市居住证》的人员子女可以在上海市参加中高考；2008 年中等职业技术学校开放招收随迁子女，随迁子女中职毕业后可参加上海市高职的自主招生。

2012 年 12 月，上海市发布《进城务工人员随迁子女接受义务教育后在沪参加升学考试工作方案》，该方案与《上海市居住证管理条例》相衔接。《上海市居住证管理条例》明确持有上海市居住证 A 证的居民子女可以享受本地户籍居民的同等待遇。进城务工人员符合上海市进城务工人员管理制度规定的基本要求并达到一定积分的，其子女可在上海市参加高中阶段学校招生考试，接受高中阶段教育（普通高中教育或中等职业教育）；其子女在上海市参加高中阶段学校招生考试并完成高中阶段完整学习经历后，可在上海市参加普通高等学校招生考试。[①]

2013 年 12 月，《关于来沪人员随迁子女就读本市各级各类学校的实施意见》公布，该意见对随迁子女在上海市接受高等教育做了规定。具体要求见表 3－3。

表 3－3　随迁子女异地升学条件

居住证	积分	灵活就业登记	临时居住证	中考	高中完整学习经历	中职自主招生考试	中职完整学习经历	专科层次、三校生高考	高职完整学习经历	报考类别
√	√			√	√					普通高等学校招生考试
3 年	√				√					
√						√	√			专科层次考试、三校生高考（专科）
		√	3 年			√	√			

① 吴葵、李赐平：《制度均衡下的异地高考：政策僵滞与制度变迁》，《现代教育科学》2013 年第 8 期。

续表

居住证	积分	灵活就业登记	临时居住证	中考	高中完整学习经历	中职自主招生考试	中职完整学习经历	专科层次、三校生高考	高职完整学习经历	报考类别
√								√		普通高等学校专升本招生考试
		√	3 年					√	√	

2014 年，上海市有 28 所学校招收“三校生”，凡符合《上海市教育委员会关于做好 2014 年上海市普通高校招生报名工作的通知》中报名条件的上海市全日制“三校生”均可报名，其中纳入入学当年中职校招生计划的进城务工人员随迁子女的“三校生”仅参加专科层次录取。①

2018 年，上海市教委等对 2013 年的《关于来沪人员随迁子女就读本市各级各类学校的实施意见》做了修订。原因是原有的《上海市居住证管理条例》进行了修订，2018 年的“实施意见”作为配套政策也需做相应修订，新的“实施意见”根据新老“上海市居住证”申办条件的变化，对来沪人员随迁子女就读各级各类学校的实质条件做了相应的调整。新的“实施意见”与 2013 年的“实施意见”相比，在上海市参加普通高等学校招生考试的条件在表述上没有变化。参加专科层次依法自主招生考试、“三校生”高考（专科层次）、上海市普通高等学校专升本招生考试的持证条件有部分调整。② 具体条件见表 3－4。

表 3－4 上海市调整后异地高考升学条件

居住证	社保	灵活就业登记	中职自主招生考试	中职完整学习经历	专科层次、三校生高考	高职完整学习经历	报考类别
√	6 个月		√	√			专科层次考试、三校生高考（专科）
√		3 年	√	√			

① 上海市教育委员会办公室：《上海市教育委员会关于做好 2014 年上海市普通高等学校招收应届中等职业学校毕业生工作的通知》，沪教委学〔2014〕20 号，2014 年 3 月 24 日。

② 上海市政府办公厅：《〈关于来沪人员随迁子女就读本市各级各类学校实施意见〉解读》，https://www.shanghai.gov.cn/nw42233/20200823/0001－42232_1288218.html，2018 年 2 月 7 日。

续表

居住证	社保	灵活就业登记	中职自主招生考试	中职完整学习经历	专科层次、三校生高考	高职完整学习经历	报考类别
√	6个月				√	√	普通高等学校专升本招生考试
√		3年			√	√	

2018年至今，上海市随迁子女升学要求都以新的“实施意见”作为要求。

（三）广东

广东省自2004年起，流动人口子女只要有在广东高中3年连续就读经历，就可就地高考，平等录取。2012年年底，广东省政府出台《关于做好进城务工人员随迁子女接受义务教育后在我省参加升学考试工作的意见》，提出广东省异地高考工作“三步走”计划：2013年起，通过积分取得广东省户籍的外来务工人员子女可在广东省报名高考，与广东省户籍考生同等录取；2014年起，从广东省中职学校毕业并具有3年完整学籍的，可就地报考高职院校；2016年起，全面放开异地高考。[①] 全面放开并不代表不设置任何门槛，有“三个3”的条件：一是家长有合法稳定住所并连续3年以上持有《广东省居住证》，二是家长有合法稳定职业并在广东省参加社保连续3年，三是学生有本地高中3年完整学籍。

2017年，广东省《关于做好2017年进城务工人员随迁子女在广东省参加高考有关工作的通知》，进一步明确了2018年异地高考政策细则，对社会保险、居住证和完整学籍年限截止时间的计算问题；关于办理居住证的问题；关于合法稳定住所的问题；以及3年完整学籍的问题做了详细说明。

（四）浙江

2012年12月，浙江省异地高考方案正式出台，并确定于2013年开始实施。按照浙江省政府办公厅转发的《关于做好外省籍进城务工人员随迁子女接受义务教育后在我省参加升学考试工作意见》，外省籍进城务工人员随迁子

① 杨薇：《广东出台异地高考方案从2013年开始分步实施》，新华社，http://www.chinanews.com/edu/2012/12-30/4448913.shtml，2012年12月30日。

女，通过浙江省初中毕业生学业水平考试或符合浙江省流入地初中升高中条件，进入浙江省高中阶段学校学习，并取得在浙江省完整的高中阶段连续学习经历和学籍，符合浙江省高考报名的其他条件，在2013年起可就地报名参加高考。具体要求：从高一年级开学时就在浙江省高中阶段连续学习，在省电子学籍系统进行高中电子学籍注册且按规定完成高中学业，中间不中断（因故经批准同意休学的除外）。与其他地方的“异地高考”政策相比，浙江的政策门槛低，对随迁子女较友好。2013年至今，浙江省外来人口及随迁务工人员报名方案仍按照该规定执行。

二 “异地中考”政策设计

中考就是义务教育阶段的学生在初中教育结束后，拟继续升入高中阶段教育而参加的选拔性考试。由于随迁子女是在其户籍所在地以外的异地接受初中教育，他们在流入地完成初中教育后，拟继续升学而参加的中考，就称为异地中考。[①] 中考是由省级政府组织实施的，对于异地中考，国家没有明确的政策规定，各地的“异地中考”政策仍然属于探索阶段，一些地方的异地中考政策限制了随迁子女“义务教育后”教育的获得。

（一）北京

2012年12月，北京市《进城务工人员随迁子女接受义务教育后在京参加升学考试工作方案》出台，该方案对农民工子女参加北京市中等职业学校考试录取要求做了规定。具体要求见表3－5。

该方案另外提出，来自农村的学生和学习涉农专业等符合相关规定的学生享有北京市中等职业教育免学费和国家助学金政策。学生从中等职业学校毕业后，可按照有关规定参加高等职业学校的考试录取。

2012年，北京市异地中考方案规定，无北京市正式户口的考生中有7类人可以报考普通高中：原北京下乡知青子女；有随军子女证明的考生；有《北京市工作居住证》的人员子女等7类人可以报考普通高中，这7类人不包含进城务工人员子女。

① 吴霓：《农民工随迁子女异地中考政策研究》，《教育研究》2011年第11期。

2013年，北京市开放面向中等职业学校的异地中考，政策要求：非京籍学生只有获得随迁子女资格认定，才可报考北京市中等职业学校。资格认定的具体条件较2012年有一定调整。如果不能满足，考生则需申请借考，借考考生只能以借读身份就读，不能获得正式学籍。2015—2022年随迁子女在京报考中等职业学校的条件与2013年类似。

表3-5　在京报考中等职业学校的政策要求

政策年份	居住证明	合法稳定住所	合法稳定职业	连续缴纳社保	学籍	连续就读
2012年	√	满3年	满3年	—	√	初中3年
2013年	√	满3年	满3年	满3年	√	初中3年

（二）上海

上海市于2008年试行对农民工子女开放中等职业技术学校，2010年出台《上海市部分全日制普通中等职业学校自主招收在沪农民工同住子女方案》。该方案将招收农民工随迁子女计划纳入当年上海市中等职业学校外省市招生计划，招生计划共4000名。该方案规定，招生区域以市郊区县为主，招生学校以招收本区县农民工同住子女为主、兼顾跨区县招生；招生专业主要是社会发展急需、紧缺，产业、行业需求相对稳定，以培养一线实际操作技能为主的先进加工制造类和现代服务类等专业。2010年至2013年对在上海市初中学校连续就读2年及以上、年龄不超过18周岁的农民工随迁子女应届初中毕业生的招考条件基本一致。主要有：父母一方须持有农民身份证明；父母双方持有上海市投靠类、就业类居住证，或父母双方（或一方）持有就业单位或街道办事处（乡镇政府）出具的在沪稳定就业证明。①

2013年12月，《关于来沪人员随迁子女就读本市各级各类学校的实施意见》对随迁子女在沪参加中等学校高中阶段招生考试或全日制中等职业学校自主招生考试提出要求。具体政策要求见表3-6。

2014年上海市全日制普通中等职业学校自主招收进城务工人员随迁子女

① 根据2010—2013年，上海市教育委员会的《关于做好本市部分全日制普通中等职业学校自主招收在沪农民工同住子女的通知》整理。

的学校一共有65所，计划招收随迁子女1万名左右，其中中高职贯通教育模式计划招生550名左右。招生学校根据各区县随迁子女初中毕业生人数、学校办学条件，确定招生计划。根据随迁子女报名和录取情况，招生学校在办学条件许可的前提下，可以提出扩大招生计划的申请。①

2018年，《关于来沪人员随迁子女就读本市各级各类学校的实施意见》出台，新的“实施意见”与2013年的“实施意见”相比，参加上海市中等学校高中阶段招生考试的条件在表述上没有变化，仅对在上海市参加全日制中等职业学校自主招生考试的规定有部分修改。② 具体政策要求见表3－6。

表3－6 上海市异地中考政策条件③

<table>
<tr><th>政策年份</th><th>上海市居住证</th><th>积分要求</th><th>社保缴纳</th><th>灵活就业登记</th><th>临时居住证</th><th>在沪初中教育</th><th>报考类别</th></tr>
<tr><td rowspan="3">2013年</td><td>√</td><td>标准分值</td><td></td><td></td><td></td><td></td><td>中等学校高中阶段招生考试</td></tr>
<tr><td>√</td><td></td><td></td><td></td><td></td><td>√</td><td rowspan="2">全日制中等职业学校自主招生考试</td></tr>
<tr><td></td><td></td><td></td><td>连续3年</td><td>满3年</td><td>3年</td></tr>
<tr><td rowspan="3">2018年</td><td>√</td><td>标准分值</td><td></td><td></td><td></td><td></td><td>中等学校高中阶段招生考试</td></tr>
<tr><td>√</td><td></td><td>6个月</td><td></td><td></td><td></td><td rowspan="2">全日制中等职业学校自主招生考试</td></tr>
<tr><td>√</td><td></td><td></td><td>连续3年</td><td></td><td>3年</td></tr>
</table>

（三）广东

2013年，《广州市关于做好来穗人员随迁子女在我市参加高中阶段学校招生考试工作的实施方案（试行）》明确规定：异地中考须符合“四个三”条

① 上海市教育委员会办公室：《上海市教育委员会关于做好2014年上海市全日制普通中等职业学校自主招收进城务工人员随迁子女工作的通知》，沪教委职〔2014〕11号，2014年3月24日。

② 上海市人民政府办公厅：《转发市教委等四部门关于来沪人员随迁子女就读本市各级各类学校实施意见的通知》，https://www.shanghai.gov.cn/nw43299/20200824/0001－43299_55272.html，2018年1月11日。

③ 2013年，上海市对随迁子女父母灵活就业登记、临时居住证以及子女初中教育年限要求是3年（逐步过渡到3年）。

件，即在广州市的合法稳定职业连续三年、合法稳定住所（含租赁）连续三年和按照国家规定在广州市参加社会保险累计三年、随迁子女在广州市具有完整三年初中学籍。与此同时，规定公办普通高中招收非本市户籍学生的比例为8%，过渡期设置为三年。在2014—2017年的过渡期间，这8%的指标面向所有非政策性照顾借读生，包括户籍生和非户籍生。户籍生和非户籍生只要分数达到录取要求，即可享受公办学生的待遇，一律免收择校费。[①] 不影响在政策出台前已经入学初中的非政策性照顾借读生顺利完成学业。[②] 过渡期以后，即从2017年开始，8%的公办普通高中招生计划将只面向符合条件的随迁子女，符合条件的随迁子女可报考省、市属公办普通高中和毕业学校所在区（县级市）属公办普通高中。具体条件为即为“四个三”[③]。

2019年1月，广州市教育局印发了《关于2019年至2020年来穗人员随迁子女参加高中阶段学校考试招生工作的实施方案》，规定：具有广州市三年初中完整学籍、父母一方或其他监护人持有在广州市办理且在有效期内的《广东省居住证》的非广州市户籍初中毕业生，可报考省、市属公办普通高中和毕业学校所在区属公办普通高中。[④]

深圳市的政策有所不同。2014年至2015年，深圳市异地中考实行过渡期政策：符合《深圳市关于加强和完善人口管理工作的若干意见及五个配套文件的通知》中配套文件《深圳市暂住人口子女接受义务教育管理办法（试行）》规定的义务教育就读条件者，可在深圳市报名参加中考，按照当年高中阶段学校招生计划所列户籍类型，报考相应的公办普高、民办普高和中职学校。具体条件规定如下：年满6—15周岁，有学习能力，父母在深连续居住一年以上，有在深居住证或暂住证；有效房产证明、购房合同或租房合同；有就业和社会保障证明或营业执照副本；有计划生育证明材料等可以在当地接受义

---

① 过渡期的三年间，正好有2014年禁止招收高中择校生的政策，因此对所有考入公办高中的非政策性照顾借读生都不收择校费。

② 冯芸清、张海燕：《2014广州异地中考方案公布》，《南方都市报》2014年3月25日。

③ 郑天虹：《广州异地中考方案确定：8%指标给外来工子女》，《人民日报》2013年12月10日。

④ 广州市教育局：《关于做好来穗人员随迁子女在我市参加2019年高中阶段学校招生考试资格审核工作的通知》，http://jyj.gz.gov.cn/gk/zfxxgkml/bmwj/qtwj/content/post_4195792.html，2019年1月8日。

务教育。

2016 年，对在深圳市报名参加中考，报考相应的公办普高、民办普高和中职学校提出“三个 3”要求;[①] 2017 年，相关政策做了一定调整，提出了五个条件。2021 年 11 月，深圳市印发了《深圳市非深户籍就业人员随迁子女接受义务教育后参加高中阶段学校考试招生工作管理办法》，规定：具有深圳市初三学籍的随迁子女（须为应届生），可在深圳参加中考，并根据条件报读相应的高中阶段学校。同时符合下列 5 项条件的随迁子女，可参加高中阶段学校划线录取，按照深圳市当年高中阶段学校招生计划所列户籍类型报考相应的公办普通高中、民办普通高中和中职类学校，也可参加民办普通高中补录或中职类学校注册入学。不符合条件者可以参加深圳市民办普通高中补录或中职类学校注册入学。[②] 深圳市中考历年政策的具体条件见表 3－7。

表 3－7　在深圳市中考的政策条件

政策年份	合法稳定职业、合法稳定住所	有效居住证	社保类型	缴纳社保年限	子女符合义务教育就读条件	在深圳初中学籍
2016 年	√（含租赁）	连续 3 年	—	累计 3 年以上	√	3 年完整
2017 年	√	√	基本养老保险、基本医疗保险	至少其中一个险种累计缴费满 3 年	—	3 年完整
2021 年	√	√	基本养老保险、基本医疗保险	至少其中一个险种累计缴费满 3 年，补缴的年限不算	—	3 年完整

（四）浙江

2013 年，杭州市公布《关于做好外省籍进城务工人员随迁子女接受义务

① 深圳市人民政府办公厅：《深圳市人民政府办公厅关于印发〈深圳市 2014—2016 年非本市户籍就业人员随迁子女接受义务教育后在我市参加中考的工作方案〉的通知》，http://zwgk.gd.gov.cn/007543382/201403/t20140321_486441.html，2014 年 3 月 21 日。

② 深圳市教育局：《深圳市非深户籍就业人员随迁子女接受义务教育后参加高中阶段学校考试招生工作管理办法》，http://szeb.sz.gov.cn/home/xxgk/flzy/zcfgjjd/zcfg/content/post_9370353.html。

教育后在杭州市区初中升高中工作的实施意见》，该意见规定，目前已经在杭州市区初中就读的随迁子女均有资格报考杭州市区各类高中；设置三年的缓冲期，从2013级学生开始设一定的门槛。随迁子女如果要报考杭州市区各类高中，必须具有杭州市区初中连续3年的学习经历和学籍，其父母双方或一方（或法定监护人）在市区有合法稳定职业、合法稳定住所（含租赁）并在近3年内至少参加1年社会保险。2013—2015年的缓冲期内，2010级初中学校毕业的随迁子女可报考杭州市各类高中；2011级学生：从初二开学时就在杭州初中学习，具有杭州初中阶段连续2年学习经历和学籍者，可报考杭州市各类高中；2012级学生：从初一开学就在杭州初中学习，有杭州初中阶段连续3年学习经历和学籍者，可报考杭州市各类高中。2017年仍根据2013年的政策实行。

2022年，《杭州市教育局关于2022年杭州市区各类高中招生工作的通知》规定，招生对象包括外省籍进城务工人员随迁子女：在杭州市区初中学校就读的2022届毕业班学生，须具有杭州市区初中阶段连续3年学习经历和学籍，且其父母双方或一方（或法定监护人，下同）在市区有合法稳定职业、合法稳定住所（含租赁）并按照国家规定在近3年内至少参加1年社会保险；符合市区当年报考条件的往届毕业生。

2014年，《宁波市教育局关于做好2014年高中段学校招生考试及招生工作的实施意见》就随迁子女在宁波异地中考做出以下规定：（1）具有完整的宁波市初中阶段连续学习3年的经历和学籍；父（母）（或法定监护人）在宁波有合法稳定住所（含租赁）、合法稳定职业（需与用人单位签订劳动合同或在宁波开设企业、从事个体经营活动）；父母一方近3年内有1年及以上社会保险证明。（2）符合条件的随迁子女在中考后参加高中段学校招生录取与本市户籍学生享受同等政策。随迁子女从户籍地择校到本市就读，视作本市户籍择校生，不具备中考前部分学校的提前推荐保送资格。（3）对暂时还达不到相关条件的部分随迁子女，制定了两条措施予以缓冲。同意借考，出具相关证明，转回原籍就读相应高中；继续设置过渡期（三年），延续原来政策，可以报考宁波市中等职业学校。

2022年，宁波市教育局《关于做好2022年宁波市初中学业水平考试和高中段学校招生工作的意见》指出，报名对象为：具有其他户籍和本市初中学籍的应届初三学生或18周岁以下本市历届初中毕（结）业生。符合此类的学生报考普通高中，须同时具有本市初中连续完整的3年学习经历和学籍；父（母）（或法定监护人）在宁波有合法稳定住所（含租赁）与合法稳定职业（需与用人单位签订劳动合同或在宁波开设企业、从事个体经营活动）；父（母）（或法定监护人）一方近3年内有1年及以上社会保险证明。①

三 各地“异地升学”政策特征

从对各地异地升学政策的梳理来看，随迁子女“异地升学”政策存在以下特征：

第一，“异地中考”缺乏国家对制度的顶层设计，国家对于流入地“异地中考”政策指向不明确。虽然《中华人民共和国教育法》明确规定“公民不分民族、种族、性别、职业、财产状况、宗教信仰等，依法享有平等的受教育机会”。《教育部办公厅关于进一步规范各地中考工作秩序的通知》（2008年）、教育部办公厅发的《关于做好初中毕业升学考试报名工作的通知》（2010年）都要求：依法落实和保障每一个学生接受义务教育和参加初中毕业、升学考试的权利；切实做好初中应届毕业生报名参加毕业升学考试的有关工作。任何学校和个人不得以任何理由劝说学生放弃中考和中途退学，或要求学生转校，或强迫学生报考某类学校，保障学生的基本权益。但是在中考问题上，由于中考是由省级政府组织实施的，对于异地中考，国家没有明确的政策规定，对于随迁子女的“异地中考”权利并无明确保障。各地在设计中考政策时，对随迁子女参加考试有具体的要求。

第二，各地“异地升学”政策门槛参差不齐，人口流入热门城市的政策门槛较高。从效果看，“异地中考”政策成为“异地高考”的先行过滤门槛。“异地中考”政策大多是人口流入多的城市出台的地区性政策，各地根据自身的教育资源、人口教育需求等设计政策，对随迁子女设置参考条件，如父母

---

① 宁波市教育局：《关于做好2022年宁波市初中学业水平考试和高中段学校招生工作的意见》，http://jyj.ningbo.gov.cn/art/2022/1/29/art_1229166688_3932669.html，2022年1月29日。

就业状况、社保缴纳状况、家庭居住状况、子女当地就读状况等。对于这些要求，很多农民工家庭无法满足，导致政策受益面窄，仅有部分随迁子女可以享受到该政策。在异地高考政策出台后，各地异地中考政策与异地高考制度衔接，只有通过异地中考才能在当地就读高中，才有可能在异地参加高考，于是能否有资格在城市“异地中考”，就成为能否在流入地参加“异地高考”的最重要的敲门砖。

第三，异地升学政策门槛有内外之别，外省流入生源政策门槛高。不论是异地中考还是异地高考政策，两者均存在内外差异，本省籍的生源，往往不受异地中考、高考政策的限制；而跨省流动的随迁子女除了受到诸多要求限制之外，在报考类型、报考学校、录取分数等方面都有别于本省的生源。北京市、上海市等只对随迁子女开放中等职业技术学校的报考，其他地区对不符合条件的随迁子女也只能报考民办高中或者职业技术学校；即使能同等参加公办高中的招考，由于公办高中的择校计划有面向本地户口和非本地户口之分，因此在异地中考录取过程中，往往本地户口比非本地户口学生录取分数低很多。比如深圳市龙城高中正取生中，由于高中招生计划的分类投放，龙城高中正取生计划招收深户 765 人、非深户 90 人，在录取过程中，非深户学生的分数线是 653 分，深户生的分数线是 552 分；平岗中学的两类学生的分数线差距达到 123 分；深圳中学、深圳实验学校（高中部）、深圳外国语学校的正取生计划甚至不面向非深户学生。

第四，各地异地中考政策设置了缓冲期，政策条件越来越严格。比较各地“异地中考”的门槛实际上是升高了。2014 年，上海市的“异地中考”条件对就业、居住和就学年限都加了限制，比 2010—2013 年的条件有了较大的提高（具体见“上海市异地中考政策”）。根据“广州市异地中考政策”，2014—2016 年过渡期内具有广州市初中三年完整学籍的非政策性照顾借读生，可报考广州市公办高中；而从 2017 年起，只有符合“四个三”条件的随迁子女才允许报考公办高中。政策条件的提高，实际上降低了随迁子女在城市就读的可能性。

另外，在“异地高考”“异地中考”实施之前，随迁子女如果要在城市就读普高，可以通过交借读费、择校费在城市借读，或者考取民办高中或中职。但是，2014 年教育部《关于 2014 年规范教育收费治理教育乱收费工作的实施意见》要求，2014 年每所学校招收择校生的比例最高不得超过本校当年招收高中学生计划数（不含择校生数）的 10%。各地陆续限制、取消择校生，随迁子女通过择校获得教育机会的路子被堵。受教育政策调整影响，随迁子女如果能满足异地中考的条件，可以考取公办高中，无须借读费、择校费；但是如果条件不符合，在城市参加中考只能考取民办高中或职高。

第三节　中央与地方博弈根源

农民工子女初中后教育政策的演进以及地方异地升学政策设计，揭示了城乡二元结构下政府的教育政策制定和执行中中央与地方之间、地方政府之间的利益博弈过程。从中央和地方的政策来看，中央希望通过教育政策变革推进教育公平；而地方政府出于地方现实状况和发展需求考虑，在政策设计中提高入学门槛，在一定程度上加大了随迁子女，尤其是省外随迁子女初中后教育获得的难度。中央和地方之间、地方和地方之间存在某种程度的博弈，而博弈的根源来源于国家教育发展战略要求和地方发展资源供给等现实压力。

一　国家教育发展战略

近年来，我国义务教育与高等教育快速发展，但是高中阶段教育相对滞后，在一定程度上成为教育整体发展的“瓶颈”，加快高中阶段教育发展成为重要的国家战略。为了使每一个学生都能平等地接受高中阶段教育，《国务院关于基础教育改革与发展的决定》提出：“十五”期间全国平均高中阶段入学率达到 60% 左右；2007 年《国家教育事业发展“十一五”规划纲要》中提出：到 2010 年，高中阶段教育的毛入学率要提高到 80%；2010 年《国家中长期教育改革和发展规划纲要（2010—2020 年）》提出，“到 2020 年，普及高中阶段教育，全面满足初中毕业生接受高中阶段教育需求”。

2017 年《国务院关于印发国家教育事业发展“十三五”规划的通知》，通知提出了“十三五”时期教育改革发展的总目标中，其中，高中部分要求：改进高中阶段学校考试招生方式，逐步建立基于初中学业水平考试成绩、结合综合素质评价的普通高中招生录取机制，合理分配优质普通高中招生名额……普及高中阶段教育，巩固提高中等职业教育发展水平。保持普通高中和中等职业教育招生规模大体相当，在中西部地区以中等职业教育为重点发展高中阶段教育……促进普通高中多样化发展。继续支持贫困地区和民族地区普通高中建设。探索综合高中、特色高中等多种模式，促进学校特色发展，为学生提供更多选择机会。改进高中阶段学校考试招生方式，逐步建立基于初中学业水平考试成绩、结合综合素质评价的普通高中招生录取机制，合理分配优质普通高中招生名额。进一步完善进城务工人员随迁子女就学和在流入地升学考试的政策措施。

2017 年公布《高中阶段教育普及攻坚计划（2017—2020 年）》，该计划提出了毛入学率均达到 90% 以上，合理普通高中与中等职业教育结构，改善学校办学条件，健全经费投入机制，提升教育质量等 5 个具体目标；并将家庭经济困难学生、残疾学生和进城务工人员子女列入普及高中阶段教育的攻坚重点。从城乡初中升高中的升学率来看，要实现该战略，重点在于实现农村少年儿童的升学途径。在此战略背景下，通过各种手段保障随迁子女的升学途径是实现该战略目标的重要内容。

2019 年，中共中央、国务院印发了《中国教育现代化 2035》，将全面普及高中阶段教育列为主要发展目标。提出“提升高中阶段教育普及水平，推进中等职业教育和普通高中教育协调发展，鼓励普通高中多样化有特色发展”。

2021 年，《第十四个五年规划和 2035 年远景目标纲要》提出，“加快城镇学校扩容增位，保障农业转移人口随迁子女平等享有基本公共教育服务……巩固提升高中阶段教育普及水平，鼓励高中阶段学校多样化发展，高中阶段教育毛入学率提高到 92% 以上”。2021 年《“十四五”县域普通高中发展提升行动计划》提出，到 2025 年，县中整体办学水平显著提升，市域内县中和城区普通高中协调发展机制基本健全，统筹普通高中教育和中等职业教育发展，推动全国高中阶段教育毛入学率达到 92% 以上。

二　教育经费来源

（一）分级办学与教育经费来源

1985 年，《中共中央关于教育体制改革的决定》提出“地方负责，分级管理”的基础教育管理体制，并在《中华人民共和国义务教育法》（1986 年）

中以法律形式确立。“地方负责，分级管理”形成了“三级办学、两级管理”的管理体制，即“县办高中、乡办初中、村办小学”，“县乡两级、以乡为主”的分级办学体制。2001 年，中共中央、国务院颁布《关于基础教育改革和发展的决定》中提出：“实行在国务院领导下，由地方政府负责、分级管理、以县为主的体制。”教育经费主要由地方政府承担。

我国教育经费来源途径较为单一，主要依靠财政投入。国家财政性教育经费（含公共财政预算教育经费）在 2006 年之前处于缓慢增长的状态，而在 2006 年以后实现了快速的增长，而事业收入、学杂费增长属于第二梯队，学杂费增速略低于事业收入，民办学校中，举办者投入和社会捐赠经费增长缓慢，民办学校中举办者投入在 2006 年达到最高（54905830 亿元），之后又呈下降趋势。虽然政府一直在鼓励其他主体投资教育领域，但是教育经费中非政府投资比重始终较低。另外，教育经费投入中个人分担比例较高。

2012 年，从各地教育经费投入来看，教育经费总投入最高的五个省市是：广东省（1965. 86 亿元）、江苏省（1752. 27 亿元）、北京市（1468. 02 亿元）、山东省（1454. 56 亿元）、浙江省（1263. 74 亿元），其中经费来自中央最高的五个省市是北京市（730. 63 亿元）、上海市（210. 89 亿元）、湖北省（173. 16 亿元）、江苏省（164. 05 亿元）、四川省（127. 19 亿元），而经费地方投入最高的前五位则是广东省（1884. 64 亿元）、江苏省（1588. 21 亿元）、山东省（1372. 79 亿元）、浙江省（1206. 91 亿元）、河南省（1182. 14 亿元）。从经费来源的占比看，除了中央和地方各占比 50% 外，上海市的地方经费占比 77%，其余的省市，经费占比都在 80% 以上，浙江、广东、宁夏、河北、海南、贵州、山西、河南、江西、内蒙古、青海、云南、广西、西藏等 14 个省区地方经费占比都在 96% 以上。

从高中教育投入来看，高中阶段教育经费水平与义务教育、高等教育相比相对偏低，尤其是普通高中教育，其各项人均经费支出明显偏低，各级政府的经费投入严重不足（见表 3 -8、表 3 -9）。

《中国教育经费统计年鉴》（2012 年）显示，2011 年我国普通高中预算内教育拨款为 1537. 64 亿元，仅占当年国家预算内教育拨款的 9. 15%，而投向高等教育占比 22. 8%，投向中等职业学校占比 6. 18%，投向小学的占比 31. 63%。

表 3－8　全国教育经费总收入

（年；亿元）

年份	合计	国家财政性教育经费	公共财政预算教育经费	民办学校中举办者投入	社会捐赠经费	事业收入	学杂费	其他教育经费
2006	981530865	634836475	579561380	54905830	8990776	240730422	155233010	42067362
2007	1214806630	828021421	765490819	8093374	9305839	317723573	213090822	51662423
2008	1450073742	1044962956	968556019	6984793	10266633	336707107	234929828	51152253
2009	1650270650	1223109354	1141930324	7498291	12549905	352759391	251559826	54353709
2010	1956184707	1467006696	1348956285	10542536	10788394	410606635	301555934	57240446
2011	2386929356	1858670092	1680456165	11193198	11186751	442469266	331697419	63410049
2013	3036471815	2448821774	2181846421	14740887	8554445	492620868	373768686	71733841

资料来源：《中国教育经费统计年鉴》（2012 年）、《中国教育经费统计年鉴》（2014 年）。

表 3 – 9 中央政府财政预算内教育资金各教育阶段所占比重

（年；%）

	2008	2009	2010	2011
高等学校	20. 64	19. 7	20. 59	22. 79
中等职业学校	6. 05	6. 21	6. 17	6. 18
普通高中	8. 65	8. 63	8. 72	9. 15
普通初中	21. 56	22. 31	21. 77	21. 03
小学	32. 14	33. 02	32. 54	31. 63
特殊教育	0. 34	0. 36	0. 46	0. 39
幼儿园	1. 27	1. 34	1. 62	2. 09
教育行政、事业单位及其他	9. 33	8. 43	8. 10	6. 69

2008—2011 年，中央政府财政预算内教育资金在分配的过程中，改变了以往只重视高等学校的状况①，在小学投入上远远高于其他阶段教育经费的投入，2008—2010 年，在普通初中的投入略高于高等学校的投入，2011 年，在高等学校的投入高于普通初中的投入；四年间，普通高中和中等职业学校的投入都只有 14% 左右，远远低于小学、初中和高等教育的经费投入。单就高中来看，四年间中央政府预算内教育资金只占年度总经费的 8. 0% 左右，大大低于其他阶段的投入。

另外，从 2007—2013 年的 7 年中，各级教育生均预算内教育事业费和生均预算内公用经费的情况看，普通高中生均公共财政预算教育事业费支出在 2010 年的增长幅度都低于普通初中和小学，2011 年、2012 年的增长幅度大于普通小学和初中，而到 2013 年的增长幅度开始放缓。虽然近年来普通高中的教育事业经费支出在增长幅度上有所提升，但是在总量上，高中教育经费投入还是占劣势见表 3 – 10。

---

① 根据张玉林的研究，1992 年的预算内经费总额为 70. 11 亿元，其中投向高等教育的资金为 63. 76 亿元，占比 90. 9%；而包括高中在内的中学和小学所得到的金额只有 0. 24 亿元，仅占比 0. 3%。1999 年高等教育所占份额高达 94. 6%。根据历年的《中国教育经费统计年鉴》资料，中央政府每年投入义务教育的预算内资金从来没有超过 1 亿元。参见张玉林《分级办学制度下的教育资源分配与城乡教育差距——关于教育机会均等问题的政治经济学探讨》，《中国农村观察》2003 年第 1 期。

表 3－10　各级教育生均公共财政预算教育事业费支出

（年；元；%）

年度	普通小学	增长率	普通初中	增长率	普通高中	增长率	中等职业	增长率	普通高等学校	增长率
2007	2207. 04	—	2679. 42	—	2648. 54	—	3124. 01	—	6546. 04	—
2008	2757. 53	24. 94	3543. 25	32. 24	3208. 84	21. 16	3811. 34	22. 00	7577. 71	15. 76
2009	3357. 92	21. 77	4331. 62	22. 25	3757. 60	17. 10	4262. 52	11. 84	8542. 30	12. 73
2010	4012. 51	19. 49	5213. 91	20. 37	4509. 54	20. 01	4842. 45	13. 61	9589. 73	12. 26
2011	4966. 04	23. 76	6541. 86	25. 47	5999. 60	33. 04	6148. 28	26. 97	13877. 53	44. 71
2012	6128. 99	23. 42	8137. 00	24. 38	7775. 94	29. 61	7563. 95	23. 03	16367. 21	17. 94
2013	6901. 77	12. 61	9258. 37	13. 78	8448. 14	8. 64	8784. 64	16. 14	15591. 72	-4. 74
2014	7681. 02	11. 29	10359. 33	11. 89	9024. 96	6. 83	9128. 83	3. 92	16102. 72	3. 28
2015	8838. 44	15. 07	12105. 08	16. 85	10820. 96	19. 90	10961. 07	20. 07	18143. 57	12.67

资料来源：教育部、国家统计局、财政部：《全国教育经费执行情况统计公告》（2007—2015 年）。

通过表3－11可以看到，历年来政府对普通高等学校的投入远远大于对普通高中的投入，2007年高校生均投入在当年生均投入的占比是最高的，达38.05%；2007—2010年略有所下降；2011年又开始增长，之后呈下降趋势；2013年所占比重是历年中最小，为31.83%；普通高中生均投入占比虽然总体呈增长趋势，其中，2013年占比最高，为17.25%，其次是2012年，占比16.91%，再次为2010年，为16.01%，但是从纵向来看，其历年都低于对普通初中的投入，也小于对中等职业学校的投入（除2012年外）。

表3－11　生均公共财政预算教育事业费支出在当年生均公共财政预算教育事业费支出所占比重

（年；%）

年度	普通小学	普通初中	普通高中	中等职业学校	普通高等学校
2007	12.83	15.57	15.39	18.16	38.05
2008	13.19	16.95	15.35	18.24	36.26
2009	13.85	17.86	15.49	17.58	35.22
2010	14.24	18.51	16.01	17.19	34.04
2011	13.23	17.43	15.98	16.38	36.97
2012	13.33	17.70	16.91	16.45	35.60
2013	14.09	18.90	17.25	17.93	31.83

资料来源：教育部、国家统计局、财政部：《全国教育经费执行情况统计公告》（2007—2013年）。

（二）普通高中经费来源

普通高中教育经费收入来源可分为两个部分，即国家财政性教育经费和非国家财政性教育经费。从高中教育经费来源的构成来看，我国高中教育经费来源仍比较单一，国家财政性教育经费投入、学杂费是高中教育经费的重要来源，其中国家财政性教育经费投入占比达到50%以上，而学杂费则占比在20%左右，虽然在2010—2012年学杂费呈现下降的趋势，但是总体占比还是很大，高于各级政府征收用于教育的税费、企业拨款等其他收入来源（见表3－12）。

表 3－12 高中教育经费来源构成变化

（年；亿元；%）

	总计	国家财政性教育经费	预算内教育经费	各级政府征收用于教育的税费	企业办学中的企业拨款	校办产业和社会服务收入用于教育的经费	民办学校中举办者投入	社会捐赠经费	事业收入	学杂费	其他收入
2008	1393.50	794.82	689.91	97.44	5.48	2.00	15.63	12.93	524.94	370.97	45.19
2009	4123.99	3212.03	2926.33	268.29	14.44	2.97	19.70	36.81	764.57	478.30	90.89
2010	1779.44	1109.34	985.37	118.79	3.91	1.28	7.06	24.20	589.82	407.19	49.02
2011	2003.35	1321.84	1175.86	141.01	3.73	1.22	9.87	18.18	610.53	435.75	42.93
2012	2494.36	1799.96	1537.64	258.90	2.68	0.70	7.70	18.60	623.82	454.61	44.28
	总比	占总经费比例									
2008	100	57.0	49.5	7.0	0.4	0.1	1.1	0.9	37.7	26.6	3.2
2009	100	77.9	71.0	6.5	0.4	0.1	0.5	0.9	18.5	11.6	2.2
2010	100	62.3	55.4	6.7	0.2	0.1	0.4	1.4	33.1	22.9	2.8
2011	100	66.0	58.7	7.0	0.2	0.1	0.5	0.9	30.5	21.8	2.1
2012	100	72.2	61.6	10.4	0.1	0.0	0.3	0.7	25.0	18.2	1.8

各地高中教育的资金主要来源于借读费、择校费等，且个人分担比例偏高，对低收入家庭造成经济负担，影响这些家庭子女的入学机会。

由于我国高中实行地方政府负责、分级管理，“以县为主”，在此制度下，各地区高中教育经费投入非常不均衡。据《中国教育经费统计年鉴》（2013 年）统计，国家财政性教育经费占各地区经费总投入的平均值为 72.16%，其中，西藏（96.44%）、青海（93.69%）、北京（87.00%）、上海（84.96%）、宁夏（83.80%）这五个省市区的国家财政性教育经费的占比排在前五位；安徽（66.11%）、山西（65.68%）、湖南（59.78%）、湖北（55.85%）、浙江（55.50%）这五省则排在最后五位；另外，江西、福建、四川、河南、广东、江苏这六省的国家财政性教育经费占各地区经费总投入均值以下。学杂费在高中教育收入中，占比均值达到 18.3%，陕西、吉林、河北、安徽、广东、江苏、湖北、河南、湖南、山西、浙江这 11 省的学杂费收入占教育经费投入比重均高于均值。其中学杂费占比最高的是湖北（22.22%）、河南（24.56%）、湖南（24.66%）、山西（24.94%）、浙江（26.99%）这五省。西藏（2.40%）、青海（3.69%）、北京（6.20%）、宁夏（9.31%）、海南（9.63%）这五省市区的学杂费占比最低。各级政府在教育投入的占比均值为 10.38%，低于学杂费收入的占比，从政府投入的占比来看，山东（12.59%）、浙江（13.45%）、江苏（13.67%）、天津（20.01%）、上海（32.39%）这五省市各级政府投入的最高，西藏（0.12%）、陕西（5.08%）、新疆（5.92%）、湖北（5.92%）、青海（6.20%）这五省区的政府投入所占的比例则最低，北京市政府投入占比 6.96%，排在第 11 位。①

三 现实资源压力

自计划生育政策实行以来，我国人口增长速度变缓，尤其是城市地区，人口增长速度更是低于农村地区。人口政策对教育的直接影响就是生源的减少。有数据显示，20 世纪末到 2010 年，我国在校中小学生人数从 2.7 亿下降

① 数据来源：根据《中国教育经费统计年鉴》（2013 年）的资料整理和计算所得，各地教育经费来源构成不在文中列出。

到2亿左右，各地初中、高中的生源也面临减少的问题。2010年，上海市高中阶段教育学龄户籍人口数约27万人，至少能够提供10.5万个富余学额，而至2018年，上海市高中阶段教育学龄户籍人口数为19万人左右，2020年，上海市大约能够提供近15万个富余学额，预计至2030年，上海市高中阶段教育学龄户籍人口数可逐步回升到30万人以上，富余学额减少。① 从外来人口对上海市的教育需求来看，2010年，约有31万—32.8万名的外来人口有在上海就读高中阶段教育的需求；2020年这个数值为35.9万—44.8万名；2030年，则为43.6万—59.7万名。上海所能提供的富余学额和随迁子女的需求之间存在一定的差距。

为了保障随迁子女义务教育权益，上海市投入了相当大的财力物力。上海市8个区县，有82所以招收进城务工人员随迁子女为主的民办小学。2012年，上海共有53.8万名随迁子女在义务教育阶段学校就读，其中公办学校就读40.2万人，民办小学免费就读13.6万人。2012年提高以招收随迁子女为主民办小学基本成本补贴标准到5000元/生/学年。此外，上海市共投入资金3261.55万元（其中，市级补助3000万元，区县自投261.55万元），完成为154所以招收进城务工人员随迁子女为主的民办小学建设综合实验室的项目。②

在随迁子女"义务教育后"教育问题上，一方面是学校富余学额不足；另一方面是巨大资金投入带来的财政压力。这种情况在北京等其他城市同样存在。2003年，国务院批复北京总体规划提出：到2020年，北京市人口控制在1800万人左右。有数据显示，2014年年末北京常住人口为2151.6万人，2015年，全市常住人口为2170.5万人。③ 人口过快增长带来交通拥堵、环境污染等问题城市病，北京市所面临的人口与资源、环境的矛盾日益加剧。2012年，41.9万名非京户籍学生在北京市接受义务教育，占全市义务教育阶

① 胡秀锦：《农民工随迁子女高考升学政策思考——基于上海的研究》，《教育发展研究》2011年第3期。

② 上海市教育局：《2012年进城务工人员随迁子女接受义务教育情况》，http://www.gov.cn/zwgk/2012-12/31/content_2302433.htm，2012年12月26日。

③ 龙露：《2014年末北京常住人口2151.6万人三环至六环聚集1228.4万人》，《北京晚报》2015年05月22日。

段在校生的 40.9% 左右，为保障随迁子女能平等地接受义务教育，北京市级财政每年投入超过 10 亿元。从 2011 年起，北京市户籍学龄人口高峰与随迁子女高峰叠加，到 2014 年，北京市小学一年级入学人口由 2012 年的 10 万人左右剧增到 18 万人左右，增长率高达 80%，小学在校生总量由 2012 年的 68 万人左右增加到 84 万人左右，之后几年仍呈持续增长趋势。在教育资源上，到 2020 年，北京市常住人口对小学阶段需求增加，新增学额 30 万个，初中阶段则新增学额 11.5 万个。[①]

巨大的城市资源压力，以及两股人口高峰的叠加给北京市解决随迁子女"义务教育后"问题带来更多的困难。按照北京市教委的统计数据，2013 年北京市应届初中毕业生共有 9.6 万人，其中本市户籍 7.2 万人，普通高中招收约 5.2 万人，进城务工人员随迁子女约 1.7 万人，职业学校的本地户籍生源人数最多为 2 万人，加上 3000 多名申请参加中职考试的非京籍学生，共计 23000 人。但是，即使其中 3000 人能够通过"随迁子女资格认定"全部上职高，还剩下 1.4 万名随迁子女，除去回老家升学、成人中专或技校就学的，至少有 1 万名学生因为中职招生限制而无法进入职业学校。

广东省是全国进城务工人员第一大省，常住人口 1.2 亿人，非户籍人口 3097 万人，解决随迁子女"义务教育后"教育问题压力巨大。2012 年，广东省义务教育阶段非户籍学生有 365.4 万人，外省户籍 188.1 万人，平均每年级有 20 多万人。2015 年，广东义务教育阶段非本地户籍学生达到 437.87 万人，外省籍学生 219 万人，规模全国最大。由于在广东省随迁子女和本省在校生人数都在持续增长，每年有超过 20 万名随迁子女进入高中阶段，需要就读机会；本地生源每年平均增加 4 万多人，2013 年达 69.2 万人，对广东省高考和教育资源形成双重压力。除了学位需求数量巨大外，在广东的随迁子女 80% 以上集中在珠三角地区，该地区至少需要增加 200 多所初中、高中院校，才能解决其就学问题。[②]

浙江省是全国流动人口主要集聚区之一。截至 2011 年 6 月，浙江省共有

---

① 《北京市有关部门关于随迁子女升学考试方案的说明》，https://www.yicai.com/news/2379587.html，2012 年 12 月 30 日。

② 李玉兰等：《"异地高考"："答卷"落地还有多远》，《光明日报》2013 年 2 月 6 日第 5 版。

登记流动人口约 2200 万人，连续 12 年位居全国第二；全省流动人口和户籍人口比为 1∶2；多个区域出现“人口倒挂”。2012 年浙江约有 100 多万名外省籍随迁子女，是除广东省之随迁子女绝对量最多的省份；其中外省籍随迁子女在校生约占比 15%，高中段占比 2% 左右。2013 年符合条件可以在浙江参加高考的随迁子女约有 1 万余人，其中普通高中约 3800 人。浙江各地教育资源承载能力压力巨大。

本章小结

本章对农民工子女初中后教育获得的政策空间进行分析。农民工子女初中后教育政策的演进包含政策缺席期、政策破冰期和政策开放期。异地高考政策给了随迁子女异地升学考试的可能，但是各地政策空间不同，北京市、上海市政策门槛相对较高，广东省、浙江省政策设计较为宽松。与此同时，各地异地中考政策门槛参差不一，缺乏国家顶层设计；“异地中考”政策成为“异地高考”的先行过滤门槛；条件严格的异地中考设置缓冲期，增大了省外随迁子女初中后城市升学的难度。中央的异地高考政策和地方的“异地中考”门槛存在博弈的问题，其根源是国家人才需求、发展战略，与地方高中教育投入及地方资源压力之间存在矛盾。中央政府对普通高等学校的投入大于对普通高中的投入，各地教育经费大部分由地方政府承担，地区经济发展不平衡，各地普通高中教育经费投入也不平衡。地方教育资源数量以及教育资源承载力压力共同导致各地区对解决随迁子女高中教育问题的积极性不高。

第四章　农民工子女初中后教育获得的文化空间

“异地高考”政策，为随迁子女初中后在城市就读、参加高考提供了可能。在当前高等教育资源难以大规模增加供给的情况下，异地高考政策同时也稀释了城市居民子女的教育资源。异地高考问题，既涉及本地人和非本地人的教育机会均衡，又涉及本地教育供给与外来随迁子女教育需求的平衡，还涉及高考移民等问题。由于涉及多方利益，自异地高考政策制定启动之时，各方意见不断地被关注。本章通过关于异地高考政策的网络争论和利益相关者的调查研究，分析农民工随迁子女初中后教育获得的文化空间。

第一节　网络争论与意见表达

随着互联网的发展，网络成为网民表达自己意见的重要途径。异地高考政策引发了大量的网络舆情，腾讯、网易、新浪等综合类门户网站，熊丙奇、朱清时等专家学者以及普通网民纷纷通过网络来表达自己的价值主张和利益诉求。对于异地高考这个问题，舆情主体态度非常鲜明，媒体和专家学者多从公民权利、教育公平等角度出发，表示支持；而普通网民则在新闻跟帖、社区论坛中针锋相对、势均力敌。本节主要就天涯社区中有关异地高考的部分帖子进行舆情分析。

一　异地高考天涯社区舆情

天涯社区是国内重要综合性虚拟社区和网络社交平台，涵盖论坛、部落、博客等基础交流方式，提供个人空间、相册、分类信息等一系列综合功能服务。自 1999 年创办以来，备受网友喜爱，截至 2013 年 1 月，有注册会员

5000 万名。笔者在天涯论坛中以“异地高考”为关键词检索发现，共有以“异地高考”为标题的帖子 632 条。最早的帖子发表于 2010 年 9 月 20 日，标题为“异地高考今年有望启动调研试点工作由各地报批（转载）”，只有两条表示支持的回复。2012 年 3 月，在标题中有“异地高考”的帖子共 68 条，同年 4 月到 6 月共 25 条、7 月 46 条、8 月 7 条、9 月 120 条、10 月 72 条、11 月 81 条、12 月 183 条帖子，其余帖子均在 2012 年 2 月及以前发表。

从发帖量来看，2012 年 12 月发帖量最多，其次是 9 月，再次是 3 月。异地高考网络舆情与我国异地高考政策在时间序列上紧密联动，相互影响。2012 年 3 月国家提出异地高考；9 月 1 日，国务院办公转发教育部等部门《关于做好进城务工人员随迁子女接受义务教育后在当地参加升学考试工作的意见》；12 月，异地高考问题正式纳入国家教改试点，各地出台异地高考条件的时间表的临近，此后，对该话题的讨论开始减少。异地高考网络舆情经历了起始、扩散、高潮、回落、再度高潮、调整恢复等阶段，大体呈双峰形分布。

从帖子的类型来看，有政策讨论型帖子，诸如《建议慎重：北京上海研究推进异地高考（转载）》、《教育部部长：正与北京上海研究逐步推进异地高考》等，帖子对国家政策方针进行转载，以引发大家对该问题的关注；还有意见转播型帖子，主要是转播专家或者他人关于异地高考的意见，以引起网友的讨论，诸如《强烈要求政府取消异地高考（转载）》等；再有意见表达型帖子，主要是网友就异地高考政策发表自己的意见和看法。

二　异地高考网络意见

舆情内部结构具有层次性，有情绪或感受评价、主张或要求、社会印象或社会评价、政府在公众心目中的形象四个维度，接下来从这四个维度对天涯社区中的网络意见进行分析。

（一）情绪或感受评价

异地高考是进城务工人员及其随迁子女在城市融入过程中，对教育公平、享有发展权的利益诉求，而这种诉求在一线城市——北京、上海、广州等地表现得最为强烈、最集中，这些地方的流入地居民与流动人口矛盾最激烈。

“异地高考”反对者从城市资源承载力出发，在网络中表达了异地高考放开后带来的“高考移民”城市资源承受能力不足的担忧；而众多网民对于城市资源承载能力严重不足的论证多来源于个人日常生活体验。

> 在当下自由迁徙的背景下，中国几亿人口的流动，从外地流入上海、北京等一线城市，这带来许许多多的后遗症，首先就是资源分配的问题。(DDD)
>
> 从人均资源来看，京沪的土地资源、教育资源就这么一点，现有实际人口都达2000多万，各方面资源分配都接近饱和状态。如果再放开异地高考，放开户籍，请问北京、上海能容纳多少人？一亿人吗？(water)
>
> 现实一点，北京的确容纳不了再多的人口了。放开了高考，就意味着会有更多的外地孩子涌入北京上学。为什么上幼儿园得彻夜排队，上小学得交高额赞助费，小升初就更别提了，原来我小时候上学的时候，一个班最多40个人，一个年级也就4个班。现在呢，我的孩子上的是个海淀的二类小学，2010年入学的时候，开了6个班，到今年一年级已经是8个班了，而且每个班的人数都在往上升。这如果高中都随便上了，人数得翻倍吧？有那么多学校能容纳吗？(飘移星)

异地高考支持者并不赞同反对者将城市环境恶化、城市病等归因于外地人的看法，他们认为，外来务工人员在为城市繁荣和发展做出巨大贡献的同时并没有完全融入城市，没有享受同城市居民完全平等的公共服务和市民权利，由此形成的人口大规模钟摆式流动衍生了不少社会问题。支持者强调作为既得利益者应该更宽容和接纳外来者。

> 确实首都的户口有巨大的隐性福利，作为北京人当然会感到骄傲。但你扪心自问，这种利益是正当的吗？一个连机会都不公平的国家，何谈大师和民族未来！(阳光时间)
>
> 不管本地孩子还是外地孩子，如果初中毕业就辍学回家，这些孩子将成为“和谐”社会最大的安全隐患。15岁回家能做什么？打工没人敢

要——属非法用工；待在家里除了上网和在社会上闲逛，还能干什么？而且这个年龄是青春冲动期。（xueer）

不允许异地高考，外来务工子女问题要拖到什么时候？由此带来潜在的问题更加严重：随父母在大城市打工的孩子失学率奇高，他们都是以后潜在的城市流民。（x3NH）

异地高考的门槛究竟有多高？口子开多大？条件有多严……这些社会关注的焦点，也是政策设计的难点。条件太严、门槛太高、数量太少，到头来只是少数人的“游戏”；条件太宽、门槛太低、数量太大，流入地的教育资源又会被稀释，流入地学生的利益可能受损。在部分网友看来，异地高考可能会沦为少数人的游戏。在论坛中也有不少网民对异地高考政策效果进行预测和评价。

我觉得，“异地高考”会导致更大的不公平。“异地高考”最不能回避的问题就是什么样的人会“异地高考”？袁贵仁部长曾表示，异地高考需要满足5个条件，并且家长和学生都要符合条件。“异地高考”真正实行，恐怕只是给生源输出地的社会上层人士多一个“选择”而已。受损害的只是输入地的中低阶层而已，他们没有选择的余地，甚至在主流媒体上没有什么话语权，只能默默承受。“异地高考”的结果之一就是“智力资源”“财富资源”优先在北上广等大城市集聚，社会底层不断沉沦，社会分层固化，社会层次流动减少，这其实是拉大了社会的不公平，加大了潜在的矛盾。（K86158）

（二）主张或要求

由于普通网民、新闻媒体、专家学者在“异地高考”问题上利益诉求的不同，其主张和要求也有所差异。新闻媒体和普通网民中“异地高考”支持方主要是基于政府已有政策，专家、学者对于“异地高考”基本一致持支持态度；在天涯社区中，网民中基于不同的立场，对异地高考的主张和要求各异。

“以贡献换机会”，是各地异地高考政策的重要指导思想，各地设置制度门槛也是在于将贡献多少、有无贡献的人区别开来。一直以来，外来人口对流入地经济发展的贡献是毋庸置疑的。20 世纪 90 年代后期，外来劳动力推动我国东部地区的 GDP 增长 10% 以上，对上海的贡献度为 22.8%，对广东省的贡献度为 60%。[①] 在是否开放“异地高考”的问题上，当地人和外地人就“贡献问题”展开了激烈交锋。有的强调本地人对教育发展的贡献：

北京百姓对大学发展的贡献远比其他地方多。首先，北京为他们提供了宝贵的土地、水、电、燃气等资源。其次，在一千多年的建都史中，绝大部分时间北京并不缺水……在 2014 年“南水北调工程”完成之前，北京百姓把子孙后代赖以生存的地下储备水都拿出来供给了全国各地在北京求学、挣钱的人……再次，外地人在北京分享了交通、医疗等公共服务，而所有在这些公共服务领域里工作的都是北京人……优质学校的发展，是北京几代人的建设和付出的结果。所有说举全国之力办优质教育的人可以去打听打听，每个重点学校，从 1949 年到现在，有哪个北京家长没交过赞助费？（风雨 2010）

上海的复旦同济、北京的清华北大，都是直接靠着京沪两地的两级财政补贴，每年十多亿元的教育经费补贴来维系，这笔钱都是京沪两地的本地老百姓的血汗钱！

异地高考反对者则提出政府要控制外来人口，设置准入条件和对本地人有倾向性的条件以维护本地人民利益的要求：

有投入，自然要有回报，……按《2011 年统计年鉴》，上海高校招生 14.11 万人，但当年所有高校在沪招生（包括外地高校）不过 5.28 万人，净输入约 9 万人，三分之二的投入是用在外地生源之上……（K86158）

① 王桂新、黄颖钰：《中国省际人口迁移与东部地带的经济发展：1995—2000》，《人口研究》2005 年第 1 期。

北京人严格实行计划生育政策，我们的独生子女们本可以享受小班教学，却因为大量外地孩子的涌入不得不继续接受大班教育，而这些外地孩子不乏一家有两三个。请问这对北京家庭和北京孩子公平吗？（风雨2010）

我国绝大多数地区或者说世界绝大多数地方的政策多多少少都具有地方保护主义色彩，即当地人优先。请各位扪心自问，你的家乡对外来人口能做到绝对公平吗？（Water）

外地人子女根本就不存在无法高考的问题，回到自己户籍所在地去参加高考便是，而异地高考则是严重伤害上海户籍公民的权益！（DDD）

支持异地高考的一方则认为，在城市发展的过程中，外来人口做出了重要的贡献，他们是城市的建设者，城市的未来需要外地人。虽然他们不是“生于斯，长于斯”，但是，作为中国人，大家都应该是平等的，城市应该是大家的城市。

外地来京的孩子从1994年就开始向学校交入学赞助费，每个学期还有借读费，近十年来各种费用越来越高，甚至到了比出国念书都贵的地步，这些资金帮助了北京市教委和各个学校的教育发展，怎么说这些机构就背上了沉重的包袱？真是无知的指责。（丫丫）

1. 我赚钱是靠北京提供的平台，那北京的税收是靠谁提供的平台呢？2. 外地人在北京打工，同时享受北京人的待遇，也不应当看作被施舍。3. 在北京还是北京人多。4. 在我眼里，外地人和北京人除了口音没什么不一样。（zao1）

北京是名牌大学多，那不是国家拿全国的百姓税收建设和扶持的吗？……北京的哪个大楼不是外地人建设的？哪一分经济增长不是本地人和外地人共同创收的？（一卡通）

户籍制度和招生制度是造成“异地高考”困境的两大制度，高考移民是解决“异地高考”问题最现实的阻碍，基于这些制度，网友就制度改革提出了相关主张：

外地人想来北京考试是因为北京的录取比例高造成的，把北京的录取率降至和湖北、山东、河南一样，谁也不会来。(kls)

教育资源不均等是地区发展不平衡导致的，这和考生本人有什么关系？为什么他们要承受这种不平衡？高考的终极目的是找到学习更好的考生，而不是照顾到教育资源不均衡的现状，只有通过公平的高考、找出学习最好的考生，即达到目标。(好干部)

“异地高考”需要在家长、学生和所在城市三方面符合基本条件。城市并非越大越好，各地要根据发展需要和承载能力，就此提出具体的解决办法。各个城市需要确保符合条件学生的合法权益，同时也要防止高考移民。

我认为现阶段短时间内解决不了户籍制度问题，从异地高考分为考试和录取两方法来看，本地人和外地人矛盾的焦点与利益的中心其实是录取……录取，既要保护当地人的利益，又要给外地人权利，可以采用原籍入取的方式，但是当地大学必须根据户籍人数，适当降低当地人招生比例，提高外地籍入取率。现在全国大学录取率在30%—40%左右，而北上广在80%左右，完全可以把北上广降到60%（本人是1998年高考的，当时上海录取率也就不到50%）。当全国各地大学的录取率相差不多时，就不会产生高考移民，更不会有父母为了孩子能在北上广考大学、举家迁移到大城市的现象了。因为在哪里考，录取的机率都差不多。(ldh)

教育不平等的关键在于生源流出地区的教育投入不足、普及不够。必须从加大这些地区的教育投入、加强教育普及、提高教育水平入手进行改革。(Water)

（三）社会印象或社会评价

污名化理论认为，污名开始于对某一群体“贴标签”的过程，贴标签是诸多的不良印象在心目中形成后，社会大众对某一特定群体的“定义”化过程，一旦实施污名者给被污名者贴上了不良标签，那么这种不良标签便很难从被污名者身上移除。

> 市委市政府开放了中小学义务教育，由此却背上了沉重的财政负担，挤占了本应该用于北京市民福利的资金。可是却没有人感恩，我们得到的只是羞辱和谩骂，还有无底的贪婪，甚至还要伸手剥夺我们北京孩子的未来。(Parry)
>
> 人口流出地区很多是人为产生的，就是人口超生，当地要抓，就逃到外省，到北上广，当超生游击队……“教育公平”只是他们的一个幌子，真正目的是定居北上广等发达地区。外省的许多学子考北上广的目的并非上大学，而是想留在特大城市里工作、生活。(Water)
>
> 先前看过一些新闻，一位云南本省的考生，因为父母没有在昆明办理过居住证，他身为云南人也不能在昆明参加高考！在一个省份内部都无法做到异地高考，某些人居然要京沪如何如何，多么荒唐可笑！(战神)
>
> 我一直搞不明白，外地人对缴纳社保总是很抵触，甚至是当成了为上海做贡献，这让我很无语。(DDD)
>
> 北京市人口现在统计至少3500万人，大部分是流动人口，已经对北京本地人（北京土著）带来了很多的麻烦和不便！(尚1980)

“本地人”认为，当地人在资源、计划生育、城市建设过程中，做出了重要的牺牲与贡献，地方政策对当地人有所倾斜是理所应当的事情，而外来人口在这个过程中，总是以一种掠夺者、享受者的角色出现，在他们看来这是难以容忍的，甚至有些网友发出了一些激烈的、带有歧视性的言论。在本地人眼中，外地人形象不好，“不感恩”“贪婪”“无业游民”“社会闲散人员”等污名化已呈现出客观污名刻板化，客观污名刻板化加剧了城市当地居民对新生代农民工的社会排斥，于是出现了房客与主人、我群和他群之分。

> 异地高考本质是外来人口在流入地要享受到本不该属于他们的资源

待遇，通俗点讲，就是一个房客要与主人的孩子共享一碗饭，外地人自然是很愿意、很迫切希望这样，但上海人、北京人肯定不答应，矛盾就产生了……外地人不去追究自己老家政府的不作为，而是对着上海实施攻击，企图掠夺上海人独生子女的资源福利，那抱歉，我身为上海人肯定会与之抗争到底！（DDD）

在城市居民与农民工群体相互的社会印象和评价上，双方都基于个人切身评价。即当城市居民个人在与流动人口个人发生现实交往时，从直接体验的视角评价流动人口对自身行为的影响或冲击，是一种相对具体鲜活的微观印象。[①] 在一般情况下，社会排斥并不明显，但是在遇到利益冲突和争夺时，双方不免会相互攻击、“污名化”对方。在这样的情景中，外地人眼中的本地人是一群好吃懒做、没有同理心的人。

为什么人人都往北京跑？因为国家给北京投入的资源多，北京不是北京人的北京，是属于中国的北京。一代的北京人为北京做出了自己的贡献，而现在的农民工就是五十年前的你自己。（阳光时间）

（四）政府在公众心目中的形象

教育的不平等在于教育投入的主体，我国的高中教育、大学教育，地方政府的投入远远大于中央或者其他收入来源，一些“异地高考”反对者也看到了这个差距，以地方财政投入作为反对接纳外人来“享用”地方教育资源的理由。在反对者看来，北京、上海为流动人口子女教育提供了巨大的财政支持，广东则是开放包容的城市；而人口流出地政府则是“不重视教育”“甩锅”的政府。

拿上海来说，外地人的子女可以免费就近入学，每名外地来沪的学

① 宋月萍、陶椰：《融入与接纳：互动视角下的 流动人口社会融合实证研究》，《人口研究》2012 年第 3 期。

生，每人每年有上海市财政提供的教育经费5000元，而这笔钱上海籍的学生是没有的！(DDD)

从各地区教育投入占该省总支出预算的比例来看，有些地区比例偏低，这是对当地教育的不重视。(Water)

虽然广东并不是高等教育强省，毛入学率相比江苏、上海等省市仍有较大差距，高等教育的资源特别是优质资源相对缺乏，但是在对待农民工子女初中后教育问题上，体现了与其他城市不同的包容性，异地高考得以在广东率先全面放开。

广东的包容性、开放性领先全国；广东欢迎全国各地人民到广东发展；广东是中国的希望！引领全国发展潮流。(139mail)

异地高考支持者则认为，地方经济发展的不平衡、高校不均衡的资金来源状况不是拒绝外来人口享有公平教育权的理由，这些问题不应该由孩子的前途来埋单，而且诸如清北等重点高校发展，也是国家财政大力支持的结果。

教育部和其他部委所属的大学才是金字塔顶端的学校，这些学校走中央统一拨钱，全国人民埋单，和地方教育投入有什么关系，凭什么北上广人民受益。(甄姬)

北大、清华、复旦、交大是全国重点大学，是全国人民出钱创办的，不是北京上海出钱创办的地方职业技术学院，如果是北京、上海自己出钱创办的地方职业技术学院，可以对当地学生降分录取，北大、清华、复旦、交大不行。1977年恢复高考，当时大学录取名额是按人口比例都分给各省，还是公正的；20世纪90年代中期，北京的清华、北大，上海复旦、交大开始对本地学生降分录取，使得许多外省的优秀生源被户口挡住，即使被录取的分数也高得惊人，而北京、上海本地学生却能以专科的分数上北大、清华、复旦、交大，这样这类学校办下去还有什么意义？(CCC)

第二节　异地高考利益相关者政策态度

“利益相关者”一词来源于16世纪欧洲人针对某项活动所下的赌注“stake”，19世纪60年代，“利益相关者理论”初步形成；1984年，弗里曼在其经典著作《战略管理：利益相关者管理的分析方法》中明确提出“利益相关者是指那些能够影响组织目标实现或者被组织目标实现的过程所影响的任何个人和群体”。这种影响可能是单向的，也可能是双向的。本书的利益相关者界定为受“异地高考”政策影响的，同时也影响“异地高考”政策实施的人群。本节主要就异地高考政策利益相关者（本地居民、外地城市居民和农民工）对政策的认知、态度展开探讨。

一　政策关注度

自2012年国家提出异地高考政策已有两年多时间，其间人们对该政策的关注状况如何？调查显示，被调查者中有17.0%的表示“没有听说过”，60.0%的表示“听过但不清楚”，19.2%的表示“听过并且了解”，3.8%的表示“听过并且很关注”。从调查来看，公众关注异地高考的并不多，对政策的知晓状况一般。

对政策的关注程度是否存在群体差异呢？农民工群体作为利益相关者是否对政策更关注？比较发现，群体间差异的确存在。三个群体中，外地城市居民对政策的关注度最高，其次是当地居民，农民工群体最低。在农民工群体中，“没有听说过”和“听过但不清楚”的比例明显高于其他两个群体，“听过并且了解”的比例明显低于其他两个群体，但是“听过并且很关注”的比例与外地城市居民相当见表4－1。

表4－1　政策关注状况比较

（%）

	没有听说过	听过但不清楚	听过并且了解	听过并且很关注	合计
HZ居民	15.5	55.5	27.3	1.8	110

续表

	没有听说过	听过但不清楚	听过并且了解	听过并且很关注	合计
外地城市居民	5.7	57.5	32.2	4.6	87
农民工	23.7	64.2	7.5	4.6	173
n = 370　$\chi^2 = 37.444$　P = 0.000					

笔者认为作为利益相关的群体，农民工、外地城市居民是分享资源的一方，而当地居民是接纳方，虽然农民工是异地高考政策的最直接的受益者，但是整个群体对政策的关注水平不高，在政策红利分享能力上，明显低于外地城市居民。

二　政策条件认知

考虑到开放异地高考所带来的城市承载和教育资源的压力，各地就“异地高考”的条件进行了限定。浙江省规定：“外省籍进城务工人员随迁子女，通过浙江省初中毕业生学业水平考试或符合浙江省流入地初中升高中条件，进入浙江省高中阶段学校学习，并取得在浙江省完整的高中阶段连续学习经历和学籍，符合浙江省高考报名的其他条件，在2013年起可就地报名参加高考。”浙江的异地高考政策强调完整的高中阶段连续学习经历和学籍，相较于其他地区的异地高考政策条件较为宽松，属于“门槛低、友好型”。杭州居民、外地城市居民和农民工是否清楚政策条件？对政策条件又有何看法？

调查显示，被调查者中表示对政策条件“非常清楚”的占比1.5%，“比较清楚”的占比7.0%，“知道一点”的占比32.7%，“一点都不知道”的占比58.8%，大部分被调查者对在HZ参加异地高考的条件并不知晓。对政策条件的知晓状况是否存在群体差异？比较发现，三个群体政策条件知晓状况存在显著差异，杭州居民清楚（含非常清楚和比较清楚）政策条件的占比12.9%，外地城市居民占比10.7%，而农民工清楚政策条件的仅占比4.4%，农民工群体对政策条件的知晓状况最差见表4－2。

表 4-2 政策知晓状况比较

（%）

	非常清楚	比较清楚	知道一点	一点都不知道	合计
HZ 居民	0.0	12.9	36.6	50.5	101
外地城市居民	2.4	8.3	35.7	53.6	84
农民工	1.9	2.5	28.7	66.9	157
n = 342 χ^2 = 16.598 P = 0.011					

在了解政策的被调查者中，有 157 位发表了对政策条件的看法，其中，3.8%的认为参与条件“非常高”，42.7%的认为“比较高”，51.0%的认为“一般”，6.4%的认为“比较低”。比较分析发现，三个群体对这个问题的看法存在显著差异，农民工认为政策条件“非常高”的占比 6.2%，“比较高”的占比 43.8%，HZ 居民认为政策条件“比较高”的占比 49.0%，外地城市居民认为政策条件一般的占比 66.7%。总体而言，外地城市居民和农民工对政策条件感知存在显著差异，前者更能接受政策条件见表 4-3。

表 4-3 政策条件认知比较

（%）

	非常高	比较高	一般	比较低	合计
HZ 居民	0.0	49.0	43.1	7.8	51
外地城市居民	4.8	19.0	66.7	9.5	42
农民工	6.2	43.8	46.9	3.1	64
n = 157 χ^2 = 13.769 P = 0.032					

异地高考限制条件各地不同，那么在被调查者看来，应该有什么样的政策要求呢？11.5%的被调查者认为应该“不需要条件，完全放开”，剩余 88.5%的被调查者均认为应该有一定的限制条件，其中“考生在当地接受完整的教育”的占比 35.7%，“家庭在当地有固定房产并达到一定年限”的占比 11.8%，“家长在当地工作，并具备一定年限的纳税证明”的占比 14.7%，“家长在当地工作，参加一定时间的社保”的占比 12.4%，“家长在当地工作，有稳定

的住所（含租住）”的占比13.9%。在前三位的分别是“考生在当地接受完整的教育”、“家长在当地工作，并具备一定年限的纳税证明”、“家长在当地工作，有稳定的住所（含租住）”。

比较发现，三个群体对异地高考应具备的条件的看法存在显著差异。农民工群体中，对具体条件的排序是“考生在当地接受完整的教育”、“不需要条件，完全开放”，“家长在当地工作，有稳定的住所（含租住）”；而外地城市居民则是“考生在当地接受完整的教育”、“家长在当地工作，并具备一定年限的纳税证明”、“家长在当地工作，有稳定的住所（含租住）”；HZ居民则是“考生在当地接受完整的教育”、“家长在当地工作，参加一定时间的社保”、“家长在当地工作，并具备一定年限的纳税证明”。除了学籍、流入地住所外，农民工期望能以最低条件享受城市教育资源；外地城市居民则重视对当地的贡献以及自身在流入地的稳定性；而城市居民则关注外来人口的“贡献”，是否为地方服务，是否有纳税等贡献等见表4-4。

表4-4　具体条件认知比较

（%）

	考生在当地接受完整的教育	家庭在当地有固定房产并达到一定年限	家长在当地工作，并具备一定年限的纳税证明	家长在当地工作，参加一定时间的社保	家长在当地工作，有稳定的住所（含租住）	不需要条件，完全放开	合计
HZ居民	37.0	12.0	16.0	19.0	14.0	2.0	100
外地城市居民	36.9	10.7	17.9	7.1	15.5	11.9	84
农民工	34.2	12.3	12.3	11.0	12.9	17.4	155
$n=339\quad \chi^2=20.089\quad P=0.028$							

三　政策支持状况

通过天涯论坛的舆情分析发现，在异地高考问题上，北京、上海等地城市居民的反对意见强烈，在网络和现实中争辩和论战不休。HZ居民对异地高考的态度怎样？他们与外来人口之间的态度是否存在明显的对立呢？

调查显示，被调查者中15.5%的表示非常赞成异地高考政策，56.1%的表示赞成，持中立地位的占比24.3%，反对的占比3.8%，强烈反对的占比0.3%。总体来看，被调查者对异地高考的支持率较高，占比70%以上。比较发现，三个群体对异地高考的政策态度不存在显著差异，均以支持政策为主。已有研究认为，外地人的涌入会导致资源稀释，城市居民对流动人口有排斥心理，从北京、上海等城市来看，城市居民对开放异地高考的反对意见不小，但HZ居民对异地高考的态度没有明显的反对和对立。

分析赞同和反对异地高考的理由发现，在支持异地高考政策的理由中，排在第一位的是“外来人口子女也有公平教育的权利”，其次是“我的孩子面临考大学，如果允许异地高考，他会有更多的机会”。虽然反对异地高考的人不多，但是，少数人对异地高考持反对意见主要是基于对当地考生保护的视角，认为异地高考会“增大当地考生高考竞争难度”，“大量的农村人会涌入城市，会使城市更加拥堵”，而认为“城市教育资源是城里人的，农村人无权分享”的极少见表4－5。

表4－5　异地高考政策支持、反对理由

支持理由	n（284）	反对理由	n（22）
外来人口子女也有公平教育的权利	228（80.3）	增大当地考生高考竞争难度	17（77.3）
孩子已经上大学了，与我无关	10（3.5）	城市教育资源是城里人的，农村人无权分享	1（4.5）
我的孩子面临考大学，如果允许异地高考，他会有更多的机会	35（12.3）	大量的农村人会涌入城市，会使城市更加拥堵	4（18.2）
其他	11（3.9）	其他	—

不同群体支持或反对异地高考政策的理由是否存在差异？比较发现，三个群体支持异地高考的理由大部分是基于教育公平的考虑，认为城乡居民应该有一样的教育机会。有16.5%的HZ居民支持理由是“我的孩子面临考大学，如果允许异地高考，他会有更多机会”，这也在一定程度上解答了为何HZ居民并未强烈反对异地高考。这是由HZ居民在教育体系中的双重身份、

地位所决定的：一方面他们是接纳者，异地高考政策使他们需要与外来人口共享城市教育资源，生活在一个开放包容的城市，与外来人口共生共荣使得HZ 居民的心态更开放；另一方面，他们也是潜在的资源分享者，虽然浙江省是经济大省，但是浙江省的高等教育资源分布等在全国并不占优势，其教育资源，尤其是高考录取率上与北京、上海等城市存在巨大的差距。20 世纪末到 2005 年间，上海的一些高中，向全国招收优秀的初三毕业生，后来由于上海家长反对，外地学生到上海高考的通道关闭。① 正是看到教育资源以及高考录取率之间的差异，部分 HZ 居民希望能通过异地高考，分享其他城市的优质教育资源见表 4－6。

表 4－6　分群体支持理由比较

（%）

	外来人口子女也有公平教育的权利	孩子已经上大学了，与我无关	我的孩子面临考大学，如果允许异地高考，他会有更多机会	其他	合计
HZ 居民	77.2	2.5	16.5	3.8	79
外地城市居民	85.3	—	5.9	8.8	68
农民工	79.6	5.8	13.1	1.5	137

在少数反对异地高考政策的被调查者中，HZ 居民更关注异地高考对当地考生带来的压力，以及大量人口涌入对城市承受力的挑战；而外地城市居民中有 16.7% 的认为“城市教育资源是城里人的，农村人无权分享”。外地城市居民之所以会有城乡内外之分，首先是长久以来形成的，并在其内心中保留着优越感和排他感；其次是因为他们在城市教育资源分享的能力更强，分享资源的意愿更迫切；而大规模的农民工群体使得城市居民对外来人口持排斥态度，而其子女在当地城市就读高考难度增大见表 4－7。

① 浙江省教育厅：《浙江 2013 异地高考方案公布，外省考生 2014 年可就地报考》，http://www.examw.com/gaokao/zhejiang/52060/。

表 4 -7 分群体反对理由

（%）

	增大当地考生高考竞争难度	城市教育资源是城里人的，农村人无权分享	大量的农村人会涌入城市，会使城市更拥堵	合计
HZ 居民	80.0	—	20.0	10
外地城市居民	50.0	16.7	33.3	6
农民工	100.0	—	—	6

四 政策实施进程理解

由于异地高考实施采取渐进推进的策略，到 2014 年，只是在二三线城市，北上广等一线城市仍然属于保守的状态，“北上广等一线城市是否应该实施异地高考?”被调查者中有 49.7% 的认为“应该，要求最迫切”，14.3% 的认为“不应该，城市承载力已经接近极限”，33.3% 的认为“可以先视其他城市效果而定”，“其他”占比 2.6%。大部分人认为北京、上海和广州等一线城市应该先行试点异地高考政策，起带头作用。与此同时，作为人口最为集中的区域，一部分受访者也表示这些一线城市的承载力也值得关注。

三个群体对一线城市“异地高考”的态度是否存在显著差异？比较发现，农民工对于一线城市实行异地高考的要求认为“应该要求最迫切”的，占比 57.7%，高于外地城市居民的 52.4% 和杭州居民的 35.3%；对于城市资源的承载力等方面的考虑，而认为不应该，以及主张先试点、再推广的则是杭州城市居民高于外地城市居民，再高于农民工；由此可见，在北上广的异地高考政策推行上，不同的利益相关者更多是站在自己的立场上看问题，存在着不同的观点见表 4 -8。

表 4 -8 对一线城市异地高考态度比较

（%）

	应该，要求最迫切	不应该，城市承载力已接近极限	可以先视其他城市效果而定	其他	合计
HZ 居民	35.3	27.5	34.3	2.9	102

续表

	应该，要求最迫切	不应该，城市承载力已接近极限	可以先视其他城市效果而定	其他	合计
外地城市居民	52.4	11.9	33.3	2.4	84
农民工	57.7	7.1	32.7	2.6	156
n = 342　χ^2 = 24.863　P = 0.000					

第三节　城市居民异地高考接纳、排斥的实质

“异地高考”改革不仅仅是对教育资源的重新分配，更是对社会价值和资源的重新分配，对我国社会阶层流动、城镇化、工业化将产生深远影响。“异地高考”问题之所以引发强烈的社会反响，是因为在改革过程中，不同社会群体之间、本地人与外地人之间的利益需要协调、不同的利益诉求需要兼顾。在多元利益格局中，异地高考教育改革必须既要考虑改革的力度，又要考虑群众的可接受度。教育制度安排、文化惯习等诸多方面的原因影响城市居民对该政策的态度。

一　高等教育资源分布与竞争

我国高校教育经费主要来源于财政性补助收入和学校自筹经费两个部分。其中国家财政性补助收入为各高校的主要经费来源。2005 年度，学校自筹收入占总收入的比重为51%，2009 年，学校自筹收入占总收入的比重仅到39%。五年间，直属高校的自筹教育事业经费减少了 12%。另外，不同类型的高校经费来源有差异，地方高等院校教育经费主要由地方财政支撑，教育部直属高等院校则是由国家财政和地方财政共同承担。另外，我国各地生均高等院校拥有率不均衡。全国生均本科院校拥有率是 0.10%，其中，山东 0.09%、河南 0.04%、湖南 0.08%、安徽 0.06%，江西 0.07%；北京 0.76%、上海 0.51%、天津 0.29%。北京、上海等地本科院校拥有率是全国平均水平的 5—7 倍，而这些地区的人口仅占全国人口总数的 1%。由于教育经费主要由地方财政支

撑，地方财政即要给地方高等院校教育经费支持，也需要承担教育部直属高等院校部分经费，因此，各高校招生名额存在向本地生源的明显倾斜。高等教育资源不均衡，以及分省定额、划线录取的招生办法使本地学生和外地学生占有高等教育资源的机会不同。

分省定额、划线录取即根据各省当年参加高考户籍人口按比例分配各高校在该省的招生指标。在一个省（自治区、直辖市）的范围内有统一的录取分数线，考生参加考试、填报志愿和专业录取上是平等的，但在不同的区域内，由于高校招生时对高校所在地生源的倾斜高考录取的机会不同，带来高考招生省际不均问题。2012 年一本实际录取率全国总体仅为 8.62%，但是北京占全国常住人口比重仅为 1.46%，高考报名人口仅占当年全国高考报名人口的 0.8%，一本录取率高达 25.38%，而四川常住人口占全国常住人口比为 6%（居全国第四位），高考报名人口占当年全国高考报名人口比例为 5.94%（居全国第四位），其一本录取率为全国倒数第一位（4.71%）。天津、上海两个直辖市其一本实际录取率也分别高达 23.49% 和 20.51%。[①] 2013 年北京、上海、天津的高考一本录取率继续保持全国领先的地位，其中天津为 24.52%，北京为 24.33%，上海为 22.64%，大大高于排名最后五位的广东（5.93%）、山西（5.89%）、辽宁（5.74%）、四川（5.28%）和西藏（4.78%）。天津、北京、上海户籍的学生为争取上大学的机会而付出的成本低于整个社会上大学的平均成本，而他们所得到的收益却远远大于社会成员的普遍收益。[②] 异地高考的推行将打破这种省际间的零竞争状态，降低了流入地高考考生的录取比例，使流入地考生的利益受到影响，这也是京沪等地城市居民反对异地高考的重要原因。

二 福利惯习与群体偏见

早在 20 世纪 80 年代，由于市场经济的发展、产业结构的调整、城镇化过程以及区域经济梯度发展的格局，全国范围内大规模农村人口向城市，尤

---

① 李涛等：《中国“异地高考”政策开放的深层困局》，《中国教育学刊》2013 年第 11 期。

② 董凌波、冯增俊：《异地高考的难题与破解——基于公共选择理论的分析》，《高教探索》2014 年第 1 期。

其是向特大城市和大城市持续集中流动。农村富余劳动力和农村人口向城镇转移，不仅是引导作为重要生产要素的劳动力跨区域合理流动的必然要求，也是破除城乡二元结构的历史选择。

随着流动人口在城镇化过程中逐步掌握了一定的经济、社会、文化资源，社会地位得到提升，其迁徙类型由最初的生存型向发展型转变。"异地高考"的诉求是其发展型需求的典型体现。通过对"异地高考"问题网络舆情和政策调查发现：农民工群体的权利意识逐步增强，要求公平、平等、受教育权利、国民待遇；对于福利分配户籍制度以及大学招生名额按省配给制提出了挑战和质疑；部分农民工还借助网络平台，流动人口逐渐成为"异地高考"政策制定的有效博弈力量。另外，农民工家庭能力不足，对政策的关注、理解都不到位，因此在政策权益享有上也较弱。在权益争取的过程中，农民工群体遭遇了城市居民的偏见与排斥，而形成偏见和排斥的根源则很大部分来自户籍制度下形成的"福利惯习"。

长期以来受户籍制度的影响，在中国，只有"那些在城市拥有法定的官方身份或隶属关系并由此享受国家提供的物品的人"的人才是"完整的、由国家认可的正式市民"，而那些没有城市户口的农民在自己国家的城市中的身份就像是其他地方的外国移民，是"非公民"。流动人口并不对城市人口享有的就业、城市服务、水电公共交通等公共产品构成威胁，但是"按预定要求和指令分配的计划经济在市民和城市官员中培育了限量、定期和可预期的分配权利意识。这种意识奠定了城市居民歧视外来人口的设想和认知和期望基础"①。

在二元体制下，户籍制度作为一种"社会屏蔽"将社会上一部分人屏蔽在分享城市的社会资源之外，城市居民长期地占据着社会资源与竞争优势，从而形成了"一等公民"城市的市民性格，他们把享有各种资源作为自己独有的权利，排斥与"外来人"分享。② 对于农民工群体，城市在就业、消费等领域吸引流动人口以促进社会经济的可持续发展；而在城市公共教育、医

① ［美］苏黛瑞：《在中国城市中争取公民权》，王春光等译，浙江人民出版社2009年版。

② 吴新慧、刘成斌：《接纳？排斥？——农民工子女融入城市的社会空间》，《中国青年研究》2007年第7期。

疗等资源分配及社会治安等与居民利益紧密相关的领域，流动人口仍被排斥和边缘化，无法获得与城市居民的同等待遇。对于城市居民而言，他们可能会认同流动人口整体对城市社会发展的作用，却不认同流动人口对个人自身利益的影响。[①] 开放“异地高考”势必对自身已有的资源享有造成稀释，因此，希望通过行为来阻止开放的步伐。城市居民的“福利惯习”及其对群体偏见影响着他们对随迁子女的接纳。

本章小结

本章就农民工随迁子女初中后教育获得的文化空间进行分析。基于天涯社区网络舆论的研究发现，由于高等教育资源的分布不均、生源利益的难调，随迁子女热门流入城市市民对于异地高考意见不一。支持意见认为，从农民工贡献及教育公平角度，支持随迁子女共享城市教育资源；反对意见担心既得利益受损和“高考移民”增多。对“异地高考”利益相关者的政策态度的比较发现：在政策关注、政策认知上，农民工群体都是最低的。农民工期望能无条件、平等地享受城市教育资源；外地城市居民和本地市民则重视对当地的贡献。杭州城市居民对异地高考的态度没有明显的反对。高校教育经费来源、各高校招生名额分配等制度设计与资源竞争，流动人口对完整公民权的追逐和城市居民的“福利惯习”，以及城市自身包容开放、接纳排斥的文化惯习共同形塑了流入地或接纳或排斥的文化氛围。

① 宋月萍、陶椰：《融入与接纳：互动视角下的流动人口社会融合实证研究》，《人口研究》2012 年第 3 期。

第五章　农民工子女升学机会与未来期望

许多关于移民青少年社会融入研究关注愿望和期望的塑造力量，理由很简单：那些渴望获得大学教育的青少年可能会实现，也可能不会实现他们的抱负；但那些没有求学意愿的青少年肯定无法获得大学教育的机会。在这个意义上，青春期的抱负是影响日后成就的一个必要条件。但是对于农民工子女而言，其未来抱负并不是仅仅受到个人、家庭、社区等因素的影响，同时也受到教育政策的限制。政治学者伊斯顿认为，政策是对全社会的价值做权威性的分配。异地升学政策的出台实质就是政府调整教育利益的分配格局，让部分符合条件的随迁子女享有与本地居民子女同等的教育资源，以促进其教育机会公平。本章主要探讨异地升学政策给农民工子女带来的初中后升学机会，及其对随迁子女教育期望、职业期望等未来抱负的影响。

第一节　农民工子女升学机会及影响因素

由于各地“异地中考”“异地高考”的政策条件要求不同，农民工家庭自身的经济、文化、社会资本状况也存在差异，加上随迁子女自身的学业状况不同，农民工子女初中后在城市升学的机会也大不相同。有多少随迁子女能满足当地的升学条件？又是何种因素对其升学机会影响最大？

一　农民工子女教育机会

CEPS 调查对农民工子女及其家长对初中后升学机会做了调查，调查显示，有44.94%的随迁子女表示“可以在当地报考重点高中”，14.42%的“只能报考普高，不能报考重高”，9.61%的“重点高中和普通高中都不能报考”，还有

31.04%的“不知道”自己初中后的升学机会会怎样。9年级家长中，50.78%的认为子女“可以在当地报考重点高中”，有27.08%的表示“不知道”；7年级家长中，有超过50%的表示“不知道”。大量7年级家长“不知道”自己子女是否有升学机会可能有以下原因：一方面是离子女升学有一定的时间距离，家长并没有在意初中后升学机会问题；另一个方面是很多地方处于过渡期，政策还在调整，政策的变化性使得有些家长也不能确定到子女升学时其家庭条件、子女学业状况是否满足所在城市升学的要求见表5－1。

表5－1　初中后升学机会

（人；%）

	9年级学生		9年级家长		7年级家长	
	频数	百分比	频数	百分比	频数	百分比
能在当地报考重点高中	346	44.94	360	50.78	294	28.54
只能报考普高，不能报重高	111	14.42	93	13.12	105	10.19
重点高中和普通高中都不能报考	74	9.61	64	9.03	106	10.29
不知道	239	31.04	192	27.08	525	50.97
合计	770	100.00	709	100.00	1030	100.00

本书第三章对农民工随迁子女初中后升学政策分析发现，各地对省内随迁和省外随迁子女的升学要求不同，更多是对省外随迁子女的升学有部分要求。那么，随迁子女的升学机会是否受到了迁移状态的影响？比较省内随迁子女和跨省流动的随迁子女初中后升学机会发现，两者之间存在显著差异。省内随迁子女中“可以在当地报考重点高中”的占比51.57%，跨省流动的随迁子女占比38.87%；“重点高中和普通高中都不能报考”的，省内随迁子女占比1.83%，而跨省流动的随迁子女占比17.96%。在初中后报考机会上，省内随迁子女要明显优于跨省流动的随迁子女，升学机会省际间的“内外差异明显”见表5－2。

表5－2　九年级学生迁徙类型和初中后升学机会

（人；%）

	能在当地报考重点高中	只能报考普高，不能报考重高	重点高中和普通高中都不能报考	不知道	合计
省内随迁	51.57	16.23	1.83	30.37	382

续表

	能在当地报考重点高中	只能报考普高，不能报告重高	重点高中和普通高中都不能报考	不知道	合计
跨省流动	38.87	12.87	17.96	30.29	373
n = 755　χ^2 = 58.2772　P = 0.000					

家长对升学报考条件有无清晰的认识？调查显示，46.7%的家长认为不需要特殊条件，53.3%的家长认为需要特殊条件。具体的入学条件包括：三年初中在本市（地级市）上（54.6%）、暂住证或居住证（52.4%）、本省户籍（25.8%）、社保满一年（24.7%）、房产证或租赁合同（19.3%）等见表5－3。

表5－3　上高中的证件需求

	响应		个案		响应		个案
	N	百分比	百分比		N	百分比	百分比
三年初中在本市（地级市）上	201	25.3%	54.6%	社保满一年	91	11.5%	24.7%
积分入户或本市（地级市）户籍	33	4.2%	9.0%	计划生育证	35	4.4%	9.5%
本省户籍	95	12.0%	25.8%	营业执照或雇佣证明	49	6.2%	13.3%
房产证或租赁合同	71	8.9%	19.3%	其他	26	3.3%	7.1%
暂住证或居住证	193	24.3%	52.4%	总计	794	100.0%	215.8%

二　教育机会的影响因素

在各地公布异地高考和中考政策后，有些媒体称这是一场“拼爹”的较量。那么到底是什么因素影响了农民工子女初中后教育机会的获得呢？是区域的教育政策因素，还是农民工家庭的因素，抑或是子女自身因素？接下来对影响农民工子女初中后在流入地报考高中的机会因素进行分析。

在模型1至模型4中，逐步纳入子女个人状况、家庭状况、学校状况和学校所在区域状况，在模型5中纳入全部变量。在模型1至模型4中可以看到：随迁子女升学机会受到个人状况、家庭状况（父亲职业和迁徙类型）、学校状况及学校所在区域状况影响。在模型 5 中发现，在纳入学校状况及学校所在区域状况等变量后，家庭状况对升学机会的影响变得不显著。总体来看，农民工子女迁徙时间、认知能力测试标准化得分、家庭经济社会地位、兄弟姐妹数量、学校好坏，对其初中后生升入高中的机会无显著影响；而转学经历、学习成绩状况、流入城市行政级别等则有显著影响。

随迁子女转学次数与升学机会成反比，成绩自评与升学机会成正比。转学次数越多，升学机会越小，转学次数高的随迁子女初中后当地升高中的几率是转学次数少的 0.85 倍；① 成绩自评越好，升学可能越大，成绩自评优异者在当地升入高中的几率是成绩差者的 1.62 倍。就读学校类型影响升学机会，民办学校就读的随迁子女在流入地报考高中的可能性是公办学校就读的 0.28 倍。学校所处的区域对随迁子女升学机会无显著影响，但是学校所在城市类型的影响非常显著。就读学校在省会城市者，其初中升高中的几率是在直辖市就读者的 5.8 倍，在地级市就读者的升学几率是在直辖市就读者的 7.8 倍，在县级市就读的是在直辖市的 4.8 倍。也就是说，城市的级别越高，随迁子女在当地初中升高中的可能就越小，这和各地升学政策设置密切相关见表 5－4。

表 5－4　影响农民工随迁子女升学机会的因素分析

模型	模型 1	模型 2	模型 3	模型 4	模型 5
性别	－0.341** (0.16)	－0.261 (0.19)	－0.316** (0.16)	－0.337** (0.17)	－0.259 (0.21)
几岁来本地	0.026 (0.02)	0.015 (0.02)	0.039** (0.02)	0.001 (0.02)	0.013 (0.02)
转学次数	－0.196*** (0.07)	－0.188** (0.08)	－0.205*** (0.07)	－0.120 (0.08)	－0.166* (0.09)
认知能力测试标准化得分	0.129 (0.10)	－0.074 (0.12)	0.104 (0.10)	0.168 (0.11)	－0.023 (0.14)

① 该数据由公式 $OR = Odds1Odds_2 = e^{\beta}$（OR 为比值比，β 为显著性系数）得出，如 $e^{-0.166} = 0.85$，下同。

续表

模型	模型 1	模型 2	模型 3	模型 4	模型 5
成绩自评	0.338*** (0.08)	0.379*** (0.09)	0.381*** (0.08)	0.393*** (0.08)	0.480*** (0.10)
兄弟姐妹数		-0.001 (0.14)			-0.074 (0.16)
母亲文化水平		0.037 (0.04)			0.020 (0.04)
父亲文化水平		-0.062 (0.05)			-0.065 (0.05)
母亲职业		1.254 (-0.71)			1.069 (-0.77)
父亲职业		-0.766* (-0.42)			-0.614 (-0.49)
家庭经济状况		-0.135 (0.17)			-0.112 (0.18)
跨省流动		-0.570*** (0.20)			-0.303 (0.26)
省内流动为参照 民办学校			-0.787** (0.36)		-1.280** (0.50)
农民工子弟学校			0.313 (0.34)		0.238 (0.44)
学校好坏			0.078 (0.09)		0.189 (0.12)
省会城市 直辖市为参照				1.821*** (0.31)	1.765*** (0.44)
地级市				1.925*** (0.27)	2.048*** (0.34)
县级市				1.573*** (0.29)	1.563*** (0.35)
中部地区				-0.408 (0.42)	0.007 (0.54)
西部地区				-0.239 (0.27)	-0.279 (0.35)

续表

	模型 1	模型 2	模型 3	模型 4	模型 5
cons	-0.446 (0.29)	0.428 (0.76)	-0.917** (0.46)	-1.898*** (0.37)	-1.834* (0.99)
N	720	524	702	720	512
Log likelihood	-461.95052	-329.52406	-445.55552	-428.23872	-292.95164
Pseudo R^2	0.0459	0.0616	0.0555	0.1155	0.1448

注：* $p<0.1$，** $p<0.05$，*** $p<0.01$。

随迁子女学习成绩状况、转学状况影响升学机会。公办学校升学机会高于民办学校。流入地所属行政级别影响随迁子女初中后升学，流入地所属行政级别越高，随迁子女初中后入学机会越小。直辖市随迁子女流入地就读高中的机会最小；但是流入地所属地区对随迁子女高中升学机会没有影响，并没有得到“东部地区入学机会少于中西部地区”① 的结论。有研究认为，家庭资本越丰富，随迁子女的教育机会越多，但不同教育阶段其影响不同，不同类型资本的影响也存在差异，其中文化资本的影响力度最大，其次为社会资本，经济资本影响力度最小。② 但是本书研究发现，家庭资本在随迁子女初中后就学机会的影响并不大，父母的文化水平、职业状况等对子女升学机会无显著影响，也就是说，农民工作为弱势群体，其家庭资本对抗制度和结构性因素的能力弱，基本无法突破束缚，给子女带来升学机会。另外，在模型 5 中发现，农民工家庭的迁徙类型不影响随迁子女初中后教育机会，省内流动的升学机会并不高于跨省流动的随迁子女。但是在分析政策设计后，可以看到政策门槛中的“内外差异”明显。在模型 2 中，流动类型对升学机会有显著影响，而在纳入流入地行政级别后，这个影响消失，笔者认为可能的原因是在京、沪直辖市等地，人口流入众多，随迁子女初中后升学需求强烈，但是其行政区划只有“市”内外之分。

---

① 在模型中，生成区域和城市类型的交互项纳入，但是模型不显著。

② 谢永飞、杨菊华：《家庭资本与随迁子女教育机会：三个教育阶段的比较分析》，《教育与经济》2016 年第 3 期。

三 升学机会与农民工子女初中后打算

农民工随迁子女在城市接受完初中教育通常面临着四种选择：留城念高中或中职；留城就业；回原籍念高中或中职；回原籍就业。有研究发现，当前农村初中学生初中后倾向于接受普通高中教育，而就读中等职业学校的意愿低；[①] 参加高考是学生选择普通高中的最主要目的[②]。随迁子女在初中后又是何种打算？

CEPS 调查显示：9 年级随迁子女初中后打算中，“在本市（地级市）读高中”的占比 56.11%，“回老家读高中”的占比 8.46%，“到其他地方读高中”的占比 5.64%，“在本市读职业高中/中专/技校”的占比 20.13%，“到其他地方读职业高中/中专/技校”的占比 4.97%，“直接工作”的占比 2.42%，“其他”的占比 2.28%。不论“在本市（地级市）读高中”“回老家读高中”还是“到其他地方读高中”，总归有 70.21% 的随迁子女希望继续读高中，该群体初中后读高中的意愿强烈。

比较 9 年级学生和家长的初中后打算发现，家长打算子女在“本地（地级市）读高中”的比例高于“回老家读高中”，“其他”与“直接工作”两项比例非常接近，可以看到，在 9 年级的父母和子女在初中后出路问题上，进行了一定的沟通和交流，有比较一致的安排。

再看 7 年级家长的打算，他们更倾向让孩子读高中。在 7 年级家长中，打算让孩子“回老家读高中”的比例比 9 年级家长高近 6 个百分点，“到其他地方读高中”的比例也稍稍高出 9 年级家长的打算比例；而打算让孩子“读职业高中/中专/技校”的比例则比 9 年级家长低 8 个百分点，让孩子“直接工作”的比例也比 9 年级家长稍微低些见表 5－5。

---

① 黄斌、徐彩群、姜晓燕：《中国农村初中学生接受中职教育的意愿及其影响因素》，《中国农村经济》2012 年第 4 期。

② 苏丽锋、孙志军、李振宇：《高中阶段教育选择影响因素研究——基于高中与中职在校学生的调查分析》，《清华大学教育研究》2016 年第 4 期。

表5-5 农民工及随迁子女初中后打算

（人；%）

	9年级学生		9年级家长		7年级家长	
	频数	百分比	频数	百分比	频数	百分比
在本市（地级市）读高中	418	56.11	471	64.26	689	64.33
回老家读高中	63	8.46	62	8.46	151	14.10
到其他地方读高中	42	5.64	34	4.64	63	5.88
在本市读职业高中/中专/技校	150	20.13	125	17.05	99	9.24
到其他地方读职高/中专/技校	37	4.97	19	2.59	28	2.61
直接工作	18	2.42	18	2.46	17	1.59
其他	17	2.28	4	0.55	24	2.24
合计	745	100.00	733	100.00	1071	100.00

可以看到，家长及学生更倾向于初中后就读普高。原因是多方面的，比如高校扩招，高考录取率升高，读普高比读中职有更多升学机会；普高毕业生就业适应性强，劳动力市场对其认可度高，其持续收益高于职高生；职高技校收费并轨，学费高于普通高中，且不再包分配，成本和产出比降低等多方面的原因。①

那么，初中后升学机会是否会影响随迁子女初中后打算？将初中后教育机会分成“能在本市（地级市）读高中”和“不能在本市（地级市）读高中”两类，比较发现，初中后教育机会很大程度上影响农民工及其子女初中后打算。在随迁子女中，“不能在本市（地级市）读高中”中有34.33%的希望留在本市（地级市）读高中，而“能在本市（地级市）上高中”的打算比例是70.55%；“不能在本市（地级市）读高中”中有11.67%想“回老家读高中”，有29.33%想在“本市读职业高中/中专/技校”，有9.00%准备去“其他地方读职业高中/中专/技校”，“能在本市（地级市）上高中”的随迁子女中想“读职业高中/中专/技校”的仅有16.2%，远远低于“不能在本市（地级市）读高中”的38.3%。另外，“不能在本市（地级市）读高中”有4.33%打算初中后“直接工作”，而这

① 张力跃：《中等职业教育困境：从农民为子女进行职业教育选择的视角分析》，《职业技术教育》2009年第34期。

个比例在“能在本市（地级市）读高中”的随迁子女中仅占比1.14%。

再看农民工对子女初中后打算，接近80.0%的随迁如果子女有机会在本地读高中，就会让孩子留在本市（地级市）上学，有42.86%的即使没有机会在本地上学，也要想办法让孩子留在本地读高中；可以在本地上学的家长只有1.14%的会让孩子直接工作，不能在本市（地级市）上学的家长中有4.33%会让孩子直接参加工作。教育机会对农民工及其子女的未来打算有着显著影响见表5－6。

表5－6　学生/家长初中毕业后的打算

（人；%）

	本市（地级市）读高中	回老家读高中	其他地方读高中	本市读职业高中/中专/技校	其他地方读职业高中/中专/技校	直接工作	其他	合计
不能	34.33	11.67	8.67	29.33	9.00	4.33	2.67	300
能	70.55	6.39	3.65	13.93	2.28	1.14	2.05	438
$\chi^2=100.1744$　　P＝0.000								
	在本市（地级市）读高中	回老家读高中	到其他地方读高中	本市读职业高中/中专/技校	其他地方读职业高中/中专/技校	直接工作	其他	合计
不能	42.86	12.50	8.21	27.50	3.21	5.00	0.71	280
能	78.57	6.190	2.62	9.29	1.90	0.95	0.48	420
$\chi^2=97.5269$　　P＝0.000								

对随迁子女的初中后打算进行重新归类①，分成读高中、读职高技校、工作及其他三类，以其作为因变量，教育机会作为自变量，农民工子女自身状况、家庭状况等作为控制变量，进行多元logistics回归分析。

可以看到农民工子女初中后是选择是上高中还是职高技校受认知能力测试标准化得分、自身教育期望、迁徙类型以及初中后升学机会的影响；性别、

① 在本市（地级市）读高中、回老家读高中和到其他地方读高中为“读高中”＝1，本市读职业高中/中专/技校、其他地方读职业高中/中专/技校为“读职高技校”＝2，直接工作和其他合并为“工作及其他”＝3。

迁徙时间、成绩自评以及家庭经济状况等对其无显著影响。认知能力测试标准化得分越高的随迁子女，越会选择读高中，得分高者选择读职高技校的几率是得分低者的0.64倍；对自己教育期望越高的随迁子女，越倾向选择读高中，相较于读高中，自己教育期望高者选择读职高技校的几率是自己教育期望低者的0.74倍；省外随迁的随迁子女更多选择读职高技校，相较于读高中，其选择读职高技校的几率是省内随迁的2.35倍；政策上升学机会"普高重高都不能报"的随迁子女更多选择读职高技校，相较于读高中，其选择读职高技校的几率是能报重点高中的2.79倍。

随迁子女初中后是选择读高中还是工作及其他？性别、迁徙年龄、转学次数、认知能力标准化得分、成绩自评等对其有显著影响；自己教育期望、同伴状况、家庭经济状况、迁徙类型、政策升学机会等则无显著影响。男性随迁子女更多选择直接参加工作，其选择参加工作的几率是女性的2.75倍；随迁时年龄大的，选择直接工作的几率是随迁是年龄小的1.1倍；转学次数多的，选择直接参加工作的几率是转次数少的1.46倍；认知能力测试标准化得分高的选择直接工作的几率是低的0.47倍，成绩自评好的，选择直接工作的几率是成绩自评差的0.38倍见表5－7。

表5－7　农民工子女初中后教育选择（以上高中为参照）

	读职高技校	工作及其他
性别	0.321 (0.26)	1.013* (0.56)
迁徙时间	0.036 (0.03)	0.092* (0.05)
转学次数	－0.139 (0.12)	0.378** (0.17)
认知能力标准化得分	－0.454*** (0.18)	－0.749** (0.37)
成绩自评	－0.224 (0.14)	－0.979*** (0.28)
同伴状况	0.093 (0.11)	－0.310 (0.23)

续表

	读职高技校	工作及其他
自己教育期望	-0.302*** (0.05)	-0.068 (0.09)
家庭子女数	-0.010 (0.18)	-0.220 (0.39)
母亲文化水平	-0.028 (0.05)	0.030 (0.10)
父亲文化水平	-0.077 (0.07)	0.007 (0.15)
母亲职业	-0.510 (1.15)	1.865 (1.45)
父亲职业	0.278 (0.57)	-0.198 (1.30)
家庭经济状况	-0.038 (0.25)	0.432 (0.53)
省外随迁 （省内随迁为参照）	0.855*** (0.29)	-0.249 (0.58)
只能考普高 （重高为参照）	-0.442 (0.40)	0.094 (0.85)
重高普高都不能报	1.026** (0.43)	1.488 (0.95)
不知道	0.294 (0.31)	0.695 (0.65)
cons	3.834*** (1.35)	-1.797 (2.77)
LR chi2（34） = 162.19 Prob > chi2 = 0.0000	Log likelihood = -253.50429 Pseudo R^2 = 0.2424	N = 485

第二节　升学机会与农民工子女教育期望

有研究认为，异地高考政策对农民工子女的身份认同、心理融合和文化融合均有显著影响，该政策通过影响随迁子女心理资本促进其社会融入。[①] 教育期望被证明是有效且稳定的预测教育获得以及地位获得的指标，教育期望的差异在一定程度上可以反映教育获得的差异。[②] 对于农民工家庭而言，教育期望因为受流入地教育政策的影响，而并不一定能转化成现实的受教育机会。随迁子女是否会因为政策条件而改变自己的教育期望？接下来讨论随迁子女的“理想—教育期望”和“现实—升学机会”的问题。

一 农民工子女教育期望状况

国内研究发现，在教育领域内“望子成龙，望女成凤”仍然是中国社会较为普遍的现象。但是在农村初中生中，教育期望呈现“低教育期待、低教育预期”、“高教育期待，低教育预期”、“高教育期待、高教育预期”的分化。[③] CEPS 对农民工及其子女的教育期望进行调查，发现不论是农民工家长还是子女都有很高的教育期望。随迁子女中教育期望是“大专及以上学历”的占比 75.36%，父母中该比例是 79.22%，子女感知到父母期望“大专及以上学历”的占比 68.11% 见表 5－8。

表 5－8 农民工及其子女的教育期望

（人；%）

子女	频数	有效	子女感知父母期望	频数	有效	父母	频数	有效
现在就不念	2	0.24	现在不念	4	0.47	现在不念	5	0.62
初中毕业	19	2.24	初中毕业	12	1.42	初中毕业	8	0.98
中专/技校	51	6.01	中专/技校	45	5.31	中专/技校	52	6.40
职业高中	26	3.07	职业高中	32	3.78	职业高中	26	3.20

① 吕慈仙：《异地高考政策如何影响进城务工人员随迁子女的社会融入》，《探索与争鸣》2017 年第 4 期。

② 吴愈晓：《中国城乡居民的教育机会不平等及其演变（1978－2008）》，《中国社会科学》2013 年第 3 期。

③ 严骏夫：《文化生产视域下农村初中生教育期望研究——基于河南省调查数据的实证分析》，硕士学位论文，华东理工大学，2015 年。

续表

子女	频率	有效	子女感知父母期望	频率	有效	父母	频率	有效
普通高中	75	8.84	普通高中	145	17.12	普通高中	78	9.59
大学专科	129	15.21	大学专科	119	14.05	大学专科	113	13.90
大学本科	323	38.09	大学本科	354	41.79	大学本科	309	38.01
硕士研究生	113	13.33	硕士研究生	60	7.08	硕士研究生	95	11.69
博士研究生	74	8.73	博士研究生	44	5.19	博士研究生	127	15.62
无所谓	36	4.25	无所谓	32	3.78			
合计	848	100.00	合计	847	100	合计	813	100.00

对父母教育期望、子女教育期望、子女对父母期望的感知进行相关分析发现，三者之间两两中度相关，父母期望与子女期望间相关系数为0.5345，父母期望与子女对父母期望感知间相关系数为0.5380，子女期望和子女对父母期望感知相关系数为0.6543，也就是说，父母期望很大程度上影响子女的教育期望，子女在感知到父母教育期望后能转化成自己的教育期望见表5－9。

表5－9 农民工子女教育期望和父母教育期望相关性分析

	父母教育期望	子女教育期望	子女对父母期望感知
父母教育期望	1		
子女教育期望	0.5345***	1	
子女对父母期望感知	0.5380***	0.6543***	1

从前面两节的分析可以看到，农民工随迁子女初中后城市就读有机会，但是也面临着一系列的障碍。教育机会不同，随迁子女的教育期望是否存在差异？比较发现，初中后报考机会对随迁子女教育期望有显著影响。“可以报考重点高中”者其“上大学本科及以上”的期望明显高于“只能报考普高”者；“只能报考普通高中”者，其教育期望为“大专”的比例高于“能报考重点高中”者；“重高普高都不能报”的随迁子女，其“上大学本科及以上”的比例要低于有报考机会者；“不知道”自己能否在当地升学者，学业期望在

“初中及以下”和“无所谓”的比例最高。因为这些随迁子女对自己的学业没有期待，因而对升学机会没有关注。父母对子女的学业期望分布状况与子女类似，同样受到教育机会的显著影响见表5－10。

表5－10　升学机会与教育期望

子女	初中及以下	中专、职高、高中	大专	大学本科	硕士研究生	无所谓	合计
能报考重点高中	0.58	11.27	12.14	41.62	31.79	2.60	346
只能报考普通高中	3.60	22.52	21.62	39.64	10.81	1.80	111
重高普高都不能报	1.35	21.62	14.86	35.14	24.32	2.70	74
不知道	5.04	22.69	16.81	33.61	14.29	7.56	238
Pearson chi2（15）＝72.1199　P＝0.000　n＝769							
能报考重点高中	0.30	12.69	8.46	42.90	35.65		331
只能报考普通高中	0.94	25.47	18.87	33.96	20.75		106
重高普高都不能报	1.37	26.03	12.33	39.73	20.55		73
不知道	2.70	24.32	19.82	33.33	19.82		222
Pearson chi2（12）＝54.9611　P＝0.000　n＝732							

二　升学机会与教育期望

教育期望的影响因素研究认为，父母参与、父辈教育期待、亲子分离状态、学校社会资本（学校水平、学校氛围）等通过“价值影响”和“支持影响”等方式影响学生的教育期望[①]，相比之下，家庭环境的影响更为关键[②]：家庭经济水平对教育期望有负向影响，而文化资本影响为正，家庭文化资本是教育代际传递的主要方式。[③] 户籍制度和城市化进程也影响农民工子女的教

① 严骏夫：《文化生产视域下农村初中生教育期望研究——基于河南省调查数据的实证分析》，硕士学位论文，华东理工大学，2015年。

② 丁百仁、王毅杰：《教育期望的户籍差异——基于四类儿童的比较研究》，《教育科学》2016年第5期。

③ 杨习超等：《家庭社会地位对青少年教育期望影响研究——基于CEPS 2014调查数据的实证分析》，《中国青年研究》2016年第7期。

育期望。研究发现，教育期望受到户籍的显著影响，主要表现为城乡差异，而非内外之别。[①] 进城务工农民家庭期望子女完成高等教育的概率比非进城家庭高出 12.13%；[②] 父母进城务工对子女教育期望的提升作用在西部地区最大，东部次之，而中部不显著；[③] 进城务工带来了父亲收入水平提高，进而改变子女的教育期望；低收入组的进城务工行为对子女教育期望影响最大，农民工家庭对子女教育期望的差距随收入的提高而缩小。[④] 教育政策影响下的升学机会是否会随迁子女教育期望产生影响？为了分析升学机会对随迁子女教育期望（受教育年限）的影响，在线性回归模型 1—模型 3 中，分别纳入随迁子女个人特征、家庭状况和升学机会进行分析，在模型 4 中则纳入所有变量。

在模型 1 可以看到，随迁子女的性别、迁徙年龄、转学次数、认识能力、成绩自评等都对教育期望有显著影响；以农民工子女个人特征对其教育期望进行预测，可以消减 18% 的误差。在模型 2 中看到，家庭子女数、父母文化水平以及家庭经济状况的影响并不显著，但流动类型和父母教育期望有较大影响，以家庭状况和父母教育期望预测随迁子女教育期望能消减 32.58% 的误差。在模型 3 中，“只能考普高”“重高普高都不能报”以及“不知道”是否能升学的随迁子女其教育期望较“能在当地报考重点高中”的随迁子女低。以升学机会进行预测则能消减 6.99% 的误差。

在模型 4 中，父母教育期望对子女的教育期望影响最大，其次是流动类型的影响，跨省流动随迁子女教育期望比省内流动的要低；再次是报考机会，“只能考普高”的随迁子女教育期望比“能在当地报考重点高中”的要低；最后才是学业成绩的影响，成绩越好的随迁子女，教育期望越高；母亲文化水平正向水平影响子女教育期望。以模型 4 预测子女教育期望能消减 37.52%

---

① 丁百仁、王毅杰：《教育期望的户籍差异——基于四类儿童的比较研究》，《教育科学》2016 年第 5 期。

② 叶静怡等：《农民进城务工与子女教育期望——基于 2010 年中国家庭追踪调查的实证分析》，《经济科学》2017 年第 1 期。

③ 宋映泉等：《农村初中生的分流意向、教育选择及影响因素》，《北京大学中国教育财政科学研究所科研简报》2011 年第 5 期。

④ 叶静怡等：《农民进城务工与子女教育期望——基于 2010 年中国家庭追踪调查的实证分析》，《经济科学》2017 年第 1 期。

的误差。在模型4中，原本模型1中显著的性别、迁徙时间等都变得不显著，而成绩自评依旧显著，笔者认为这可能和升学机会一方面受政策条件影响；另一方面也受孩子自身成绩影响所致。一些成绩差的孩子虽然政策条件上可以在流入地报考高中，但是学校会通过提前招考，让其参加职业技术学校的招生，而不参加升学考试；相反，成绩优异的学生则会有一些其他升学途径见表5－11。

表5－11　教育机会与农民工随迁子女教育期望

	模型1	模型2	模型3	模型4
性别	－0.378* （0.21）			－0.146 （0.22）
迁徙时间	0.034* （0.02）			0.008 （0.02）
转学次数	－0.210** （0.09）			－0.138 （0.09）
认知能力	0.540*** （0.13）			0.045 （0.15）
成绩自评	0.983*** （0.10）			0.558*** （0.12）
家庭子女数		0.019 （0.15）		0.095 （0.17）
母亲文化水平		0.038 （0.04）		0.074* （0.05）
父亲文化水平		－0.037 （0.06）		－0.090 （0.06）
家庭经济状况		0.081 （0.18）		0.081 （0.19）
跨省流动 （省内流动为参照）		－0.625*** （0.21）		－0.850*** （0.23）
父母教育期望		1.013*** （0.06）		0.881*** （0.07）
只能考普高 （重高为参照）			－1.757*** （0.33）	－0.786** （0.32）

续表

	模型 1	模型 2	模型 3	模型 4
重高普高都不能报			-0.980** (0.39)	0.392 (0.40)
不知道			-1.803*** (0.26)	-0.260 (0.27)
cons	12.990*** (0.37)	9.182*** (0.83)	16.730*** (0.16)	8.859*** (1.00)
Adj R^2	0.1827	0.3258	0.0699	0.3752
n	763	574	738	498

第三节 升学机会与农民工子女职业期望

职业期望（Occupational aspiration）指的是人们在正式进入劳动力市场之前对未来职业的意向①。威斯康星地位获得模型提出，职业期望是影响教育获得和成人后的职业地位获得的重要因素，职业期望提供了评估家庭和学校对个体在从儿童向成人过渡时期关于未来取向的累积效应，回答了家庭优势传递给子女的方式和程度②。戈特弗雷德森（Gottfredson）③将职业期望发展分为四个阶段，其中9—13岁儿童的职业期望是性别角色和职业地位共同作用的结果，这一年龄段儿童在职业取向中会考虑职业的社会经济地位，以及是否与性别角色相符。

李汪洋、谢宇利用2010年中国家庭追踪调查数据，考察中国儿童及青少年的职业期望发现，我国儿童及青少年的职业期望存在显著的性别分化；女孩的职业期望十分集中，男孩的职业选择更加多元化；女孩职业期望的平均

① William H. Sewell, Archie O. Haller and Murray A. Straus, "Social Status and Education and Occupational Aspiration", *American Sociological Review*, Vol. 22, No. 1, February 1957, pp. 67 – 73.

② Margaret Mooney Marini, "Sex Differences in the Determination of Adolescent Aspirations: A Review of Research", *Sex Roles*, Vol. 4, No. 5, October 1978, pp. 723 – 753.

③ Gottfredson & Linda S., "Circumscription and Compromise: A Developmental Theory of Occupational Aspirations", *Journal of Counseling Psychology Monograph*, Vol. 28, No. 6, November 1981, pp. 545 – 579.

社会经济地位和声望水平高于男孩；女孩的职业期望趋向女性化，男孩的职业期望偏向男性化；女孩比男孩更看重一份工作是否受人尊重以及助人、为社会服务的作用，赚钱是男孩更加在意的。[①] 汤美娟对城乡儿童职业期望对比研究发现，城市中上阶层儿童的职业期望表现出目标类型多样、图景清晰、实现计划具体以及动机重游戏性等特征；流动儿童受其所处社会阶层的惯习力量影响，其职业期望呈现类型单一、图景模糊、实现计划笼统以及动机重实用性等特征。职业期望将影响他们的行为，进一步巩固其底层位置。[②] 职业期望作为随迁子女精神世界的一部分，是理解其底层生存状态及社会地位“再生产”的重要“窗口”，也是考察社会分层和流动的一个重要议题。接下来将重点讨论随迁子女的职业期望状况，以及升学机会对职业期望的影响。

一　农民工子女职业期望状况

CEPS 调查显示，有 20.33% 的农民工随迁子女希望成为“教师，工程师，医生，律师”；19.03% 的职业期望是“企业/公司管理人员”；12.17% 的希望成为“设计师”；还有 4.73% 的表示希望成为“技术工人”；9.22% 的表示“无所谓”。从父母的期望来看，父母对子女的职业期望最高的是子女能成为“教师，工程师，医生，律师”，占比 29.38%；其次是“国家机关事业单位领导与工作人员”，占比 22.89%，再次是“企业/公司管理人员”，占比 16.65%；而随迁子女对父母对其职业期望的感知中，最高的是“不知道”，占比 28.05%，其次是“教师，工程师，医生，律师”，占比 23.36%，再次是“企业/公司管理人员”，占比 11.97%。可以看到，农民工子女对自己未来的职业有一定的憧憬，希望自己长大能有好的工作；随迁子女与其父母对他的职业期望存在一定差异，子女对自身的职业期望更具有多样性，而父母的职业期望则更符合社会对“好工作”的判断；另外，子女对父母的职业期望感知与父母的期待差异则更大。相较于子女对父母对其自身教育期望的感知，子女对父母职业期待的感知度要低，一致性也更差，这也是目前中国父母中存在的一个普遍现

① 李汪洋、谢宇：《中国儿童及青少年职业期望的性别差异》，《青年研究》2016 年第 1 期。

② 汤美娟：《贫困的理想：流动儿童职业期望的惯习形塑》，《教育学术月刊》2015 年第 7 期。

象——对子女"重学历期待，而轻职业想象"见表5－12。

表5－12　农民工及子女职业期望

子女职业期望			子女感知父母职业期望			父母对子女职业期望		
	N	%		N	%		N	%
国家机关事业单位领导与工作人员	85	10.05	国家机关事业单位领导与工作人员	99	11.62	国家机关事业单位领导与工作人员	187	22.89
企业/公司管理人员	161	19.03	企业/公司管理人员	102	11.97	企业/公司管理人员	136	16.65
科学家，工程师	53	6.26	科学家，工程师	23	2.7	科学家，工程师	41	5.02
教师，工程师，医生，律师	172	20.33	教师，工程师，医生，律师	199	23.36	教师，工程师，医生，律师	240	29.38
设计师	103	12.17	设计师	28	3.29	设计师	39	4.77
艺术表演类人员	57	6.74	艺术表演类人员	11	1.29	艺术表演类人员	10	1.22
专业运动员	23	2.72	专业运动员	8	0.94	专业运动员	4	0.49
技术工人	40	4.73	技术工人	30	3.52	技术工人	39	4.77
其他	74	8.75	其他	43	5.05	其他	38	4.65
无所谓	78	9.22	无所谓	70	8.22	无所谓	83	10.16
			不知道	239	28.05			
合计	846	100.00	合计	852	100.00	合计	817	100.00

二　教育机会与农民工子女职业期望

初中后的升学机会是否会影响农民工子女的职业期望？以职业期望为因变量，控制子女自身状况和家庭状况，纳入就读机会进行多元logistic分析。①

① 对职业期望进行重新归类，将"国家机关事业单位领导与工作人员"，"企业/公司管理人员"归为"管理人员"；"科学家，工程师"，"教师，医生，律师"，"设计师"归为"专业技术人员"，"艺术表演类人员"，"专业运动员"归为"体育演艺人员"，"技术工人"和"其他"归为"工人"。

分析发现，性别、迁徙时间、认知能力、成绩自评、升学机会等对职业期望有显著影响，而转学次数、家庭子女数、母亲文化程度等则无显著影响。

性别影响随迁子女的职业期望，相较于专业技术人员，男生选择管理人员的几率是女生的2.8倍、选择工人的几率是女生的3.88倍，男生对自己的未来规划选择“无所谓”的几率是女生的3.76倍。认知能力越高的随迁子女，相较于选择专业技术人员，其选择“体育演艺人员”和“无所谓”的几率是认知能力低的1.44倍和1.48倍；成绩自评好的，选择“工人”和“无所谓”的几率是成绩自评差的0.73倍和0.66倍；父亲的文化水平越低的随迁子女，其倾向于选择“体育演艺人员”的几率是父亲文化水平高的0.85倍；家庭经济状况越差，子女越倾向于选择工人，家庭经济状况好的随迁子女选择工人的几率是家庭经济状况差的0.61倍；省外随迁子女其选择工人的几率是省内随迁的0.99倍；在升学机会的影响上，只能考普高的随迁子女，其选择工人的几率比“能考重高”的要高；只能考普高的，比能考重高的更多选择“无所谓”；“不知道”能否当地报考的农民工子女，其选择“无所谓”的是“能考重高”的随迁子女的2.42倍。随迁子女的职业期望受个人、家庭等多方面因素的影响，初中后当地升学机会对其职业期望有一定的影响，升学机会越多，职业期望越积极见表5－13。

表5－13 升学机会与职业期望（以专业技术人员为参照）（n＝532）

	管理人员	体育演艺人员	工人	无所谓
性别	1.038*** (0.23)	−0.050 (0.34)	1.356*** (0.31)	1.324*** (0.36)
迁徙时间	0 (0.02)	−0.029 (0.03)	−0.070** (0.03)	−0.025 (0.04)
转学次数	−0.088 (0.10)	0.143 (0.13)	0.058 (0.12)	0 (0.14)
认知能力	0.008 (0.15)	0.365* (0.22)	−0.120 (0.20)	0.392* (0.23)
成绩自评	0.087 (0.12)	−0.261 (0.16)	−0.314** (0.15)	−0.413** (0.17)

续表

	管理人员	体育演艺人员	工人	无所谓
家庭子女数	0.057 (0.17)	0.083 (0.24)	-0.051 (0.25)	0.060 (0.27)
母亲文化水平	0.044 (0.04)	0.024 (0.06)	0.068 (0.06)	0.121 (0.08)
父亲文化水平	-0.089 (0.06)	-0.166* (0.08)	-0.063 (0.08)	-0.107 (0.09)
家庭经济状况	-0.073 (0.20)	-0.413 (0.26)	-0.503** (0.26)	-0.355 (0.31)
省外随迁 (省内随迁为参照)	-0.323 (0.24)	-0.150 (0.33)	-0.884*** (0.34)	0.038 (0.38)
只能考普高 (重高为参照)	-0.386 (0.32)	-0.575 (0.46)	-1.080** (0.49)	-2.004* (1.06)
重高普高都不能报	0.062 (0.42)	-0.745 (0.69)	0.692 (0.50)	0.710 (0.59)
不知道	0.061 (0.27)	-0.360 (0.40)	-0.496 (0.38)	0.886** (0.40)
cons	-0.204 (0.95)	2.068 (1.27)	1.613 (1.23)	-0.183 (1.45)

本章小结

本章就农民工子女升学机会和未来期望进行讨论，发现：农民工子女初中后城市升学机会有限，家庭因素、个人学业成绩、转学次数、就读学校类型以及流入地区域类型等多重因素影响随迁子女初中后升学机会；公办学校就读、省内随迁、流入地所属行政级别越低，随迁子女初中后获得城市教育的机会越多。农民工子女初中后城市升学意愿强烈，升学意愿受政策上升学机会的影响：有在本市（地级市）就读机会的随迁子女，有70.0%以上的人愿意留在本地读。初中后教育选择上，教育期望越高、认知能力越高、成绩自评越好者越倾向于选择读高中；跨省随迁、升学机会少的随迁子女更多选择读职高技校；男生、大龄随迁、转学次数越多的，越倾向于参加工作及其他。初中后教育机会影响随迁子女的学业期望和职业期望：在当地升学机会越多的随迁子女，其教育期望越高；“教师，工程师，医生，律师”是随迁子女最向往的职业，升学机会影响职业期望，升学机会越多，职业期望越积极。

第六章　农民工子女初中后教育获得状况

作为九年义务教育全国普及的结果，农村（户口）孩子获得的初中教育的机会相对增加了，高中教育升学机会的城乡差距却在扩大。[①] 高中教育属于非义务教育，目前学术界对农民工子女初中后教育中的辍学等问题关注得并不多。在分析了农民工子女城市教育期望、城市教育机会之后，本章主要采用2013年流动人口监测数据对农民工子女教育获得状况及影响因素进行分析，其中重点分析农民工子女初中后的教育获得状况以及辍学等状况。

第一节　农民工家庭结构与随迁子女在学状况

资源稀释理论认为，家庭结构影响子女教育获得，尤其是家庭中子女的数量对子女教育获得有重要影响。本节在分析农村家庭结构的基础上，基于资源稀释理论对家庭结构和农民工家庭子女教育获得问题展开分析。

一　农民工家庭结构

在实行计划生育政策后，由于农村社会保障体系的匮乏，农村各地政策实施的力度也有差异，大多数农村地区实施的并不是严格的“一胎化政策”，而是“一胎半”政策，即允许农村夫妇在第一胎为女孩的情况下生第二胎。受生育政策的影响，生育率上城乡存在显著差异：城市中35—39岁年龄组的妇女中，育有2个子女的占比32%，3个及以上子女的占比1.6%；而农村相同年

---

① 吴晓刚：《1990—2000年中国的经济转型、学校扩招和教育不平等》，《社会》2009年第5期。

龄组的妇女中，育有 2 个子女的占比 75.9%，3 个及以上子女的占比 16%。[①]

监测数据对已婚已育农民工家庭结构的调查发现，农民工家庭以一个孩子和两个孩子为主，一个孩子的占比 52.90%，两个孩子的占比 40.70%，即 93.60% 的农民工家庭是 1—2 个孩子；有少部分（5.53%）的农民工家庭有三个孩子，有 4 个及以上孩子的占比 0.86% 见表 6 – 1。

表 6 – 1 农民工家庭子女数量

（个；%）

子女数量	频率	百分比
1	63586	52.90
2	48927	40.70
3	6649	5.53
≥4	1038	0.86
合计	120200	100.00

在农民工子女的性别分布上，一孩和二孩男女比例中男孩略高，但是三孩中，男孩比例均超过了 60%；在居住状况上，大部分农民工子女居住在非户籍地，一孩中只有 31.05% 居住在户籍地，二孩中有 29.31%，三孩中有 26.71%；在出生地上，一孩中有 80.31% 的出生在户籍地，在父母流入地出生的占比 16.42%；老二中有 71.56% 的出生在户籍地，在父母流入地出生的占比 24.24%；老三中有 71.58% 的出生在户籍地，在父母流入地出生的占比 22.4%，即大部分农民工子女在户籍地出生，到了一定年龄随着父母向外迁徙见表 6 – 2。

从农民工子女的年龄来看，农民工子女年龄均值为在 11.2 岁至 12.8 岁之间，30% 左右的农民工子女处于学龄前；近 50% 处于 6—18 岁学龄阶段，26 岁以上的比例较低，人数较少见表 6 – 3。

① 张玮：《现实生育水平与意愿生育水平的差异研究——基于河南省城乡居民的调查数据》，《福建江夏学院学报》2015 年第 3 期。

表 6－2　农民工家庭子女状况

（个；%）

		频数	百分比			频数	百分比
老大情况				老二情况			
性别	女	55039	45.79	性别	女	23696	41.88
	男	65158	54.21		男	32891	58.12
出生地	本地	19732	16.42	出生地	本地	13715	24.24
	户籍地	96529	80.31		户籍地	40491	71.56
	其他地方	3936	3.27		其他地方	2381	4.21
现居住地	本地	74089	61.64	现居住地	本地	35893	63.43
	户籍地	37322	31.05		户籍地	16584	29.31
	其他地方	8633	7.18		其他地方	4061	7.18
	死亡	153	0.13		死亡	49	0.09
老三情况		频数	百分比	老三情况		频数	百分比
	女	2806	36.53	现居住地	本地	4829	62.86
	男	4876	63.47		户籍地	2052	26.71
出生地	本地	1721	22.40		其他地方	794	10.34
	户籍地	5499	71.58		死亡	7	0.09
	其他地方	462	6.01				

表 6－3　农民工子女年龄状况

	n	均值	标准差	最小值	最大值
老大	120197	12.684	8.028	0	43
老二	56587	11.184	7.887	0	42
老三	7682	12.815	7.929	0	40

年龄分段统计

	0—5 岁		6—18 岁		19—25 岁		26 岁以上		合计
	频数	%	频数	%	频数	%	频数	%	
老大	27892	23.21	61643	51.28	22524	18.74	8138	6.77	120197
老二	17023	30.08	27544	48.68	9287	16.41	2733	4.83	56587
老三	1755	22.85	3784	49.26	1713	22.30	430	5.6	7682

二 随迁子女总体在学状况

对农民工随迁子女的在学状况进行分析，发现，农民工子女中一孩中有65.07%的在学，二孩中有61.05%的在学，三孩中61.19%的在学见表6－4。

表6－4 农民工随迁子女在学状况

		频数	%			频数	%
老大在学情况	在学	48210	65.07	老三在学情况	在学	2955	61.19
	不在学	25879	34.93		不在学	1874	38.81
老二在学情况	在学	21911	61.05				
	不在学	13978	38.95				

在学的农民工随迁子女学业阶段主要集中在小学阶段和幼儿园阶段。一孩中有45.49%的在上小学，23.01%的在上幼儿园，二孩中有50.78%的在上小学，26.97%的在上幼儿园；三孩中有51.50%的在上小学，22.56%的在上幼儿园。从就学的学校性质来看，无论家庭子女数量多少，以及出生顺序如何，农民工子女就读以公办学校为主，在公办学校就读的占比70%以上（见表6－5）。

表6－5 农民工随迁子女在学状况

（个；%）

老大	在学状况	频数	百分比	老二	在学状况	频数	百分比
学校类型	幼儿园	11056	23.01	学校类型	幼儿园	803	26.97
	小学	21858	45.49		小学	10927	50.78
	初中	8701	18.11		初中	3001	13.95
	高中	4310	8.97		高中	1134	5.27
	中专/职高	934	1.94		中专/职高	272	1.26
	大专及以上	1187	2.47		大专及以上	382	1.78
学校性质	公立	36609	75.95	学校性质	公立	16381	74.78
	私立	10607	22.01		私立	5028	22.95
	打工子弟	984	2.04		打工子弟	497	2.27

续表

老三	在学状况	频数	百分比			频数	百分比
学校类型	幼儿园	534	22.56	学校性质	公立	2263	76.58
	小学	1219	51.50		私立	625	21.15
	初中	380	16.05		打工子弟	67	2.27
	高中	145	6.13				
	中专/职高	44	1.86				
	大专及以上	45	1.90				

三　农民工子女迁徙状况与就读状况

分析父母流动范围和在读子女的现居地发现，一孩家庭跨省流动的父母更多将孩子留在户籍地成为留守儿童，其比例高达42.58%，省内跨市和市内跨县的流动父母更多将孩子带在身边，一起迁徙，子女留在户籍地的比例分别为22.66%和19.08%。如果有二孩，跨省流动的父母将子女留在户籍地的比例高达39.35%，省内跨市和市内跨县的流动父母则更多将孩子带在身边，子女留在户籍地的比例分别为21.36%和19.02%。在三孩及以上多孩家庭，父母带这些孩子一起迁徙的比例同样存在跨省流动低于省内跨市、市内跨县的状况，与此同时，流动人口家庭将幼子带在身边的比例是孩子越小，父母将其带在身边的比例越高。检验发现，父母流动类型对不同数量子女的农民工家庭是否带子女迁徙均有显著影响（见表6－6）。

表6－6　父母流动类型与在读子女随迁状况

（%）

		本地	户籍地	其他地方	n
老大	跨省流动	54.65	42.58	2.77	39003
	省内跨市	73.35	22.66	3.99	21727
	市内跨县	75.78	19.08	5.14	14390
	合计	64.11	32.32	3.57	75120
$\chi^2=4000$　P＝0.000					

续表

		本地	户籍地	其他地方	n
老二	跨省流动	58.12	39.35	2.53	18476
	省内跨市	74.56	21.36	4.08	9061
	市内跨县	75.89	19.07	5.03	5820
	合计	65.69	30.93	3.39	33357
$\chi^2=1400$ P=0.000					
		本地	户籍地	其他地方	n
老三	跨省流动	60.82	35.48	3.71	2348
	省内跨市	75.24	18.24	6.52	1349
	市内跨县	74.74	17.52	7.74	685
	合计	67.43	27.36	5.20	4382
$\chi^2=177.80$ P=0.007					

近年来，我国农民工随迁子女公办学校就读的格局已经形成，这从调查中也得到充分的体现。调查显示，74%以上的随迁子女就读于公立学校；比较发现，市内跨县流动的农民工，其子女就读公办学校的比例最高，其次是省内跨市流动的随迁子女；相比较省内跨市和市内跨县流动而言，跨省流动的随迁子女就读在打工子弟学校的比例较高。父母的迁徙类型对其随迁子女就读的学校性质有显著影响，跨省流动的随迁子女在教育体系中处于最弱势的地位见表6－7。

表6－7 父母流动类型和子女就读学校性质

（%）

老大	公立	私立	打工子弟	n
跨省流动	74.91	21.85	3.24	21333
省内跨市	75.90	22.85	1.25	15942
市内跨县	78.07	21.07	0.86	10925
合计	75.95	22.01	2.04	48200
$\chi^2=292.924$ P=0.000				

续表

老二	公立	私立	打工子弟	n
跨省流动	73.78	22.71	3.50	10733
省内跨市	74.94	23.90	1.15	6756
市内跨县	76.95	22.07	0.97	4417
合计	74.78	22.95	2.27	21906
$\chi^2=150.382$　$P=0.000$				
老三	公立	私立	打工子弟	n
跨省流动	77.03	19.68	3.29	1428
省内跨市	74.78	23.55	1.67	1015
市内跨县	78.91	20.51	0.59	512
合计	76.58	21.15	2.27	2955
$\chi^2=19.709$　$P=0.001$				

第二节　农民工子女初中后辍学状况

学生辍学是中国教育领域中的一个长期性问题。21世纪教育研究院发布的《农村教育布局调整十年评价报告》称：从2000年到2010年，农村初中在读的学生减少了约22%，中国目前至少有2000万名14—35周岁的农村青少年辍学外出打工。2013年，审计署对52个县1155所农村初中的调研显示，这些地区的辍学人数由2006年的3963人上升到2011年的8352人，增加了1.1倍。但是也有研究认为，辍学问题没有这么严重：有研究利用两次人口普查的数据表明，十年来全国小学儿童辍学率不仅没有升高，反而下降了0.2个百分点，由于教育事业统计遗漏了在民办简易小学就读的农民工子女，而人口普查入户填报、按人统计的方法弥补了这个不足，人口普查数据结果可能与实际情况更加接近。[①] 从已有研究看，更多关注中小学的辍学状况，较少讨论初中后的辍学状况，本节主要讨论农民工子女的初中后辍学状况及影响因素。

① 胡瑞文、朱曦：《从人口普查数据看我国小学辍学率的走势》，《上海教育科研》2013年第5期。

一 农民工子女初中后辍学状况

在教育部网站中提供的各级普通学校毕业生升学率表中可以看到，1990年初中升高中的升学率只有40.6%，到2007年升学率提高至70.3%，2013年提高至91.2%，2016年为93.7%；高中升高等学校的升学率更是由1990年的27.3%上升至2016年的94.5%见表6-8。

表6-8 各级普通学校毕业生升学率①

（年；%）

年份	小升初	初中升高中	高中升大学	年份	小升初	初中升高中	高中升大学
1990	74.6	40.6	27.3	2008	99.7	82.1	72.7
1995	90.8	50.3	49.9	2009	99.1	85.6	77.6
2000	94.9	51.2	73.2	2010	98.7	87.5	83.3
2001	95.5	52.9	78.8	2011	98.3	88.9	86.5
2002	97.0	58.3	83.5	2012	98.3	88.4	87.0
2003	97.9	59.6	83.4	2013	98.3	91.2	87.6
2004	98.1	63.8	82.5	2014	98.0	95.1	90.2
2005	98.4	69.7	76.3	2015	98.2	94.1	92.5
2006	100.0	75.7	75.1	2016	98.7	93.7	94.5
2007	99.9	80.5	70.3				

基于2013年流动人口监测数据，本部分主要对退出学业的农民工子女的教育获得状况进行分析。② 调查显示，不在读农民工子女教育年限获得状况如下：一孩家庭中，孩子的平均受教育年限为10.2年；二孩家庭、三孩家庭中，孩子的平均受教育年限分别为10年和9.7年，四孩家庭、五孩家庭中，子女教育年限分别为9.3年和9.2年，也在一定程度上反映了子女数量对教育资源的稀释效应。

① 中华人民共和国教育部：《各级普通学校毕业生升学率》，http://www.moe.gov.cn/s78/A03/moe_560/jytjsj_2016/2016_qg/201708/t20170822_311606.html，2017年8月22日。

② 我国义务教育法规定学龄是6岁开始，没有条件的地方可以7岁上学，为了避免将低龄由于各种原因没有上学的儿童计算在内，将样本学龄前扩展到8岁，选择9岁及以上的不在读的农民工子女样本进行分析。

随迁子女是否会因为城市流动经历而有更好的教育获得？对不在读农民工随迁子女教育年限统计发现：一孩家庭中，孩子的平均受教育年限为10.0年；二孩家庭中，孩子平均受教育年限为9.8年，三孩及以上家庭，子女的平均受教育年限分别为9.3年、8.8年和8.5年。与农民工子女不在读组比较发现，随迁农民工子女的教育年限农民工子女。

具体对随迁子女9岁及以上未在读的样本辍学阶段分析发现：一孩中有51.89%的完成了义务教育，8.67%未完成义务教育，23.26%的完成高中教育，11.16%的完成高中以上教育。重点看高中阶段就学状况：随迁子女有60.56%的完成或未完成义务教育直接进入劳动力市场，另有5.01%的进入高中后辍学，未完成高中教育辍学的占65.57%。

第二个孩子中有55.59%的完成了义务教育，10.29%未完成义务教育，而完成高中教育的占比20.91%，未完成高中以上教育的占比8.99%；其中完成或未义务教育进入劳动力市场的占比65.88%，另有4.22%的是进入高中后辍学，未完成高中教育辍学的占比70.1%。

第三个孩子中有56.74%的完成了义务教育，16.08%未完成义务教育，完成高中教育的占比15.97%，完成高中及以上教育的占比7.47%；其中完成或未完成义务教育进入劳动力市场的占比72.82%，另有3.74%的是进入高中后辍学，未完成高中教育就辍学的占76.56%。可以看到随迁子女未完成高中教育辍学的比例高，不论孩子家庭子女数，以及孩子的出生位次，均在65%以上；且家庭子女越多，其高中阶段辍学的比例越高见表6－9。

表6－9　不在读农民工随迁子女受教育年限

	老大		老二		老三	
	频率	%	频率	%	频率	%
未完成义务教育	1081	8.67	493	10.29	142	16.08
完成义务教育	6469	51.89	2664	55.59	501	56.74
未完成高中教育	625	5.01	202	4.22	33	3.74
完成高中教育	2900	23.26	1002	20.91	141	15.97
完成高中以上教育	1391	11.16	431	8.99	66	7.47

二 农民工子女初中后辍学的影响因素分析

农村中学生在初中阶段辍学的原因非常复杂，受学生个人因素、家庭因素、教育政策、社会风气等共同影响。细致分析，家庭因素影响最大，学生个人因素次之，政府社会及学校因素也起重要影响。[①] 在学生个人层面，农村学生学习成绩差是导致其辍学的重要因素，农村家庭对有学业前途和希望的学生很少中断或放弃学业；[②] 学生学习兴趣低、信心弱，厌学心理强、学习动机过于功利化[③]，思维模式过于经济理性、片面性和短期性，缺乏长远的发展规划[④]，无法克服外出打工诱惑[⑤]等都会影响其学业行为。

但是也有研究认为，农村学生个人因素只是造成其辍学的表面原因，家庭因素起支配性作用。父母外出打工带来的家庭生活方式变化影响孩子教育，父母文化水平、职业、家庭规模、家人健康状况等都影响子女辍学行为；[⑥] 父母文化水平越高，留守子女越不容易辍学；家庭规模和机会成本提高子女初中阶段辍学概率；[⑦] 农户家庭贫困易导致失学，家庭贫困的子女辍学概率更高[⑧]，富裕村儿童比贫困村儿童失学可能性小很多[⑨]，且女孩的教育更容易受到家庭经济状况的影响。也有研究考察宏观因素，如免费义务教育政策、撤

① 雍会、胡立起：《青少年辍学行为、影响因素与控辍措施研究——基于新疆少数民族聚居区的调查》，《民族教育研究》2016 年第 1 期。

② 李裕平：《农村家庭阶层的教育选择研究——以甘肃省天水市 Z 镇为个案》，硕士学位论文，西北师范大学，2009 年。

③ 谢泽源、杨晓荣、谢梅林：《欠发达地区农村初中生辍学原因及对策——基于对江西省 H 县的调研分析》，《中国教育学刊》2012 年第 3 期。

④ 刘成斌：《农村青少年辍学打工及其原因》，《人口研究》2014 年第 2 期。

⑤ 王水珍、刘成斌：《农村青少年辍学的社会强化机制及其治理》，《中国青年研究》2015 年第 8 期。

⑥ 卢德生、赖长春：《从学生自愿性辍学看我国“控辍”政策的调整与转变》，《教育学术月刊》2009 年第 1 期。

⑦ 苏群、徐月娥、陈杰：《父母外出务工与留守子女辍学——基于 CHNS 调查数据的经验分析》，《教育与经济》2015 年第 2 期。

⑧ 李菁、林毅夫、姚洋：《信贷约束、土地和不发达地区农户子女教育投资》，《中国人口科学》2002 年第 6 期。

⑨ 刘泽云：《农村儿童为何失学？——基于多层模型的经验研究》，《北京师范大学学报》（社会科学版）2007 年第 2 期。

点并校政策[①]等带来的影响。笔者采用二元 logistic 回归模型分别对一孩家庭、二孩家庭和三孩家庭的随迁子女是否高中辍学进行分析，重点考察家庭结构和家庭状况的影响。

模型 1 是对影响随迁子女长子女（独生子女）高中后是否辍学分析。在模型中看到，农民工长子女中（独生子女），年龄和辍学状况呈现倒 U 形分布，男性初中后辍学的概率是女性的 1.4 倍；家庭子女数越多，老大辍学的概率越高，家庭子女数多的农民工随迁子女初中后辍学的概率是家庭子女数少的 1.34 倍。[②] 父母受教育程度显著影响子女的初中后辍学状况：父亲是初中文化、高中文化、接受过大专教育的，其子女初中后辍学概率分别是母亲是小学及以下文化的 0.62 倍、0.35 倍、0.16 倍；同样，母亲是初中文化、高中文化、接受过大专教育的，其子女初中后辍学概率分别是母亲是小学及以下文化的 0.65 倍、0.34 倍、0.16 倍。父母的受教育程度越高，子女的辍学概率越小。母亲孕前流动经历也显著影响随迁长子女的辍学概率，母亲孕前有流动经历的比母亲孕前无流动经历的辍学概率高 1.14 倍；父亲或母亲外出年限影响子女的初中后辍学概率显著，孕前流动年限长的，其子女辍学概率是年限短的 0.99 倍。

在模型 2 中，纳入有关老二的变量，考察其对长子女的初中后就学影响，发现：在有二孩的农民工家庭，长子女初中后辍学状况受老二的性别状况、父母受教育程度等因素影响。老大性别是男性的，初中后辍学概率是女性的 1.39 倍；家庭子女数越多，老大辍学的概率就越高，家庭子女数多的农民工子女初中后辍学的概率是家庭子女数少的 1.34 倍。家中老二是男性的，老大初中后辍学概率是老二是女性的 1.13 倍。父母受教育程度等其他变量对老大初中后辍学状况的影响依旧显著，而且系数较为稳定。老二的性别状况显著

---

① 苏群、徐月娥、陈杰：《父母外出务工与留守子女辍学——基于 CHNS 调查数据的经验分析》，《教育与经济》2015 年第 2 期。贾勇宏、曾新：《农村中小学布局调整对教育起点公平的负面影响——基于全国 9 省（区）的调查》，《华中师范大学学报》（人文社会科学版）2012 年第 3 期。

② 在其他模型中将家庭子女数量以类别变量的形式纳入，发现二孩家庭中，老大初中后辍学的概率是家中只有一孩的 1.4 倍；三孩家庭中，老大初中后辍学的概率是家中只有一个孩子的 1.82 倍；而四孩家庭中，老大初中后辍学则是家中只有一孩的 3.17 倍，子女数量对初中后就学的稀释作用显著。

影响老大初中后就学状况。

在模型3中，分析老二初中后辍学状况及影响因素，父母受教育程度越高，老二的辍学概率越小。父亲是初中文化或高中文化程度的，老二初中后辍学的概率是分别是父亲文化程度是小学及以下的0.76倍、0.68倍；母亲是初中文化的、高中文化的，其子女辍学概率分别是母亲是小学及以下文化的0.79倍、0.56倍。老二自身性别显著影响其辍学概率，男性是女性辍学几率的1.3倍；老大性别也影响老二初中后辍学状况，老大是男性的，老二初中后辍学的几率是老大是女性的1.25倍；老大受教育年限影响老二初中后辍学，老大受教育年限长的，老二辍学几率是老大受教育年限短的0.59倍。母亲孕前有流动经历、父母外出年限等对老二的初中辍学状况无显著影响。

在模型4中，考察三孩家庭的家庭子女数的因素对老二受教育年限的影响。研究发现，纳入家庭子女数变量后，父母受教育程度的影响变小甚至消失：父亲文化程度对随迁子女初中后辍学几率无显著影响；母亲是初中文化程度的，其子女初中后辍学几率是母亲是小学及以下文化程度的0.63倍，母亲是其他文化程度的差异不显著。老大、老三的性别对老二初中后辍学无显著影响，老二的性别状况有显著影响：老二是男性的，其初中后辍学的几率是女性的2.08倍，老大受教育年限长的，老二初中后辍学概几率是老大受教育年限短的0.56倍见表6-10。

表6-10　农民工随迁子女初中后辍学（独生子女或双子女家庭）

	模型1①	模型2②	模型3	模型4③
老大年龄	-0.753*** (0.04)	-0.772*** (0.05)		
老大年龄平方	0.014*** (0.00)	0.014*** (0.00)		

① 独生子女模型。

② 有一个弟弟或妹妹的农民工长子女。

③ 三子女家庭的老二模型。

续表

	模型 1①	模型 2②	模型 3	模型 4③
父亲教育程度初中（小学以下参照）	-0.475*** (0.05)	-0.456*** (0.06)	-0.275*** (0.10)	-0.124 (0.22)
高中/中专	-1.040*** (0.08)	-1.046*** (0.10)	-0.393** (0.16)	-0.248 (0.36)
大专	-1.796*** (0.48)	-2.127*** (0.64)	-0.069 (0.93)	1.004 (1.31)
母亲教育程度初中（小学以下参照）	-0.424*** (0.05)	-0.481*** (0.06)	-0.235** (0.09)	-0.462** (0.20)
高中/中专	-1.073*** (0.12)	-1.094*** (0.14)	-0.586*** (0.22)	-0.229 (0.61)
大专	-1.788** (0.84)	-1.120 (0.93)	. .	
家庭子女数	0.296*** (0.03)	0.299*** (0.06)	0.333*** (0.08)	0.641*** (0.21)
父母外出年限	-0.014*** (0.00)	-0.013*** (0.00)	-0.007 (0.01)	-0.007 (0.01)
孕前流动	0.128* (0.07)	0.162* (0.09)		
老大性别	0.339*** (0.04)	0.335*** (0.05)	0.226*** (0.08)	-0.014 (0.19)
老二性别		0.108** (0.05)	0.236*** (0.09)	0.733*** (0.20)
老二年龄		0 (0.00)	0.014*** (0.00)	0.011*** (0.00)
老二年龄平方			-0.716*** (0.09)	-0.591*** (0.19)
母亲怀老二孕前流动			0.222 (0.14)	0.459 (0.30)
老大受教育年限			-0.536*** (0.02)	-0.581*** (0.04)

① 独生子女模型。

② 有一个弟弟或妹妹的农民工长子女。

③ 三子女家庭的老二模型。

续表

	模型1①	模型2②	模型3	模型4③
老三性别				0.167 (0.19)
cons	9.794 *** (0.54)	9.975 *** (0.69)	14.156 *** (1.12)	11.617 *** (2.46)
N	11899	7990	4328	1047
Log likelihood	-7275.8254	-4788.0132	-1993.5718	-412.65167
Pseudo R^2	0.0881	0.0904	0.2868	0.3235

三　农民工子女不同阶段辍学分析

（一）独生子女家庭（多子女家庭长子）

在模型中以完成义务教育为参照，对农民工随迁子女不同阶段辍学的影响因素进行多元 Logistic 回归分析可以看到，不同阶段辍学的影响因素不同，未完成义务教育辍学的主要因素是家庭子女数、父母文化程度。以完成义务教育为参照，家庭子女数多的，其未完成义务教育辍学的几率是家庭子女数少的 1.27 倍；父亲是初中文化的，其子女未完成义务教育辍学的几率是父亲是小学及以下文化程度的 0.53 倍；母亲是初中文化的，其子女未完成义务教育辍学的几率是母亲是小学及以下文化程度的 0.58 倍。也就是说，家庭子女数越多，父母文化水平越低，随迁子女未完成义务教育辍学的几率越大。

完成义务教育，但未完成高中教育而辍学的主要影响因素是家庭子女数、父母文化程度和自身的性别。模型中发现，以完成义务教育为参照，家庭子女数多的随迁子女，其完成义务教育，但未完成高中教育的几率是家庭子女数少的 0.88 倍；父亲是初中文化程度的，其完成义务教育，但未完成高中教育几率是父亲是小学及以下文化程度的 1.58 倍，父亲是高中文化程度的则是

① 独生子女模型。

② 有一个弟弟或妹妹的农民工长子女。

③ 三子女家庭的老二模型。

父亲是小学及以下文化程度的 2.09 倍；母亲是高中文化的，其完成义务教育，但未完成高中教育的几率是母亲是小学及以下文化程度的 1.99 倍。随迁子女是男性的，其完成义务教育，但未完成高中教育几率是女性的 0.84 倍。也就是说，家庭子女数少、女性、父母文化程度是初中或高中者，其进入高中学习的几率大于家庭子女数多、男性以及父母文化程度是小学及以下的随迁子女。

随迁子女是否能完成高中教育受哪些因素的影响？模型中发现，父母文化程度、家庭子女数等因素的影响随迁子女是否能完成高中教育。相对于完成义务教育，父亲受教育程度是初中、高中、大专的随迁子女，其完成高中教育的几率分别是父亲文化程度是小学及以下的 1.46 倍、2.38 倍和 3.70 倍；母亲受教育程度是初中、高中的，其完成高中教育的几率是分别是母亲文化程度是小学及以下的 1.51 倍、2.91 倍。父母外出年限长的，其子女完成高中教育的几率是父母外出年限短的 1.01 倍；家庭子女数多的，其完成高中教育的几率是家庭子女数少的 0.78 倍；母亲孕前有流动经历的，其完成高中教育的几率是没有流动经历的 0.81 倍；男性随迁子女是女性随迁子女的 0.78 倍。

完成高中及以上教育受到性别、年龄、父母文化水平、家庭子女数、父母外出务工年限等众多因素的影响。相对于完成义务教育，男性随迁子女完成高中及以上教育的是女性的 0.53 倍。相对于完成义务教育，父亲受教育程度是初中、高中、大专的，其随迁子女其完成高中以上教育的几率分别是父亲文化程度是小学及以下文化程度的 1.48 倍、3.80 倍和 13.22 倍；母亲受教育程度是初中、高中、大专的，其随迁子女完成高中以上教育的几率分别是母亲文化程度是小学及以下文化程度的 1.54 倍、3.42 倍和 8.33 倍。父母外出年限长的是父母外出年限短的 1.03 倍；家庭子女数多是家庭子女数少的 0.68 倍。父母受教育程度对随迁子女高中及以上教育获得的影响巨大，父母受教育程度越高，其随迁子女完成高中及以上教育的几率越大；且父亲的受教育程度对其随迁子女完成高中及高中以上教育的影响要大于母亲见表 6－11。

表 6 -11　老大不同阶段辍学多元 logistics 模型（以完成义务教育为参照）

	未完成义务教育	未完成高中教育	完成高中教育	高中以上教育
老大年龄	-0.597*** (0.04)	0.098 (0.08)	0.644*** (0.06)	1.493*** (0.10)
老大年龄平方	0.012*** (0.00)	-0.002 (0.00)	-0.013*** (0.00)	-0.027*** (0.00)
父亲教育程度初中（小学以下参照）	-0.637*** (0.09)	0.458*** (0.12)	0.379*** (0.06)	0.393*** (0.09)
高中中专	-0.177 (0.17)	0.737*** (0.19)	0.867*** (0.10)	1.337*** (0.12)
大专	0.024 (0.94)	0.813 (1.11)	1.309** (0.60)	2.582*** (0.57)
母亲教育程度初中（小学以下参照）	-0.539*** (0.09)	0.057 (0.10)	0.413*** (0.06)	0.429*** (0.08)
高中中专	-0.112 (0.25)	0.690*** (0.24)	1.067*** (0.13)	1.232*** (0.16)
大专	-10.950 (396.54)	1.495 (1.23)	1.331 (0.94)	2.119** (1.01)
家庭子女数	0.235*** (0.05)	-0.133** (0.06)	-0.249*** (0.04)	-0.393*** (0.05)
父母外出年限	-0.008 (0.01)	0.008 (0.01)	0.008** (0.00)	0.028*** (0.00)
母亲孕前流动	-0.112 (0.13)	0.054 (0.16)	-0.222*** (0.08)	-0.067 (0.12)
老大性别	0.035 (0.08)	-0.169* (0.09)	-0.247*** (0.05)	-0.630*** (0.07)
cons	5.685*** (0.56)	-3.758*** (0.97)	-8.415*** (0.67)	-21.060*** (1.26)
Log likelihood = -14106.344　　LR chi2 (48) = 2308.51				
Prob > hi2 = 0.0000　　Pseudo R^2 = 0.0756　　N = 11899				

（二）二孩及多子女家庭的随迁子女

分析两个子女的农民工家庭其随迁子女教育获得状况的影响因素。在模型中以完成义务教育为参照，对老二的受教育状况进行多元 Logistic 回归分析，可以看到，影响老二教育获得的因素中，父母受教育程度的影响下降，兄/姐的个体因素则带来重要的影响。

父母受教育程度影响依旧存在，母亲文化程度的影响大于父亲，但是总体影响较对独生子女/老大下降。父亲受教育程度在未完成义务教育组、完成高中及以上教育组中有显著影响；母亲受教育程度在完成高中教育、完成高中以上教育组中有显著影响。具体来看，相对于完成义务教育的，父亲文化程度是初中的，其子女未完成义务教育辍学的几率是父亲文化程度是小学的0.57倍；父亲受教育程度是高中或者中专者，其子女完成高中及以上教育的几率是父亲受教育程度是小学的1.92倍。相对于完成义务教育的，母亲文化程度是初中的，其子女完成高中教育的几率是母亲是小学文化程度的1.45倍；母亲文化程度是高中/中专的，其子女完成高中教育的几率提升至母亲是小学文化程度的2.38倍，其子女完成高中以上教育的几率是母亲是小学文化程度的1.92倍。

老大性别显著影响老二的教育获得。相对于完成义务教育的，老大性别是男性的，老二未完成义务教育的几率是老大是女性的1.3倍；老大性别是男性的，老二完成义务教育但未完成高中教育的几率是老大是女性的0.735倍；老大性别是男性的，老二完成高中以上教育是老大是女性的0.65倍，即如果农民工家庭中有两个子女，且老大是男性，会在很大程度上稀释老二的教育资源；如果老大是女性，则这种资源稀释作用显著减少。

老大受教育年限显著影响老二的教育获得。相对于完成义务教育的，老大受教育年限长的，老二未完成义务教育辍学的几率是老大受教育年限短的0.50倍；老大受教育年限长的，老二完成义务教育，但未完成高中教育的几率是老大受教育年限短的1.44倍；老大受教育年限长的，老二完成高中教育的几率是老大受教育年限短的1.8倍；老大受教育年限长的，老二完成高中教育以上教育的几率是老大受教育年限短的2.02倍。也就是说，老大受教育年限越长，老二完成各个阶段教育的可能性越大见表6-12。

表 6-12 老二不同阶段辍学的多元 logistics 模型（以完成义务教育为参照）

	未完成义务教育	未完成高中教育	完成高中教育	高中以上教育
老二年龄	-0.525*** (0.09)	0.431** (0.19)	0.447*** (0.10)	1.927*** (0.23)
老二年龄平方	0.010*** (0.00)	-0.008** (0.00)	-0.008*** (0.00)	-0.036*** (0.00)
父亲教育程度初中 （小学以下参照）	-0.565*** (0.16)	0.239 (0.20)	0.078 (0.12)	0.082 (0.17)
高中中专	0.112 (0.30)	0.212 (0.34)	-0.066 (0.20)	0.650*** (0.23)
大专	-11.290 (552.65)	-14.680 (2075.21)	-1.993 (1.54)	-1.014 (1.39)
母亲教育程度初中 （小学以下参照）	-0.297 (0.18)	-0.068 (0.19)	0.378*** (0.11)	0.062 (0.15)
高中/中专	-0.472 (0.62)	0.538 (0.44)	0.869*** (0.27)	0.559* (0.31)
大专	3.150 (4337.27)	-1.458 (8883.21)	14.660 (2157.80)	13.950 (2157.80)
家庭子女数	0.298*** (0.10)	-0.199 (0.16)	-0.280*** (0.09)	-0.693*** (0.15)
父母外出年限	0.005 (0.01)	0.006 (0.01)	-0.003 (0.01)	0.022*** (0.01)
母亲孕前流动	0.148 (0.25)	-0.092 (0.28)	0.092 (0.17)	0.043 (0.23)
老二性别	-0.129 (0.14)	-0.064 (0.17)	-0.001 (0.10)	-0.432*** (0.14)
老大性别	0.271* (0.14)	-0.308* (0.17)	-0.121 (0.10)	-0.429*** (0.14)
老大受教育年限	-0.686*** (0.04)	0.365*** (0.04)	0.594*** (0.03)	0.790*** (0.03)
cons	9.520*** (1.24)	-10.875*** (2.31)	-12.494*** (1.30)	-33.790*** (2.90)
LR chi2 (56) = 2566.71　Prob > chi2 = 0.0000				
Log likelihood = -3773.6899　Pseudo R2 = 0.2538　N = 3983				

分析多兄妹（三子女）农民工家庭，老三教育获得的影响因素。在模型中以完成义务教育为参照，对老三受教育状况进行多元 Logistic 回归。通过模型分析可以看到，不同于影响老大、老二教育获得的因素，影响老三教育获得的因素中，父母受教育程度影响下降；老三性别对自身受教育年限无显著影响；老大性别显著影响老三义务教育阶段辍学以及能否完成高中教育，但是在其他阶段辍学组中影响不显著。老大、老二的受教育年限成为重要的影响因素，老大、老二的受教育年限越高，老三的受教育年限也越长。在未完成义务教育组中，老大、老二受教育年限长的，老三未完成义务教育的几率分别是老大、老二受教育年限短的 0.88 倍和 0.62 倍。在未完成高中教育组中，老大、老二受教育年限长的，相对于完成义务教育的老三完成义务教育，但未完成高中教育的几率是老大、老二受教育年限短的 1.04 倍和 1.26 倍。在完成高中教育组中，老大、老二受教育年限长的，老三完成高中教育的几率是分别是老大、老二受教育年限短的 1.18 倍和 1.33 倍。完成高中以上教育组中，老大、老二受教育年限长的，老三完成高中教育以上教育的几率分别是老大、老二受教育年限短的 1.43 倍和 1.38 倍见表 6－13。

表 6－13　老三不同阶段辍学多元 logistics 模型（以完成义务教育为参照）

	未完成义务教育	未完成高中教育	完成高中教育	高中以上教育
老三年龄	－0.729*** (0.22)	0.767 (0.67)	0.553* (0.29)	2.137*** (0.61)
老三年龄平方	0.014*** (0.00)	－0.018 (0.02)	－0.009 (0.01)	－0.038*** (0.01)
父亲教育程度初中（小学以下）	－0.492 (0.31)	－0.358 (0.50)	0.366 (0.29)	0.386 (0.41)
高中/中专	－0.626 (0.65)	0.401 (0.66)	0.867** (0.40)	0.912* (0.55)
大专	－19.350 (25099.79)	0.842 (1.50)	0.491 (1.39)	－19.300 (46221.52)
母亲教育程度初中（小学以下）	－0.206 (0.37)	0.152 (0.50)	0.070 (0.27)	－0.022 (0.38)

续表

	未完成义务教育	未完成高中教育	完成高中教育	高中以上教育
高中/中专	0.572 (1.54)	1.735 (1.10)	1.405* (0.80)	1.603* (0.93)
大专	0.264 (0.22)	-0.059 (0.41)	-0.288 (0.26)	-0.904* (0.50)
父母外出年限	0.036** (0.02)	-0.015 (0.02)	-0.008 (0.01)	-0.005 (0.02)
母亲孕前流动	0.618 (0.47)	-0.796 (0.54)	-0.111 (0.38)	0.681 (0.70)
老三性别	0.158 (0.28)	0.128 (0.42)	-0.025 (0.25)	-0.066 (0.35)
老二性别	-0.103 (0.27)	0.116 (0.41)	-0.537** (0.26)	0.188 (0.34)
老大性别	0.470* (0.26)	0.061 (0.40)	-0.022 (0.24)	0.121 (0.34)
老二受教育年限	-0.479*** (0.07)	0.232** (0.09)	0.286*** (0.05)	0.322*** (0.07)
老大受教育年限	-0.123** (0.05)	0.046 (0.09)	0.167*** (0.05)	0.358*** (0.07)
cons	9.820*** (2.80)	-11.780 (7.51)	-12.325*** (3.59)	-36.773*** (7.95)
LR chi2 (64) = 1054.78 Prob > chi2 = 0.0000				
Log likelihood = -1759.985 Pseudo R^2 = 0.2306 N = 783				

通过模型可以看到，老二、老三的教育获得依然受父母的受教育程度影响，但是影响大大减弱；但是家庭子女的数量、受教育程度等显著影响其教育获得；一方面是家庭子女的资源稀释作用，另一方面是家庭子女的示范效应，老大的受教育程度高，老二则受其影响，受教育程度也相应较高；老大、老二的受教育年限长，老三的受教育年限也长。

第三节　农民工子女初中后分流状况

随着教育政策变革，各地坚持“两为主、两纳入”，依法保障随迁子女在流入地平等接受义务教育；初中后教育不属于义务教育的范畴，是否升学？读高中还是技校？更多涉及个人、家庭的教育选择。在分析了农民工子女辍学状况及影响因素之后，本节对农民工子女初中后分流状况进行分析。

一　农民工子女初中后就学状况

农民工子女初中后教育分流除了包括进入高中、职高以外还有进入劳动力市场，对15—18周岁[1]的农民工子女初中后状况进行分析发现，父母不同流动类型的农民工子女15—18岁所在的教育阶段不同。父母跨省流动的农民工子女，39.97%的在初中就读，该比例高于父母省内跨市流动（36.53%）和市内跨县流动（32.43%）；50.69%的在高中就读，该比例低于省内跨市（53.54%）和市内跨县（57.53%）；父母跨省流动的农民工子女在职高、大专及以上就读的比例也低于其他类型流动的农民工子女。跨省流动的农民工子女在教育过程中，时间上也稍滞后于省内流动的农民工子女见表6-14。

表6-14　父母流动类型与子女就读阶段

（人；%）

老大/独生子女	小学	初中	高中	中专/职高	大专及以上	合计
跨省流动	1.21	39.97	50.69	7.65	0.48	3713
省内跨市	0.93	36.53	53.54	8.46	0.54	2034
市内跨县	0.88	32.43	57.53	8.48	0.68	1474
χ^2 = 30.100　P = 0.000						
老二	小学	初中	高中	中专/职高	大专及以上	合计
跨省流动	2.44	44.62	44.62	7.82	0.50	1190
省内跨市	2.99	42.15	43.80	10.46	0.60	669
市内跨县	1.96	36.60	51.85	9.15	0.44	459
χ^2 = 14.454　P = 0.071						

---

① 15—18周岁是高中学龄阶段，为了消除有些地区入学年龄会晚一点的影响，该部分主要以有15—18周岁子女的农民工为样本，对其子女初中后教育分流状况。

考察农民工子女初中后[①]随迁状况发现，跨省流动农民工的在读子女的大部分（56.79%）留在户籍地就读，而省内跨市流动的农民工其子女有64.63%的随迁至父母务工地，市内跨县流动的农民工子女有68.55%随迁至父母务工地。即，在子女初中后阶段，省内流动（省内跨市、市内跨县）的农民工其子女随迁的比例要高于跨省流动的农民工家庭。老大中跨省流动的有40.30%的随迁至当地，老二中有37.18%的随迁至当地。以省为单位的政策影响农民工子女的随迁就读，省内流动和市内跨县都能随迁至当地就读，而省外农民工子女则大多数在户籍地就读见表6-15。

表6-15 父母流动类型与子女初中后随迁状况

（人；%）

老大/独生子女	本地	户籍地	其他地方	合计
跨省流动	40.30	56.79	2.91	2166
省内跨市	64.63	30.06	5.31	1261
市内跨县	68.55	25.28	6.17	973
$\chi^2=380.871$ P=0.000				
老二	本地	户籍地	其他地方	合计
跨省流动	37.18	59.29	3.53	624
省内跨市	58.95	33.61	7.44	363
市内跨县	67.86	26.07	6.07	280
$\chi^2=112.869$ P=0.000				

二 农民工子女初中后分流状况及影响因素

对15—18岁的农民工子女教育状况统计发现，43.08%的在小学、初中阶段就读，32.76%的在高中就读，5.64%在职高，技校就读，0.80%在大专及以上就读，17.72%进入劳动力市场。部分流入地已经打开职业高中的大门接纳农民工子女入学，成为农民工子女义务教育后教育的实现路径。

① 研究选择初中后就读的个案，初中及以下、大专及以上个案不纳入分析。

但是教育的累积效应，以及农民工家庭多方面因素的影响，使得农民工子女在初中后面临着就读高中、就读职高，技校、进入劳动力市场之间的选择。[①] 有研究认为，农民工子女初中后教育分流受到学业成绩、家庭社会经济状况、居住地特征等影响。个人学业成绩影响学生在普高与职高间的选择；[②] 家庭经济状况影响就读职高和就业选择；[③] 父母受教育水平与子女选择普通教育的可能性呈正相关关系。[④] 到底是什么因素影响农民工子女初中后的教育选择？

对农民工随迁子女初中后教育获得进行多元 Logistic 回归分析（以高中就读为参照）发现，父亲受教育程度、家庭子女数、父母外出年限、子女性别、住房性质对农民工子女 15 岁以后是在就读高中还是职高没有显著影响。但是，母亲受教育年限对就读状况有影响，相对于就读高中，母亲是高中/中专文化程度的，其子女就读职高技校的几率是母亲文化程度是小学及以下的 0.65 倍；父母外出年限长的、本地连续工作年限长的其子女初中后就读职高的几率是父母外出年限短、本地连续工作年限短的农民工子女的 1.02 倍；市内跨县的农民工子女在职高技校就读的几率是跨省流动的 0.67 倍；父母是自营劳动者的，其就读职高技校的几率是父母是雇员的 0.80 倍。

父母受教育程度、父母本地连续工作年限、家庭子女数、子女现居地、家庭流动类型等变量对农民工子女初中后是高中就读还是进入劳动力市场有显著影响。父母受教育程度显著影响子女初中后是就读还是务工。父亲是初中、高中/中专、大专及以上文化程度的，相对于就读高中，其子女进入劳动力市场的几率分别是父亲是小学文化程度的 0.60 倍、0.33 倍和 0.05 倍。母亲是初中、高中/中专文化程度的，其子女进入劳动力市场的几率分别是母亲

① 为了考察农民工家庭的长子女/独生子女的初中后分流的影响因素，选择 15—18 周岁的随迁农民工子女，并将在小学就读、大专及以上就读的随迁农民工子女个案剔除，保留在职高技校、高中和劳动力市场就业的个案共 5619 个。

② C. Dustmann, "Parental Background, Secondary School Track Choice and Wages", *Oxford Economic Papers*, Vol. 56, No. 2, April 2004, pp. 209 – 230.

③ 黄斌、徐彩群、姜晓燕：《中国农村初中学生接受中职教育的意愿及其影响因素》，《中国农村经济》2012 年第 4 期。

④ C. Dustmann, "Parental Background, Secondary School Track Choice and Wages", *Oxford Economic Papers*, Vol. 56, No. 2, April 2004, pp. 209 – 230.

是小学文化程度的0.60倍、0.34倍。父母文化程度越高，其子女初中后继续就读高中的几率越大。家庭子女数越多，其就读高中的机会越少，家庭子女数多的，其进入劳动力市场的几率是家庭子女数少的1.43倍。父母本地连续工作的时间越长，子女进入劳动力市场的几率是父母本地连续工作短的0.97倍，也就是说父母在流入地稳定、流动性越少，会给子女带来更多教育的机会。父母省内跨市流动的农民工子女进入劳动力市场的几率是跨省流动的0.41倍，市内跨县的是跨省流动的0.26倍，跨省流动的农民工子女进入劳动力市场的几率最高。有住房产权的农民工子女进入劳动力市场的几率是无住房产权的0.49倍。父母是雇主的农民工子女，其进入劳动力市场的几率是父母是雇员的0.53倍；父母是自营劳动者的农民工子女，其进入劳动力市场的几率是父母是雇员的0.64倍，雇员子女更多地进入劳动力市场见表6-16。

表6-16　农民工子女初中后教育分流（以高中就读为参照）

	职高技校	劳动力市场
年龄	0.136 (2.05)	-10.188*** (1.34)
年龄平方	-0.002 (0.06)	0.307*** (0.04)
父亲教育程度初中 (小学及以下为参照)	-0.016 (0.16)	-0.508*** (0.10)
高中/中专	-0.190 (0.22)	-1.122*** (0.16)
大专	0.507 (0.54)	-2.925*** (1.09)
母亲教育程度初中 (小学及以下为参照)	-0.161 (0.13)	-0.503*** (0.09)
高中/中专	-0.435* (0.25)	-1.070*** (0.20)
大专	-13.590 (472.04)	-0.336 (0.86)
家庭子女数	-0.019 (0.08)	0.356*** (0.05)

续表

	职高技校	劳动力市场
父母外出年限	0.019** (0.01)	-0.002 (0.01)
本地工作年限	0.020** (0.01)	-0.027*** (0.01)
老大性别	-0.029 (0.10)	-0.023 (0.07)
省内跨市 (以跨省流动为参照)	-0.118 (0.11)	-0.887*** (0.08)
市内跨县	-0.407*** (0.13)	-1.341*** (0.10)
住房产权 (1=有)	-0.261** (0.12)	-0.706*** (0.10)
雇主 (以雇员为参照)	-0.233 (0.17)	-0.641*** (0.13)
自营劳动者	-0.217** (0.11)	-0.439*** (0.08)
家庭帮工	-0.239 (0.30)	-0.208 (0.19)
cons	-3.211 (17.17)	84.834*** (11.17)
Log likelihood = -3940.3531　N=4854 Pseudo　R^2 =0.1074		

通过分析发现，跨省流动农民工子女初中后就读的大部分留在户籍地，而省内跨市和市内跨县的农民工子女则更多地在父母务工流入地就读。初中后是就读高中还是读职高技校受多重因素影响。母亲文化程度高的、市内跨县流动、父母外出年限长、本地连续工作年限长、父母职业是自营劳动者的农民工子女就读高中的比例更大。跨省流动的农民工子女、无住房产权的、父母职业是雇员的农民工子女进入劳动力市场的几率最高。结构性因素对农民工子女初中后分流影响大。

第四节 新生代农民工随迁经历与教育获得

一 新生代农民工的随迁经历

根据“六普”数据，流动人口从15岁开始出现年龄堆积，在16岁和17岁堆积程度加剧。这些“年轻的”流动人口大多是在15—17岁加入流动队伍的，其中，34%的16岁流动人口是15岁离开户籍地，17岁流动人口中有64%的人是15—16岁离开户籍地，18岁流动人口中有高达85%是15—17岁离开的户籍地[①]。另外，全国15—17岁的高中学龄阶段农村留守儿童规模高达809万人，受父母外出务工经历的影响，这些大龄儿童比农村其他儿童更有可能立即加入流动人口的队伍中。[②] 根据《中华人民共和国义务教育法》，年满6周岁的儿童应当入学接受义务教育，条件不具备的地区可推迟到7周岁，即在我国，儿童基本上在14—15岁结束九年义务教育，16—17岁则逐渐进入高中教育阶段。也就是说，在新生代农民工队伍中，有很大一部分是在初中后加入流动队伍。为了探讨随迁经历对教育获得的影响，在本书中，笔者根据外出年龄将新生代农民工分为以下五组：城市出生（随迁年龄为0岁），学前随迁（1—6岁随迁），小学阶段随迁（7—12岁），初中随迁（13—15岁），高中随迁（16—18岁）——在这个年龄段外出的对象也就是高中学龄阶段终止学业并外出打工的那批人，大龄组（19岁以上随迁）。

对流动人口监测数据的统计发现，新生代农民工中，城市出生组占比4.2%，学前随迁占比11.3%，小学随迁占比20.2%，初中随迁占比16.9%，高中随迁占比21.7%，大龄迁徙占比25.6%；即52.7%是义务教育阶段以下随迁，74.4%的是高中以下阶段随迁，农民工随迁子女中超过半数是低龄随迁。

---

① 段成荣等：《我国农村留守儿童生存和发展基本状况——基于第六次人口普查数据的分析》，《人口学刊》2013年第3期。

② 吕利丹：《从“留守儿童”到“新生代农民工”——高中学龄农村留守儿童学业终止及影响研究》，《人口研究》2014年第1期。

代际比较发现，“80 后”新生代农民工大多没有在城市就读的经历，其中在城市出生和学前随迁的占比 4. 25%，小学随迁的占比 8. 82%，初中随迁的占比 10. 96%，高中随迁的占比 25. 87%，大龄迁徙的占比 50. 10%；而“90 后”新生代农民工中最多的是义务教育阶段随迁（小学阶段随迁的占比 27. 38%，初中阶段随迁的占比 20. 51%），在城市出生和学前随迁也占到 22. 43%，大龄随迁的比例仅为 10. 54%。

性别比较发现，新生代农民工随迁经历存在性别差异，女性更多是大龄随迁（占 37. 40%），男性更多在义务教育阶段随迁（小学 28. 77%，初中 20. 56%），男性在随迁地出生和学前随迁的比较都要高于女性，即农民工家庭在迁徙的过程中，首先会考虑将男孩带在身边一起，女童存在“随迁劣势”。

流动类型比较发现，跨省流动的农民工家庭其子女在流动过程中，随迁的年龄要显著晚于省内流动家庭；跨省流动者中，其大龄随迁占比 28. 03%，高于省内跨市（24. 03%）和市内跨县（23. 71%）；在义务教育阶段，跨省流动随迁的比例也低于省内跨市和市内跨县随迁。

表 6－17　随迁阶段交互分类比较

（人；%）

	出生	学前	小学	初中	高中	大龄	合计
“80 后”	0. 95	3. 30	8. 82	10. 96	25. 87	50. 10	2938
“90 后”	6. 21	16. 22	27. 38	20. 51	19. 15	10. 54	4784
$\chi^2=1900$　P = 0. 000							
	出生	学前	小学	初中	高中	大龄	
女	2. 40	6. 51	13. 27	13. 80	26. 62	37. 40	4211
男	6. 38	17. 06	28. 77	20. 56	15. 81	11. 42	3511
$\chi^2=1100$　P = 0. 000							
	出生	学前	小学	初中	高中	大龄	合计
跨省流动	3. 85	9. 75	18. 54	15. 67	24. 15	28. 03	3139
省内跨市	4. 93	13. 66	22. 20	16. 55	18. 63	24. 03	2942

续表

	出生	学前	小学	初中	高中	大龄	合计
市内跨县	3.60	10.05	20.35	19.74	22.55	23.71	1641
n = 7722 χ^2 = 84.772 P = 0.000							

二 随迁经历与教育获得

分析新生代农民工受教育程度发现，受教育程度是小学及以下占比6.4%，52.6%为初中，29.3%为高中，8.2%为大专，3.0%的为大学本科及以上。比较分析发现，“80后”新生代农民工小学及以下、初中、大专及以上文化程度的比例要高于“90后”，但是在高中以上文化程度的比例却要比“90后”低，即，随着时代的变迁，“90后”新生代农民工在教育获得上，虽然总体受教育年限有所延长，接受高中教育的人比“80后”要多，但是高层次的受教育水平者并不比“80后”多；另外，女性新生代农民工初中及以下、大专及以上文化程度的比例高于男性，高中文化程度的比例则低于男性。从流动类型和受教育程度的交互分类来看，流动类型对新生代农民工的受教育程度有显著影响，跨省流动的新生代，其受教育程度显著低于省内跨市和市内跨县者，市内跨县流动的新生代农民工，其受教育程度最好。

表6－18 教育获得交互分类比较（N＝7722）

（人；%）

	小学及以下	初中	高中	大专及以上	合计
“80后”	8.82	56.81	21.58	12.80	2938
“90后”	5.96	49.94	33.99	10.12	4784
χ^2 = 144.965 P = 0.000					
	小学及以下	初中	高中	大专及以上	合计
女	7.53	53.95	26.81	11.71	4211
男	6.47	50.87	32.21	10.45	3511
χ^2 = 28.335 P = 0.000					

续表

	小学及以下	初中	高中	大专及以上	合计
跨省流动	7.26	55.88	27.94	8.92	3139
省内跨市	8.06	51.67	28.38	11.90	2942
市内跨县	4.81	47.78	33.39	14.02	1641
n = 7722　χ^2 = 70.061　P = 0.000					

考察随迁阶段对受教育程度的影响发现，不同阶段随迁对受教育程度有显著影响。学前随迁和小学随迁的农民工，其受教育程度普遍要优于初中或高中阶段随迁的农民工。新生代农民工受教育程度中高中及以上的，在城市出生组中比例为47.07%，学前随迁组中为41.12%，小学随迁组中为40.09%，初中随迁组中为40.91%，高中随迁组中为37.29%，随迁阶段越早，教育获得越好。新生代农民工受教育程度高中及以上的在高中以后迁徙组中为41.55%，仅次于城市出生组；高中随迁组中高中及以上受教育程度比例最低。笔者认为，由于城市高中教育资源并未放开，高中阶段随迁的新生代农民工在那个年纪迁徙至城市，往往有两种可能，一是到父母所在的城市打工；二是到父母所在的城市读职高技校，其中到父母所在城市打工的比例更高；而高中以后迁徙的则更多是完成了连续教育，再进入城市，因此教育获得状况更好。这也和已有研究的结论一致，即15—17岁是高中学龄阶段，这一时期外出打工的青少年明显在教育机会上处于劣势。①

表6－19　随迁阶段与教育获得

	小学及以下	初中	高中	大专及以上	Total
城市出生	5.85	47.08	36.92	10.15	325
学前随迁	7.90	50.97	30.58	10.54	873
小学	7.71	52.20	31.36	8.73	1569
初中	6.68	52.42	31.47	9.44	1303

① 吕利丹：《从"留守儿童"到"新生代农民工"——高中学龄农村留守儿童学业终止及影响研究》，《人口研究》2014年第1期。

续表

	小学及以下	初中	高中	大专及以上	Total
高中	7.10	55.61	26.43	10.86	1676
高中以后	6.53	51.92	26.72	14.83	1976
$\chi^2=65.886$　P=0.000					

本章小结

本章对农民工子女初中后教育获得状况进行探讨。农民工家庭一般有1—2个孩子，近半的农民工子女处于6—18岁学龄阶段。农民工子女随迁比例较高，父母迁徙类型影响子女迁徙状况：跨省流动的农民工家庭更多地选择让孩子留守，省内流动的则多让孩子随迁；在学阶段的随迁子女大主要集中在小学和幼儿园阶段，大部分就读于公办学校；跨省流动的随迁子女在教育体系中处于弱势地位：在打工子弟学校就读的比例较高，初中后就读的比例明显低于省内流动。

随迁子女初中后辍学严重。农民工子女在完成初中后教育后，有很大一部分并未升入高中就读；即使是升入高中，仍然3%—5%的随迁子女无法完成高中学业。随迁子女初中后辍学受自身性别、家庭子女数、出生位次等多种因素影响：男性、家庭子女数多的，其初中后辍学概率高；在多子女家庭中，父母受教育程度的影响减弱，而兄弟姐妹之间的影响加强，家庭子女数越多，辍学概率越高，家庭子女受教育程度越高，辍学概率越低，家庭子女的“资源稀释”和“示范效应”同时存在。

在初中后就学状况上，市内跨县的农民工子女升入高中阶段的比例显著高于省内跨市和跨省流动；跨省流动家庭的农民工子女初中后大部分留在户籍地就读，而省内流动家庭的子女则更多在父母务工地就读；母亲的文化程度、流动类型、父母外出年限、职业状况等都影响其子女初中后教育获得。

随迁经历影响新生代农民工的教育获得。新生代农民工中，一半以上有在义务教育阶段及以前阶段的随迁经历。外出年龄影响受教育程度：学前随迁和小学阶段随迁的新生代农民工，其受教育程度普遍优于初中和高中阶段随迁者；高中后外出者，其受教育程度优于除城市出生组外的其他组；高中随迁组中高中及以上阶段外出的，其受教育程度最差。随迁阶段越早，教育获得越好；高中阶段外出的，其受教育程度最差。

第七章　初中后教育获得与经济融入

从父母外出打工开始，农民工子女便已卷入工人阶级生成的洪流中，在他们成年之际，站在人生的分叉路上时，“做工”成为他们中大多数人的选择。[①] 虽然在选择“做工”的同时，农民工子女在理论上也具备选择“求学”的可能，即通过教育实现向上流动，但在现实中，农民工随迁子女初中后教育获得并不理想，大部分农民工子女结束初中教育后直接进入了劳动力市场，成为劳动力市场中的新生力量——新生代农民工。而在劳动力市场融入的过程中，新生代农民工面临“双重脱嵌”：一方面，他们没有掌握从事农业的基本技能；另一方面，他们也未做好在非农劳动力市场就业的准备[②]，他们并不能很好地实现经济融入。经济融入主要是指移民在劳动力就业市场、职业地位、经济收入、消费水平、消费模式和住房等方面的融合；[③] 是文化融入、身份认同等的基础，只有在经济上融入城市，其他层面才能更好地融入城市。初中后教育获得在新生代农民工经济融入中扮演什么样的角色？初中后教育获得对新生代农民工的劳动力市场融入、住房获得又有何影响？

第一节　教育获得与劳动力市场融入

20 世纪 90 年代以来，随着劳动力自由流动趋势增强，农村大量剩余劳动力向城市转移，但是由于传统体制的束缚和行政区划的制约[④]，竞争性经济的

---

① 周潇：《反学校文化与阶级再生产：“小子”与“子弟”之比较》，《社会》2011 年第 5 期。

② 黄斌欢：《双重脱嵌与新生代农民工的阶级形成》，《社会学研究》2014 年第 2 期。

③ 梁波、王海英：《国外移民社会融入研究综述》，《甘肃行政学院学报》2010 年第 2 期。

④ 蔡昉：《中国二元经济与劳动力配置的跨世纪调整——制度、结构与政治经济学的考察》，《浙江社会科学》2000 年第 5 期。

不平衡发展以及歧视性制度等行政或政策因素[①]，加之劳动者个人素质与受教育程度的差异[②]等，导致农民工在就业环境、工资待遇、晋升机会等方面处于劣势地位。本节在分析新生代农民工劳动力市场进入状况的基础上，分析教育获得和随迁经历对劳动力市场进入的影响。

一 劳动力市场进入与就业状况

二元劳动力市场理论将劳动力市场划为优劣不同的两个等级：一级市场工资福利好，职业稳定，晋升等机会多；二级市场则工资福利低，工作条件差，流动性高。由于白领职业、垄断行业和国有企业的工作和同维度的其他类型工作相比，具有收入水平高、职业声望高、工作稳定和福利待遇完备等优点，是一级市场上的“好工作”。[③] 在双重分割的城市劳动力市场上，农民工难以进入主流劳动力市场，不论是在职业获得、行业进入，还是在所有制部门进入上都处于劣势地位。农民工主要从事制造业、建筑业和宾馆餐饮服务业等低层次职业[④]，他们不能完全享受市民权利，他们很难与城市居民同工同酬、同工同权[⑤]，农民工工资高度市场化，受劳动力市场用工情况变化影响小，无地区性差异，是一个实实在在的刚性的低工资。[⑥] 在工作中，工作条件差、工作稳定性差、就业保障不完备、培训和晋升机会少。[⑦]

流动人口追踪调查对新生代农民工就业状况进行调查，调查显示，45.3%的新生代农民工“有工作”，54.7%的表示“没有做过一小时以上有收入的工作”。没有工作的主要原因有：“丧失劳动能力或身体原因”的占比1.3%，“料理家务/带孩子”的占比35.4%，“没找到工作”的占比32.52%，“因单位原因

① 韩秀华、陈雪松：《论我国劳动力市场分割》，《当代经济科学》2008年第4期。

② 杨宜勇：《劳动力市场的行政分割》，《经济研究参考》2001年第27期。

③ 章莉等：《中国劳动力市场就业机会的户籍歧视及其变化趋势》，《财经研究》2016年第1期。

④ 陈书伟：《人力资本与外出农民工职业选择——基于河南省三县市调研数据的实证分析》，《财经论丛》2015年第6期。

⑤ 李强：《“丁字形”社会结构与“结构紧张”》，《社会学研究》2005年第2期。

⑥ 刘林平、张春泥：《农民工工资：人力资本、社会资本、企业制度还是社会环境？——珠江三角洲农民工工资的决定模型》，《社会学研究》2007年第6期。

⑦ 马艳林：《教育水平对失业风险影响的实证研究——“民工荒”和“大学生就业难”现象的再解释》，《人口与经济》2016年第1期。

失去原工作”的占比0.47%，“因本人原因失去原工作”的占比2.1%，“怀孕或哺乳”的占比8.1%。“在没有做过一小时以上有收入的工作”的新生代农民工中，只有5.6%的人在4月份找过工作。

“80、90后新生代农民工”劳动力市场分布状况的调查显示，其中有7.30%的进入“垄断行业”，61.99%的进入“竞争行业”，“其他”的占比30.71%；职业状况中，有6.95%的是“白领”，26.23%的是“蓝领”，40.79%的是“服务业从业人员”，有19.04% 的是“自雇佣”，有7.29%的是“无固定职业和其他”；在就业所有制状况上，“进入国有部门”的有8.87%，“非国有部门”的占比91.13%见表7－1。

调查显示，获得这些职位的新生代农民工数量非常有限，大量新生代农民工处于次级劳动力市场中。

表7－1 农民工就业分布状况（n＝3497）

行业	垄断行业（7.30%）	电力、燃气及水的生产和供应业（0.74%），交通运输、仓储和邮政业（3.23%），金融业（0.63%），信息传输、计算机服务和软件业（2.69%）
	竞争（61.99%）	建筑业（6.33%），住宿餐饮（15.94%）批发和零售业（20.81%），居民服务和其他服务业（18.92%）
	其他（30.71%）	农、林、牧、渔（12.88%），采矿业（0.63%），制造业（9.85%），房地产业（1.03%），租赁和商务服务业（1.23%），科学研究、技术服务（0.54%），水利、环境和公共设施管理业（0.23%），教育（1.09%），卫生、社会保障和社会福利业（1.09%），文体娱乐（1.60%），公共管理和社会组织（0.54%）
职业	白领（6.95%）	国家机关党群组织、企事业单位负责人（0.26%），专业技术人员（5.58%），公务员、办事人员和有关人员（1.09%）
	蓝领（26.23%）	农、林、牧、渔、水利生产人员（10.93%），生产（6.07%）、运输（2.06%）其他生产、设备操作及有关人员（4.06%）
	服务业从业人员（40.79%）	餐饮（12.19%）、家政（0.20%）、保洁（0.40%）、保安（1.57%）、装修（3.35%），其他商业服务业人员（22.93%）
	自雇佣（19.04%）	经商（14.17%）、商贩（4.87%）
	无固定职业和其他	6.92%＋0.37%

续表

所有制	国有部门（8.87%）	国有及国有控股企业（7.64%），机关、事业单位（1.23%）
	非国有部门（91.13%）	集体企业（1.32%）、私营企业（27.02%）、个体工商户（42.59%）、港澳台企业（1.09%）、日韩企业（0.23%）、欧美企业（0.23%）、中外合资企业（1.80%）、土地承包者（3.69%）、其他（0.49%）、无单位（12.54%）

分析教育获得、随迁阶段对新生代农民工劳动力市场融入的影响。卡方检验发现，受教育程度、随迁阶段对新生代农民工就业状况有显著影响（随迁阶段不影响行业分布）。小学及以下文化程度的新生代农民工更多分布在“其他行业”，初中、高中文化水平者则更多集中在“竞争行业”，而大学及以上学历者分布在“垄断行业”的比例也远远高于其他文化程度见表7－2。

表7－2 受教育水平与行业分布

（人；%）

受教育程度	垄断	竞争	其他	合计
小学及以下	2.27	45.83	51.89	264
初中	5.27	63.19	31.54	1804
高中	7.32	69.51	23.17	997
大学及以上	18.88	49.42	31.70	429
$\chi^2 = 187.356$ P＝0.000				

分析受教育程度、随迁阶段对职业分布的影响发现：小学及以下文化程度的新生代农民工更多从事“蓝领”工作，且无固定职业的比例显著高于其他文化程度者；初中、高中、大学及以上文化程度者有超过40%的人在服务行业就业；高中文化水平者自雇佣的比例高于其他文化水平；大学及以上文化程度者有20.09%的是“白领”，该比例显著高于其他文化水平，在这个群体中个，“无固定职业”的比例也显著低于其他水平。

随迁阶段显著影响职业分布，低龄随迁的新生代农民工无固定职业的比例高于其他阶段随迁。小学随迁的新生代农民工其成为蓝领的比例最高，初中以上（含高中和大龄）随迁的新生代农民工更多集中在服务业见表7－3。

表 7－3　受教育程度、随迁阶段与职业分布

（人；%）

受教育程度	白领	蓝领	服务业	自雇佣	无固定职业	合计
小学及以下	1.14	47.15	25.48	14.07	12.17	263
初中	4.83	29.71	40.70	17.93	6.83	1801
高中	6.74	18.61	44.16	24.25	6.24	994
大学及以上	20.09	16.31	42.79	15.13	5.67	423
χ^2 = 272.073　P = 0.000						
随迁阶段	白领	蓝领	服务业	自雇佣	无固定职业	合计
城市出生＋学前随迁	6.85	26.88	39.38	17.12	9.76	584
小学随迁	6.88	31.88	38.49	15.74	7.01	756
初中随迁	7.21	28.03	41.31	17.05	6.39	610
高中随迁	5.48	24.16	41.99	22.05	6.32	712
大龄随迁	8.18	21	42.49	22.59	5.74	819
χ^2 = 50.511　P = 0.000						

在所有制分布上，小学及以下和大学及以上分布在国有企业的比例高于其他文化水平，高中文化在国企中就业的比例最低；随迁阶段越早，进入国企就业的比例就越高，初中及以下阶段随迁的新生代农民工，进入国企的比例均在10%以上，而高中和大龄随迁者则在5%—6%见表7－4。

表 7－4　受教育水平、随迁阶段与单位性质

（人；%）

受教育程度	非国有	国有	合计	随迁阶段	非国有	国有	合计
小学及以下	89.02	10.98	264	城市出生＋学前随迁	89.27	10.73	587
初中	91.13	8.87	1804	小学随迁	87.96	12.04	756
高中	93.28	6.72	997	初中随迁	89.23	10.77	613
大学及以上	87.41	12.59	429	高中随迁	94.52	5.48	712
				大龄随迁	93.83	6.17	826
χ^2 = 14.492　P = 0.002				χ^2 = 32.184　P = 0.000			

二　教育获得、迁徙时机对劳动力市场融入的影响

教育作为影响职业获得的重要手段，使个体获得更多的“机会选择权”，从而更容易在市场上找到条件优越的工作；年轻且受过良好教育的农村劳动力在非农就业中占有主导地位。[①] 大量研究提出，教育能提高农民工的就业信息能力、决策能力、非农就业适应能力[②]，影响农民工的就业区位、行业类别、就业环境等[③]，通过影响其就业决策和岗位筛选能力，进而提高其预期收益能力；[④] 同时也能提高就业的概率和就业稳定性[⑤]，降低失业风险。[⑥] 受教育程度高的农民工成为管理、专业技术人员和公司职员的概率高[⑦]，可见受教育程度、职业技能培训对外出农民工获取或从事具有向上流动性强、社会声望相对较高的职业影响显著。[⑧] 那么，教育获得、迁徙时机对新生代农民工劳动力市场融入又有何影响?

（一）劳动力市场进入

以是否就业为因变量进行二元 Logistic 回归，分析影响新生代农民工劳动力市场进入的影响因素。模型 1 中可以看到：性别、年龄、年龄的平方、婚姻状况、子女数量均对新生代农民工的劳动力市场进入有显著影响。男性进入劳动力市场的几率是女性的 2. 33 倍，年龄大的进入劳动力市场的几率是年

---

① Alan de Brauw and Jikun Huang et al. , “The Evolution of China’s Rural Labor Markets During The Rreforms”, *Journal of Comparative Economics*, Vol. 30, No. 2, June 2002, pp. 329 – 353.

② 陈昭玖、胡雯:《人力资本、地缘特征与农民工市民化意愿——基于结构方程模型的实证分析》,《农业技术经济》2016 年第 1 期。

③ 严善平:《人力资本、制度与工资差别——对大城市二元劳动力市场的实证分析》,《管理世界》2007 年第 6 期。

④ 王竹林:《城市化进程中农民工市民化研究》，博士学位论文，西北农林科技大学，2008 年。

⑤ 赵耀辉:《中国农村劳动力流动及教育在其中的作用——以四川省为基础的研究》,《经济研究》1997 年第 2 期。

⑥ 马艳林:《教育水平对失业风险影响的实证研究——“民工荒”和“大学生就业难”现象的再解释》,《人口与经济》2016 年第 1 期。

⑦ 姚先国、俞玲:《农民工职业分层与人力资本约束》,《浙江大学学报》（人文社会科学版）2006 年第 5 期。

⑧ 陈书伟:《人力资本与外出农民工职业选择——基于河南省三县市调研数据的实证分析》,《财经论丛》2015 年第 6 期。

纪轻的 2.6 倍；已婚的进入劳动力市场的几率是未婚的 0.20 倍；已育的进入劳动力市场的几率是未育的 0.44 倍；省内跨市流动的进入劳动力市场的几率是跨省流动的 0.76 倍，市内跨县流动则是跨省流动的 0.60 倍。

在模型 2 中，将随迁阶段纳入模型发现，小学随迁、初中随迁与低龄随迁（城市出生和学前随迁）的新生代农民工进入劳动力市场的几率不存在显著差异；但是，高中阶段随迁的新生代农民工进入劳动力市场的几率是低龄随迁的 0.57 倍，大龄随迁进入劳动力市场的几率则是低龄随迁的 0.45 倍。即随迁阶段越早，进入劳动力市场的可能性越大；随迁阶段对劳动力市场进入的影响分水岭在高中阶段，在小学、初中阶段随迁对新生代农民工劳动力市场无影响，但是高中随迁及高中后迁徙，其进入劳动力市场的可能性小。

在模型 3 中，将受教育程度纳入模型发现，初中文化程度与小学及以下文化程度的新生代农民工进入劳动力市场的几率无显著差异；但是高中、大学及以上文化程度的新生代农民工进入劳动力市场的几率与小学及以下的存在显著差异。高中文化、大学文化进入劳动力市场的几率是小学及以下的 0.75 倍、0.61 倍。这样的结果似乎不合理，但是，在模型中 4 纳入随迁阶段和受教育程度的交互项之后，受教育程度对劳动力市场进入的影响变得不显著，而且方向也发生了变化：15 岁前随迁 + 小学及以下文化程度的进入劳动力市场的几率是同等学力者 15 岁后随迁的 3.5 倍；15 岁前随迁 + 初中文化程度、15 岁前随迁 + 高中文化程度的进入劳动力市场的几率是 15 岁后随迁同等学力者的 3.8 倍、2.05 倍，可以看到，受教育程度对劳动力市场进入的影响随着随迁阶段的变化而变化，同等学力下，随迁阶段早的进入劳动市场的几率要高于随迁阶段晚的见表 7 – 5。

表 7 – 5　劳动力市场进入二项 logistic 回归

	模型 1	模型 2	模型 3	模型 4
性别（男 = 1）	0.846*** (0.06)	0.748*** (0.06)	0.729*** (0.06)	0.711*** (0.06)
年龄	0.947*** (0.05)	1.033*** (0.05)	1.082*** (0.05)	1.132*** (0.05)
年龄的平方	−0.016*** (0.00)	−0.017*** (0.00)	−0.018*** (0.00)	−0.019*** (0.00)

续表

	模型 1	模型 2	模型 3	模型 4
婚姻状况（1 = 已婚）	-1.591*** (0.09)	-1.547*** (0.09)	-1.658*** (0.09)	-1.716*** (0.09)
是否生育	-0.806*** (0.13)	-0.874*** (0.13)	-0.947*** (0.13)	-0.883*** (0.13)
流动范围（跨省流动 = 1）省内跨市	-0.272*** (0.06)	-0.319*** (0.06)	-0.308*** (0.06)	-0.324*** (0.06)
市内跨县	-0.504*** (0.07)	-0.509*** (0.07)	-0.479*** (0.07)	-0.468*** (0.07)
小学随迁（城市出生 + 学期随迁 = 1）		-0.066 (0.09)	-0.075 (0.09)	-0.099 (0.09)
初中随迁		-0.148 (0.09)	-0.150* (0.09)	-0.181** (0.09)
高中随迁		-0.560*** (0.09)	-0.565*** (0.09)	0.389** (0.17)
大龄随迁		-0.795*** (0.10)	-0.780*** (0.10)	0.136 (0.16)
初中（小学及以下 = 1）			-0.100 (0.10)	-0.125 (0.15)
高中			-0.289*** (0.11)	0.002 (0.15)
大学及以上			-0.498*** (0.12)	0.062 (0.17)
15 岁前随迁*小学及以下（以 15 随迁后随迁为参照）				1.266*** (0.24)
15 岁前随迁*初中				1.330*** (0.17)
15 岁前随迁*高中				0.722*** (0.18)
15 岁前随迁*大专及以上				
cons	-11.998*** (0.60)	-12.849*** (0.62)	-13.164*** (0.63)	-14.982*** (0.69)

续表

	模型 1	模型 2	模型 3	模型 4
N	7721	7721	7721	7721
Log likelihood	-4652.8778	-4602.9657	-4588.3099	-4550.4373
Pseudo R^2	0.1249	0.1343	0.1370	0.1442

（二）部门进入

1. 行业分布

在行业分布上，以竞争行业为参照，对影响新生代农民工行业分布的因素进行分析。行业分布多元 logistic 回归模型发现婚姻状况、生育状况、流动范围、随迁阶段、随迁阶段与教育的交互项等对行业进入均无显著影响。性别、年龄和受教育程度影响垄断行业进入：相对于进入竞争行业，男性进入垄断行业的几率是女性的 2.6 倍，年龄对行业进入的影响呈倒 U 形分布；大学及以上受教育程度者进入垄断行业的几率显著高于小学及以下受教育程度者。

性别、年龄、婚育状况、迁徙范围及受教育程度显著影响其他行业进入。对于进入竞争行业，男性进入其他行业的几率是女性的 1.4 倍，年龄对行业进入的影响呈倒 U 形分布；已婚、已育的进入其他行业的是未婚的 1.39 倍和 0.63 倍；省内流动、市内跨县流动者进入其他行业的几率分别是跨省流动者的 1.37 倍、0.67 倍。初中、高中受教育程度的进入其他行业的几率分别是小学及以下文化的 0.62 倍、0.55 倍，即，受教育程度越高，越可能进入竞争行业而非其他行业。

随迁阶段和受教育程度交互项影响其他行业进入：小学及以下受教育程度的 15 岁前随迁者进入其他行业是同等学力 15 岁后随迁者的 2.5 倍，初中受教育程度的 15 岁前随迁者进入其他行业是同等学力 15 岁后随迁者的 1.6 倍，但是 15 岁前随迁且有高中文化程度的新生代农民工与 15 岁后随迁的新生代农民工进入其他行业的几率不存在显著差异。即 15 岁以下随迁，未能接受高中教育的新生代农民工进入其他行业的几率要高于 15 岁后随迁者，但是如果 15 岁前随迁，且接受了高中教育则对其行业进入无显著影响，也就是说，这些人并没有因为迁徙而失去了教育机会，教育获得减少迁徙带来的不良影响见表7-6。

表7-6　劳动力市场进入

行业分布多元 logistic 回归模型			所有制进入二项 logistic 回归（国有=1）			
	（竞争行业=1）		(1)	(2)	(3)	(4)
	垄断	其他	模型1	模型2	模型3	模型4
性别（男=1）	0.957*** (0.17)	0.340*** (0.09)	0.786*** (0.14)	0.597*** (0.14)	0.627*** (0.15)	0.615*** (0.15)
年龄	0.703*** (0.19)	0.186** (0.08)	0.599*** (0.15)	0.654*** (0.15)	0.606*** (0.15)	0.606*** (0.15)
年龄的平方	-0.013*** (0.00)	-0.003* (0.00)	-0.011*** (0.00)	-0.012*** (0.00)	-0.011*** (0.00)	-0.011*** (0.00)
婚姻状况（1=已婚）	0.012 (0.22)	0.328*** (0.12)	0.310* (0.18)	0.253 (0.18)	0.288 (0.18)	0.257 (0.18)
是否生育	-0.386 (0.33)	-0.446** (0.19)	-0.094 (0.27)	-0.145 (0.28)	-0.087 (0.28)	-0.066 (0.28)
流动范围（跨省流动=1）省内跨市	0.156 (0.16)	0.315*** (0.09)	1.428*** (0.15)	1.337*** (0.15)	1.322*** (0.15)	1.310*** (0.15)
市内跨县	0.107 (0.18)	-0.394*** (0.12)	0.578*** (0.20)	0.561*** (0.21)	0.540*** (0.21)	0.537*** (0.21)
小学随迁	0.231 (0.23)	0.041 (0.12)		0.043 (0.18)	0.077 (0.18)	0.070 (0.18)
初中随迁	0.073 (0.25)	-0.150 (0.13)		0.012 (0.20)	0.034 (0.20)	0.026 (0.20)
高中随迁	0.306 (0.33)	0.041 (0.25)		-0.714*** (0.22)	-0.708*** (0.23)	-0.434 (0.35)
大龄随迁	0.202 (0.33)	0.004 (0.25)		-0.745*** (0.22)	-0.745*** (0.22)	-0.497 (0.34)
初中（小学及以下=1）	-0.033 (0.50)	-0.475** (0.22)			-0.047 (0.23)	0.207 (0.50)
高中	0.110 (0.51)	-0.597** (0.24)			-0.230 (0.25)	0.311 (0.52)
大学及以上	1.444*** (0.50)	0.027 (0.25)			0.382 (0.27)	0.896* (0.52)

续表

行业分布多元 logistic 回归模型			所有制进入二项 logistic 回归（国有 =1）			
	（竞争行业 =1）		（1）	（2）	（3）	（4）
	垄断	其他	模型 1	模型 2	模型 3	模型 4
15 岁前随迁 * 初中	-1.530 (1.15)	0.929*** (0.35)				0.760 (0.60)
15 岁前随迁 * 高中	0.106 (0.35)	0.480* (0.25)				0.432 (0.36)
15 岁前随迁 * 大专及以上	0.214 (0.37)	0.114 (0.28)				0.013 (0.41)
cons	-12.039*** (2.38)	-3.124*** (1.07)	-11.509*** (1.87)	-11.971*** (1.88)	-11.399*** (1.90)	-12.058*** (1.98)
N	3494		3494	3494	3494	3494
Log likelihood	-2786.4158		-955.6831	-941.4428	-936.9021	-935.2697
Pseudo R^2	0.0618		0.0870	0.1006	0.1049	0.1065

2. 所有制状况

以新生代农民工所在单位的所有制状况为因变量进行二元 Logistic 回归，分析教育及迁徙时机对新生代代农民工就业单位所有制状况的影响。

在模型 1 中看到，性别、年龄、年龄的平方、流动类型均对新生代农民工所有制分布有显著影响。男性进行国有单位的几率是女性的 2.2 倍，年长的进入国有单位的几率是年轻的 1.82 倍，已婚的进入国有单位的几率是未婚的 1.4 倍；省内跨市、市内跨县流动的进入国有单位的几率分别是跨省流动的 4.2 倍和 1.8 倍，在新生代农民工劳动力市场进入时，省内流动者较跨省流动有一定优势，更能进入国有单位，劳动力市场进入的内外差异明显。

在模型 2 中，增加随迁阶段，发现其他变量影响和模型 1 差异不大，在随迁阶段中，小学随迁、初中随迁与低龄随迁者就业单位性质不存在显著差异，但是，高中阶段随迁、大龄随迁者其单位性质是国有的几率是分别是低龄随迁的 0.49 倍、0.47 倍。即，迁徙时机对就业单位性质影响的分水岭也在高中阶段，义务教育随迁对新生代农民工进入国有单位与低龄随迁无差异，但是高中及高中后随迁，则其进入国有性质单位的几率小。

在模型3中，纳入受教育程度，发现受教育程度对单位性质无显著影响，随迁阶段的影响依旧显著；在模型4中，纳入随迁阶段和受教育程度交互项，发现交互项无显著影响，且原本在模型3中影响显著的随迁阶段变得影响不显著，大学及以上受教育程度者变得显著，他们进入国有企业的几率为小学及以下受教育程度者的2.44倍，也就是说，国有单位的门槛较其他单位高，不论是何时迁徙，只有达到了一定的文化水平才能进入，受教育程度是进入该性质单位的关键，不论是初中还是高中文化，还是很难进入国有性质单位。

3. 职业状况

教育获得和迁徙时机是否会影响新生代农民工的职业状况？以服务业为参照，对新生代农民工职业状况进行分析，发现性别、年龄、流动类型影响新生代农民工职业状况，女性更多从事服务业，男性成为白领、蓝领、自雇佣和无固定职业者的几率分别是女性的2.1倍、3.5倍、1.7倍和2.6倍；年龄仅对是进入服务行业还是成为白领有显著影响，年龄大的比年龄小的更容易成为白领。

流动类型对新生代农民工是成为蓝领还是服务业从业人员，以及自雇佣者有显著影响，省内跨市流动的新生代农民工成为蓝领从业人员是成为服务业从业人员的1.29倍，市内跨县成为蓝领工人的几率是跨省流动的0.54倍；省内跨市流动的新生代农民工成为自雇佣人员是跨省流动的0.60倍，市内跨县的则是跨省流动的0.57倍。

受教育程度影响职业状况：相对于小学及以下受教育程度，大学及以上受教育程度的新生代农民工成为白领的几率是在服务业工作的12.5倍；初中、高中和大专及以上受教育程度者成为蓝领的几率分别是在服务业工作的0.40倍、0.31倍和0.36倍；初中、大学以上文化程度者自雇佣的几率是在服务业就业的0.60倍和0.57倍；初中受教育程度者的无固定职业的几率是在服务业就业的0.30倍，高中、大专及以上受教育程度者无固定职业的几率是在服务业就业的0.24倍和0.23倍。大多数新生代农民工从事服务业工作，受教育程度越高，成为白领的可能性越大；受教育程度越低，则越可能成为蓝领或无固定职业者；自雇佣并非文化程度越高可能性越大，初中、大学以上受教育程度者自雇佣者的几率低于高中文化程度者，这和自雇佣所需要的机会成本相关，由于大学及以上受教育程度者往往有相对稳定的职业，自雇佣机会成本过高；另外，初中受教育程度者自雇佣几率低，主要是受创业能力不足的影响。

迁徙时机影响对新生代农民工职业状况影响不大。初中阶段随迁的更可能成为无固定职业者成为服务业从业人员，其他阶段随迁无显著影响。随迁阶段和受教育年限的交互项效应对新生代农民工职业状况影响不大。15 岁前随迁的初中文化程度的新生代农民工相较于 15 岁以后随迁的同学历者，其成为蓝领的几率是成为服务业从业人员的 1.75 倍，其他则无显著影响见表 7－7。

表 7－7　新生代农民工职业状况多元 Logistics 回归（服务业＝1）

	白领	蓝领	自雇佣	无固定职业
性别（男＝1）	0.751*** （0.16）	1.251*** （0.11）	0.514*** （0.11）	0.859*** （0.16）
年龄	0.483*** （0.18）	0.131 （0.10）	－0.072 （0.10）	－0.001 （0.15）
年龄的平方	－0.009** （0.00）	－0.002 （0.00）	0.002 （0.00）	0 （0.00）
婚姻状况（1＝已婚）	0.035 （0.24）	0.712*** （0.15）	0.670*** （0.16）	0.126 （0.25）
是否生育	－0.597** （0.30）	0.089 （0.22）	0.789*** （0.27）	0.889 （0.55）
流动范围（跨省流动＝1） 省内跨市	－0.096 （0.17）	0.254** （0.10）	－0.504*** （0.11）	－0.086 （0.16）
市内跨县	－0.047 （0.19）	－0.612*** （0.14）	－0.568*** （0.13）	－0.092 （0.19）
小学随迁 （城市出生＋学前随迁＝1）	0.018 （0.23）	0.198 （0.14）	－0.096 （0.16）	－0.271 （0.21）
初中随迁	0.008 （0.24）	0.020 （0.15）	－0.122 （0.17）	－0.412* （0.23）
高中随迁	－0.128 （0.34）	0.398 （0.32）	－0.004 （0.33）	－0.576 （0.48）

续表

	白领	蓝领	自雇佣	无固定职业
大龄随迁	0.095 (0.33)	0.185 (0.32)	-0.054 (0.33)	-0.553 (0.48)
初中（小学及以下 =1）	0.910 (1.04)	-0.799*** (0.27)	-0.516* (0.30)	-1.211*** (0.37)
高中	1.392 (1.04)	-1.169*** (0.29)	-0.178 (0.31)	-1.403*** (0.41)
大学及以上	2.522** (1.03)	-1.018*** (0.32)	-0.565* (0.34)	-1.432*** (0.48)
15 岁前随迁*小学及以下（以 15 岁随迁后为参照）	0.562 (1.28)	0.680 (0.44)	-0.694 (0.53)	-0.402 (0.63)
15 岁前随迁*初中	0.603 (0.37)	0.557* (0.32)	-0.011 (0.33)	-0.229 (0.49)
15 岁前随迁*高中	0.182 (0.38)	0.475 (0.35)	-0.016 (0.34)	-0.162 (0.53)
cons	-9.664*** (2.51)	-3.197** (1.25)	-0.549 (1.34)	-1.474 (1.97)
N	3494	3494	3494	3494
Log likelihood	-955.7	-941.4	-936.9	-935.3
Pseudo R^2	0.0870	0.1006	0.1049	0.1065

（三）收入状况及影响因素

对新生代农民工收入状况以“个人上个月或上次就业收入（不含包吃包住费）”进行分析，可以看到新生代农民工月工资平均水平为3507.85元，最小值为0，最大值为20万元，标准差为3335.60，内部差异非常大。有研究认为，在市场性分割中，教育对工资差异产生重要影响：工资收入随着农业劳动者受教育程度的提高而不断提高①，教育、培训、经验、技能等对农民工工

① Huffman and W. E.，“Farm and Oil Farm Work Decisions：The Role of Human Capital”，*The Review of Economies and Statistics*，Vol. 62，No. 1，February 1980，pp. 14 -23.

资有显著正向影响[①]，每增加1年的正规教育，可以使其月收入增长3.65%；[②]农民非农就业的教育回报率从3%到6%不等。[③] 教育影响存在代际差异，第一代农民工工资收入受受教育程度的影响大，新生代农民工工资则更多受工作经验及健康因素影响[④]，但也有研究认为，只有高中和大专及以上学历对农村劳动力工资性收入有正影响。[⑤]

受教育程度、迁徙时机对新生代农民工收入有无影响？影响有多大？在模型1中，纳入新生代农民工人口学变量、受教育程度和随迁阶段，以这些因素预测其收入水平，可以消减11.77%的误差；在此基础上纳入受教育程度与随迁阶段交互项以及就业状况，得到模型2，模型的解释力提升至14.97%。基于模型可以看到，性别对收入有显著影响，男性收入要比女性收入高；年龄对收入呈倒U形影响。受教育程度影响收入水平：以小学及以下受教育程度为参照，估计受教育程度对收入的影响：初中组、高中组、大学及以上组的收入水平分别高出小学组20.5%、27.4%和31.3%。

在模型2中，纳入受教育程度与随迁阶段交互项以及农民工职业状况后，高中阶段和大龄随迁的影响均变得不显著，小学与初中阶段随迁组收入依旧高于城市出生+低龄随迁组；随迁阶段和受教育程度的交互项、单位性质对收入状况无显著影响。职业类型、行业分布显著影响其收入状况：白领收入高出蓝领9.8%，高出服务业16.1%，高出自雇佣3.1%，高出无固定职业者38.2%；在行业分布上，垄断行业就职者收入并不比在竞争和其他行业高；相反，竞争行业、其他行业就职的新生代农民工收入分别高出垄断行业9.2%和14.1%。垄断行业就业的新生代农民工收入最低，笔者认为这和该群体在

---

① 张艳华、李秉龙：《人力资本对农民非农收入影响的实证分析》，《中国农村观察》2006年第6期。

② 侯风云：《中国农村劳动力剩余规模估计及外流规模影响因素的实证分析》，《中国农村经济》2004年第3期。

③ 赵海：《教育和培训哪个更重要——对我国农民工人力资本回报率的实证分析》，《农业技术经济》2013年第1期。任远、陈春林：《农民工收入的人力资本回报与加强对农民工的教育培训研究》，《复旦学报》（社会科学版）2010年第6期。

④ 赵宁：《代际差异视角下人力资本对农民工工资收入的影响分析》，《西北人口》2015年第4期。

⑤ 赵海：《教育和培训哪个更重要——对我国农民工人力资本回报率的实证分析》，《农业技术经济》2013年第1期。

垄断行业就职的内容有关。由于知识和能力等的限制，新生代农民工在垄断行业无法进入核心部门和领域工作，通常以合同工和其他形式的劳务用工在后勤等其他部门工作，无法享受垄断行业的高工资、高福利。另外，受教育程度对收入的影响较模型 1 有所下降，教育和随迁状况对新生代农民工收入的影响，一部分是直接影响；另一部分则通过职业地位间接影响见表 7－8。

表 7－8 新生代农民工收入线性回归分析

	模型 1	模型 2		续 模型 1	续 模型 2
性别（男＝1）	0.118*** (0.02)	0.127*** (0.02)	大龄随迁	0.123*** (0.03)	0.092 (0.06)
年龄	0.113*** (0.02)	0.112*** (0.02)	15 岁前*小学及以下 （15 岁后为参照）		－0.046 (0.08)
年龄的平方	－0.002*** (0.00)	－0.002*** (0.00)	15 岁前随迁*初中		－0.003 (0.06)
婚姻状况（1＝已婚）	0.166*** (0.03)	0.142*** (0.03)	15 岁前随迁*高中		－0.054 (0.06)
是否生育	0.004 (0.05)	0.001 (0.05)	单位性质（国有＝1）		－0.049 (0.03)
初中 （小学及以下＝1）	0.205*** (0.03)	0.165*** (0.05)	蓝领 （以白领为参照）		－0.098** (0.04)
高中	0.274*** (0.04)	0.249*** (0.06)	服务业		－0.161*** (0.04)
大学及以上	0.313*** (0.04)	0.261*** (0.06)	雇佣		－0.031 (0.04)
流动范围（跨省流动＝1）省内跨市	－0.174*** (0.02)	－0.147*** (0.02)	无固定职业		－0.382*** (0.05)
市内跨县	－0.166*** (0.02)	－0.158*** (0.02)	竞争（垄断＝1）		0.092*** (0.03)
小学随迁（城市出生＋学前随迁＝1）	0.052* (0.03)	0.047 (0.03)	其他		0.141*** (0.03)
初中随迁	0.080*** (0.03)	0.080*** (0.03)	cons	5.848*** (0.23)	5.963*** (0.25)

续表

	模型 1	模型 2		续 模型 1	续 模型 2
高中随迁	0.098*** (0.03)	0.068 (0.06)	N	3641	3472
			Adj R^2	11.77	14.97

第二节 新生代农民工住房状况

住房获得是农民工城市经济融入的重要内容，长期以来备受关注。研究发现，农民工群体在住房获得方面表现为被边缘化和居住权益的缺失①，其居屋面积小、住房设施差、房屋拥有低，主要以寄居模式生活在城市②，呈现不具备家庭生活功能、不融入社会关系网络、不享受社会权利、社会认同产生失调的“无根性居住”。③ 农民工住房获得存在内部差异，新生代农民工合租比例较高，其租住的房屋类型和房屋设施优于老一代农民工；新生代农民工住房条件、模式、类型等获得不均，能抓住市场和制度优势的移民占优势。④ 本节主要分析新生代农民工的居住社区类型、居住隔离状况以及住房产权获得状况。

一 居住社区类型

考察新生代农民工居住社区类型看到，居住在“别墅区或商品房社区”的占比 14.14%、“经济适用房社区”的占比 3.77%、“机关事业单位社区”的占比1.51%、“工矿企业社区”的占 3.56%、“未经改造的老城区”的占比 14.95%、“城中村或棚户区”的占比 15.29%、“城郊接合部”的占比 16.68%、“农村社区”的占比 29.40%、“其他”的占比 0.70% 见表 7 -9。

① 赵晔琴：《吸纳与排斥：城市居住资格的获得路径与机制——基于城市新移民居住权分层现象的讨论》，《学海》2013 年第 3 期。

② 何炤华、杨菊华：《安居还是寄居？不同户籍身份流动人口居住状况研究》，《人口研究》2013 年第 6 期。

③ 朱磊：《农民工的“无根性居住”：概念建构与解释逻辑》，《山东社会科学》2014 年第 1 期。

④ Li and Si-ming, “The Housing Market and Tenure Decisions in Chinese Cities: A Multivariate Analysis of the Case of Guangzhou” *Housing Studies*, Vol. 15, No. 2, March 2000, pp. 213 -236.

表 7-9　居住社区类型

（人；%）

目前居住的社区类型	频数	百分比	目前居住的社区类型	频数	百分比
别墅区或商品房社区	1169	14.14	城中村或棚户区	1264	15.29
经济适用房社区	312	3.77	城郊接合部	1379	16.68
机关事业单位社区	125	1.51	农村社区	2431	29.40
工矿企业社区	294	3.56	其他	58	0.70
未经改造的老城区	1236	14.95	合计	8268	100

将社区类型合并为“商品房社区”“老城区”及“其他社区”三类，考察外出阶段对居住社区类型的影响，发现，“老城区”是新生代农民工居住的主要社区类型，各阶段外出的新生代农民工居住在此的比例在46%—48%；外出年龄显著影响居住社区类型：“城市出生及学前”阶段外出者有30.43%居住在“商品房社区”，显著高于其他组；该阶段外出者居住在“其他”社区的比例为21.74%，显著低于其他组；“高中”阶段外出者居住在“商品房社区”的比例最低，而居住在“其他社区”的比例最高。可以看到，外出阶段越早，居住社区类型越好；高中阶段外出者居住状况最差；高中后外出的，其居住状况要显著优于高中阶段外出者见表 7-10。

表 7-10　外出阶段与居住社区类型

（人；%）

外出阶段	商品房社区	老城区	其他社区	合计
城市出生及学前	30.43	47.83	21.74	46
小学	25.30	46.39	28.31	166
初中	18.37	48.86	32.77	528
高中	17.06	47.70	35.24	2304
高中后	20.29	46.38	33.33	5224
n = 8268　χ^2 = 21.220　P = 0.007				

考察受教育年限对居住社区类型的影响发现，受教育程度显著影响居住社区类型，小学及以下文化程度者居住在“商品房社区”的比例最低，仅为10.20%，而居住在“其他社区”的比例为55.10%，居住在“老城区”的比

例为34.69%，均显著高于其他组；大专文化水平者居住在“商品房社区”的比例最高，居住在“其他社区”的比例最低，总体呈现文化水平越高，居住社区类型越好的态势见表7-11。

表7-11 受教育程度与居住社区类型

（人；%）

受教育程度	商品房社区	老城区	其他社区	合计
小学及以下	10.20	34.69	55.10	294
初中	14.11	45.96	39.93	4508
高中	25.80	48.98	25.22	2558
大专	30.84	49.78	19.38	908
n=8268 χ^2 = 409.021 P=0.000				

二 居住隔离状况

城市是一个空间结构和社会结构合二为一的特殊体，随着社会的进步，城市逐渐分化成空间上相互隔离的单元，不同阶层的居民生活在不同的城市单元或街区，表现出特有的文化特征。[①] 研究发现，农民工城市居住经历了从聚居向混居的变化，居住隔离长期存在。新生代农民工与市民混居概率更高，老一代与非同乡农民工聚居概率更高[②]，农民工群体的居住空间的分异、隔离和极化现象日益突出。

以邻居类型进一步考察新生代农民工的居住状况，46.52%的新生代农民工周围邻居以外地人为主，有18.90%的邻居为“本地人”，28.06%的邻居中“外地人和本地人差不多”，另外还有6.52%的表示“不清楚”。考察外出阶段对邻居构成的影响发现，不论哪个阶段外出，其邻居均以“外地人”为主，新生代农民工存在隔离的状况见表7-12。

① 谭日辉：《当代中国城市居民居住状况对阶层认同与生活质量的影响分析——基于中国综合调查的实证研究》，《城市发展研究》2012年第10期。

② 杨肖丽、韩洪云、王秋兵：《代际视角下农民工居住环境影响因素研究——基于辽宁省的抽样调查》，《中南财经政法大学学报》2015年第4期。

表 7－12　外出阶段与邻居构成

（人；%）

	外地人	本地人	外地人、本地人差不多	不清楚	合计
城市出生＋学前	47. 83	17. 39	30. 43	4. 35	46
小学	48. 80	16. 87	30. 12	4. 22	166
初中	46. 78	19. 89	26. 70	6. 63	528
高中	48. 74	16. 19	27. 91	7. 16	2304
高中后	45. 42	20. 08	28. 18	6. 32	5224
$\chi^2 = 21.708$　P = 0. 041					

分析受教育程度对邻居类型的影响，小学及以下文化程度的新生代农民工邻居为“外地人”，本地市民的比例都是最高的，而大专文化的新生代农民工，其邻居类型中“外地人、本地人差不多”的比例最高，受教育程度显著影响邻居类型见表 7－13。

表 7－13　受教育程度与邻居类型

（人；%）

受教育程度	外地人	本地人	外地人、本地人差不多	不清楚	合计
小学及以下	53. 06	21. 09	21. 43	4. 42	294
初中	48. 07	18. 70	28. 39	4. 84	4508
高中	44. 29	18. 73	27. 99	8. 99	2558
大专	42. 95	19. 71	28. 74	8. 59	908
$\chi^2 = 67.924$　P = 0. 000					

三　住房产权获得状况

新生代农民工的住房状况来看；“租住私房”占比 61. 70%，“租住单位/雇主房”占比 3. 10%，“单位/雇主提供免费住房”（不包括就业场所）占比 1. 88%，“已购商品房”占比 18. 90%，“已购政策性保障房”占比 1. 36%，

“政府提供廉租房”占比0.13%，“政府提供公租房”占比0.22%，“借住房”占比1.30%，“就业场所”占比1.10%，“自建房”占比9.60%，“其他非正规居所”占比0.82%。租住住房是新生代农民工住房的主要模式，达到61.70%，购买商品房和自建房也达到一定比例，获得政策性住房仅占比1.70%。新生代农民工住房获得上大部分还是靠市场租赁，获得政府住房保障和扶助的新生代农民工比例较小。

按照住房产权状况将住房分有产权房和无产权房[①]，分析外出阶段和受教育状况对住房产权获得的影响，发现：不同外出阶段和受教育程度对新生代农民工住房产权获得均存在显著影响。随迁阶段和住房产权获得呈现倒U形，外出越早，住房产权获得的比例越高，城市出生和学前随迁的新生代农民工中有46.16%的获得住房产权，高中阶段外出者有22.14%的获得住房产权，高中后外出的则为23.13%，高中阶段外出者住房产权状况获得水平最低，这也在另一个侧面证明高中教育对新生代农民工城市融合的重要作用。受教育程度对住房产权获得的呈现倒U形，小学及以下文化程度的有38.42%的获得住房产权，大专的有38.95%的获得产权，初中、高中的分别有26.79%和29.78%的获得住房产权，显著低于小学文化组和大专文化组见表7－14。

表7－14 外出阶段、受教育程度对住房产权的影响

（人；%）

	无产权	有产权	合计		无产权	有产权	合计
城市出生＋学前	53.84	46.16	1198	小学及以下	61.58	38.42	544
小学	64.44	35.56	1569	初中	73.21	26.79	4058
初中	71.99	28.01	1303	高中	70.22	29.78	2260
高中	77.86	22.14	1676	大专	61.05	38.95	860
高中后	76.87	23.13	1976				
χ^2 = 269.104 P＝0.000				χ^2 ＝71.322 P＝0.000			

① 有产权房包含政策性保障房、商品房、自建房，其他类型为无产权房。

第三节　教育获得与住房获得

一　居住社区类型

新生代农民工是居住在“商品房社区”还是居住在“老城区”或者其他社区？是什么因素影响了其居住社区类型的选择？在模型1中，控制新生代农民工的人口学变量、流动状况，以受教育程度和职业技能培训状况为自变量，以“老城区”为参照做多元Logistics回归模型，分析教育获得对居住社区类型的影响。

可以发现，性别、年龄、婚姻状况等显著影响社区类型。已婚者居住在“商品房社区”的几率是未婚者的1.19倍，市内跨县流动者居住“商品房社区”的几率是省外流动的1.41倍；男性居住在“其他社区”的几率是女性的1.13倍，年长者居住在“其他社区”的几率是年轻人的0.98倍，省内流动者、市内跨县流动者居住在“其他社区”的几率是分别是省外流动的0.48倍和0.61倍。

受教育程度影响居住社区类型。相对于居住在“老城区”，高中文化程度的居住在“商品房社区”的几率是小学及以下文化程度的1.85倍；大专文化程度居住在“商品房社区”是小学及以下文化程度的2.05倍。相对于居住在“老城区”，初中文化程度的居住在“其他社区”的几率是小学及以下文化程度的0.58倍；高中、大专文化程度的居住在“其他社区”的几率分别是小学及以下文化程度的0.39倍、0.31倍。即受教育程度越高，居住社区类型越好；相对于居住在“老城区”，其居住在“商品房社区”的可能性越大，居住在“其他社区”的可能性越小。

职业技能培训影响居住社区类型，相对于居住在“老城区”，有职业技能培训经历者居住在“商品房社区”的几率是没有该经历者的1.12倍，居住在“其他社区”的几率是没有接受过培训者的0.52倍，即接受职业技能培训能改善新生代农民工居住社区类型。

迁徙时间影响居住社区类型，初中阶段随迁者其居住在“商品房社区”

的几率是小学及以下阶段随迁的0.68倍，高中及以上阶段随迁者居住在“商品房社区”的几率分别是小学及以下阶段随迁者的0.39倍、0.42倍。迁徙时间与居住在“商品房社区”的几率呈现U形，高中阶段随迁者居住在这类社区的几率最小。

在模型1基础上加入就业状况变量得到模型2。模型2中可以发现教育对是居住在“商品房社区”还是“老城区”的影响依旧显著，作用大小有所下降；教育对是居住在“老城区”还是“其他社区”的影响不显著。高中文化程度、大专文化程度者居住在“商品房社区”的几率分别是小学及以下文化的1.73倍、1.94倍。

职业状况影响居住社区类型。相对于居住在“老城区”，服务业从业人员、自雇佣者居住在“商品房社区”的几率分别是白领的1.72倍、1.34倍；相对于居住在“老城区”，收入高居住在“商品房社区”的几率是收入低的1.45倍，包吃住的是不包吃住的2.24倍，在城乡接合部工作的是在市区工作的0.27倍，在乡镇工作的是在市区工作的1.5倍。相对于居住在“老城区”，服务业从业人员居住在“其他社区”的几率是白领的2.01倍；收入高的是收入低的0.81倍，包吃住的是不包吃住的0.83倍；在城乡接合部工作、在乡镇工作、在农村工作的居住在“其他社区”的几率分别是在市区工作的1.37倍、16.56倍、16.89倍，工作区域对新生代农民工居住区域的选择有重要影响。从模型2中可以看到，教育一方面直接影响居住社区类型；另一方面则通过就业状况的中介作用发挥影响。职业技能培训对居住社区类型影响依旧显著，且大小变化不大，即职业技能培训直接影响新生代农民工居住的社区类型。

在模型2的基础上，加入住房产权得到模型3，发现，住房产权显著影响居住社区类型，有住房产权者居住在“商品房社区”的几率是无产权者的9.41倍，也就是说，新生代农民工在有条件购买住房的时候，往往会优先选择商品房社区，以改善居住状况。教育水平、职业技能培训等的影响方向和大小与模型2差异不大见表7-15。

表 7－15　居住社区类型多元回归分析（以“老城区”为参照）

	模型 1		模型 2		模型 3	
	商品房	其他	商品房	其他	商品房	其他
性别	0.062 (0.06)	0.108** (0.05)	0.080 (0.07)	0.097 (0.07)	0.100 (0.07)	0.096 (0.07)
年龄	0.015 (0.01)	－0.018** (0.01)	0.019* (0.01)	0.009 (0.01)	0.011 (0.01)	0.009 (0.01)
婚姻状况（已婚＝1）	0.180** (0.08)	0.349*** (0.07)	0.123 (0.10)	0.078 (0.11)	0.048 (0.10)	0.080 (0.11)
是否随迁	－0.194 (0.14)	－0.456*** (0.13)	－0.238 (0.22)	－0.34 (0.29)	－0.319 (0.24)	－0.346 (0.29)
省内流动（跨省流动＝1）	0.085 (0.06)	－0.743*** (0.05)	0.068 (0.07)	－0.484*** (0.08)	－0.061 (0.07)	－0.477*** (0.08)
市内跨县	0.344** (0.15)	－0.502*** (0.16)	0.429** (0.17)	0.043 (0.20)	0.083 (0.18)	0.078 (0.20)
初中（小学参照）	0.051 (0.23)	－0.542*** (0.15)	0.074 (0.26)	－0.100 (0.22)	－0.013 (0.26)	－0.087 (0.22)
高中	0.617*** (0.24)	－0.948*** (0.15)	0.553** (0.26)	－0.178 (0.23)	0.435* (0.26)	－0.156 (0.23)
大专	0.720*** (0.24)	－1.164*** (0.17)	0.666** (0.27)	－0.422* (0.25)	0.530* (0.27)	－0.405 (0.25)
初中随迁（小学及以下）	－0.390* (0.22)	－0.134 (0.21)	－0.191 (0.25)	0.435 (0.32)	－0.094 (0.27)	0.425 (0.32)
高中随迁	－0.937*** (0.33)	－0.457 (0.40)	－1.071*** (0.37)	0 (0.53)	－0.815** (0.40)	－0.119 (0.53)
高中及以上	－0.869*** (0.33)	－0.396 (0.40)	－0.986*** (0.37)	0.127 (0.52)	－0.720* (0.39)	0.010 (0.52)
职业技能培训（有＝1）	0.172*** (0.06)	－0.659*** (0.06)	0.178** (0.07)	－0.492*** (0.09)	0.179** (0.07)	－0.509*** (0.09)
15 岁前*小学及以下（15 岁以后为参照）	－0.529 (0.64)	－0.745 (0.53)	－0.724 (0.68)	－0.532 (0.79)	－0.646 (0.72)	－0.667 (0.79)
15 岁前随迁*初中	－0.397 (0.34)	－0.466 (0.39)	－0.785** (0.38)	－0.304 (0.52)	－0.610 (0.40)	－0.413 (0.52)
15 岁前随迁*高中	－0.560 (0.35)	－0.658 (0.43)	－1.046*** (0.40)	－1.032* (0.59)	－1.055** (0.43)	－1.125* (0.59)

续表

	模型 1		模型 2		模型 3	
	商品房	其他	商品房	其他	商品房	其他
蓝领（白领 =1）			0.094 (0.14)	0.736*** (0.14)	0.225 (0.15)	0.716*** (0.14)
服务业			0.545*** (0.13)	−0.170 (0.14)	0.767*** (0.13)	−0.187 (0.14)
自雇佣			0.336** (0.14)	−0.093 (0.16)	0.531*** (0.15)	−0.121 (0.16)
无固定职业			0.525 (0.38)	0.468 (0.39)	0.711* (0.39)	0.433 (0.39)
城乡结合部（以城市为参照）			−1.302*** (0.10)	0.318*** (0.09)	−1.342*** (0.11)	0.323*** (0.09)
县城			−0.118 (0.15)	0.216 (0.21)	−0.258 (0.16)	0.249 (0.21)
乡镇			0.425*** (0.12)	2.807*** (0.11)	0.336*** (0.13)	2.814*** (0.11)
农村			0.443 (0.29)	5.117*** (0.20)	0.456 (0.29)	5.121*** (0.20)
收入对数			0.380*** (0.07)	−0.216*** (0.08)	0.205*** (0.07)	−0.207** (0.08)
公积金（有 =1）			0.226* (0.12)	1.225*** (0.11)	0.179 (0.12)	1.217*** (0.11)
是否包吃住（是 =1）			0.807*** (0.08)	−0.188* (0.10)	0.774*** (0.08)	−0.184* (0.10)
住房产权（有 =1）					2.241*** (0.14)	−0.013 (0.21)
cons	−1.008** (0.46)	1.497*** (0.46)	−4.574*** (0.75)	0.008 (0.91)	−3.246*** (0.78)	0.034 (0.91)
N		8268		7485		7485
Log likelihood		−8115.10		−5447.31		−5281.44
Pseudo R^2		0.0561		0.3004		0.3217

二　居住隔离

移民住房研究在国内外备受关注，众多研究对移民居住融合得出了不同的结论。有研究认为，在移民初期，由于无力承担在富裕社区高昂居住成本，移民多群居在离工作地点较近的社区中，经济社会地位差异带来族群间居住隔离。随着时间推移，移民逐渐融入城市经济社会生活，实现向上流动。经济状况的改善使得居住地发生流动，移民往往会迁出以前种族聚集区域，迁入到条件好的区域，居住环境改善；而这种流动通常由二代移民来实现。[①] 与此不同，不少研究认为，经济融入并不一定带来少数族裔对主流群体的认同和空间同化。[②] 对移民而言，族群飞地是安全岛，在迁徙过程中，移民初始时多居于群族飞地内，已获得同乡帮助，保持原有生活方式。一些非裔中产阶级黑人拒绝空间同化，更倾向于居住在黑人社区，在这些社区中自由自在，可为社区福利发展做贡献，且可展示自己的地位，避免其他种族歧视与骚扰。[③] 也有研究认为，移民的居住状况取决于该群体在社会分层中所处的位置[④]，移民即使主观有空间融入的意愿，但是主流群体的偏见和排斥，限制其选择居住的自由。

在初期，农民工以血缘和地缘关系为主大量聚集，形成如北京的“浙江村”[⑤]、“河南村”[⑥] 等聚居区；随着户籍、社会保障和土地制度等“地方本位”政策和“食租”“寄生性”经济的存在，城市中“二元社区”“城中村”出现，早期基于地缘和亲缘的聚居区被异质性增强的流动人口聚居区所取

① Charles and C. Z. ,“The Dynamics of Racial Residential Segregation”, *Annual Review of Sociology*, Vol. 29, No. 1, August 2003, pp. 167 – 207.

② Swaroop, S. and Krysan M. ,“The Determinants of Neighborhood Satisfaction: Racial Proxy Revisited”, *Demography*, Vol. 48, No. 3, August 2011, pp. 1203 – 1229.

③ Camina, M. M. and Wood M J. ,“ Parallel Lives: Towards A Greater Understanding of What Mixed Communities Can Offer”, *Urban Studies*, Vol. 46, No, 2, February 2009, pp. 459 – 480.

④ Charles, C Z. ,“The Dynamics of Racial Residential Segregation”, *Annual Review of Sociology*, Vol. 29, No. 1, August 2003, pp. 167 – 207.

⑤ 王汉生等:《“浙江村”——中国农民进入城市的一种独特方式》,《社会学研究》1997 年第 1 期。

⑥ 唐灿、冯小双:《“河南村”流动农民的分化》,《社会学研究》2000 年第 4 期。

代。[①] 且随着时间的推移，农民工与本地人之间的居住隔离程度加深，散点状为主的隔离空间模式形成，在居住隔离机制形成过程中，“属地差别”的影响作用超过户籍“身份差别”。[②]

对新生代农民工居住隔离的影响因素多元 logistics 回归，得到 3 个模型。模型 1 中发现，婚姻状况、流动类型等对居住隔离有显著影响。已婚者居住隔离的几率是未婚的 0.82 倍；省内跨市流动、市内跨县流动居住隔离几率分别是跨省流动的 0.62 倍、0.29 倍，流动距离越短，居住隔离越小；外出年龄显著影响居住隔离状况，高中外出者其居住隔离是小学及以前随迁的 1.72 倍，其他阶段外出者与小学及以前随迁无显著差异，高中阶段外出的居住隔离状况最严重。受教育程度对居住是否隔离无显著影响，但是是否接受职业技能培训显著影响居住隔离状况，接受职业技能培训者的居住隔离的几率是未接受职业技能培训者的 0.72 倍，受教育程度与外出阶段交互作用对居住隔离无显著影响。

在模型 1 基础上加入就业状况变量得到模型 2。可以发现：在模型 1 中无影响的受教育程度，在模型 2 中对居住隔离有影响，初中文化程度者的居住隔离的几率是小学及以下文化程度者的 0.77 倍，也就是说，在纳入就业状况变量之前，教育作用被一些因素掩盖；职业技能培训对居住隔离影响依旧显著，但是作用有所下降，即职业技能培训一方面直接影响居住隔离状况，另一方面通过就业状况间接影响居住隔离。就业状况显著影响居住隔离状况：服务业从业人员、自雇佣者居住隔离状况分别是白领的 0.73 倍、0.82 倍，其他从业人员居住隔离状况与白领不存在显著差异；在城乡接合部工作的其居住隔离状况与在市区工作的不存在显著差异，在县城工作的、在乡镇工作的、在农村工作的居住隔离分别是在市区工作的 0.22 倍、0.51 倍、0.57 倍。

在模型 2 基础上，纳入住房产权，得到模型 3。在该模型中，其他变量的影响基本稳定，并未发生大的变化。住房产权显著影响居住隔离状况，有住房产权的居住隔离是无住房产权的 0.66 倍，也就是说，当新生代农民

---

① 李培林：《巨变：村落的终结——都市里的村庄研究》，《中国社会科学》2002 年第 1 期。
② 袁媛、许学强：《广州市外来人口居住隔离及影响因素研究》，《人文地理》2008 年第 5 期。

工有实力购买住房，在获得住房产权时，一定会逃离聚居区，而融入城市社会见表7－16。

表7－16 居住隔离二元 Logistic 模型

	模型1	模型2	模型3
性别	－0.042 (0.05)	－0.059 (0.05)	－0.061 (0.05)
年龄	0.002 (0.01)	－0.003 (0.01)	－0.002 (0.01)
婚姻状况（已婚＝1）	－0.199*** (0.06)	－0.222*** (0.07)	－0.215*** (0.07)
是否随迁	0.269** (0.11)	0.013 (0.18)	0.023 (0.18)
省内流动 (跨省流动＝1)	－0.480*** (0.05)	－0.572*** (0.05)	－0.556*** (0.05)
市内跨县	－1.248*** (0.14)	－1.239*** (0.15)	－1.194*** (0.15)
初中 （小学文化为参照）	－0.162 (0.13)	－0.258* (0.15)	－0.249* (0.15)
高中	－0.05 (0.14)	－0.181 (0.15)	－0.163 (0.15)
大专	－0.027 (0.15)	－0.220 (0.16)	－0.199 (0.16)
初中随迁 （小学及以下）	0.050 (0.17)	－0.045 (0.19)	－0.067 (0.20)
高中随迁	0.546* (0.30)	0.312 (0.32)	0.253 (0.32)
高中及以上随迁	0.386 (0.29)	0.179 (0.31)	0.120 (0.32)
职业技能培训	－0.327*** (0.05)	－0.325*** (0.05)	－0.324*** (0.05)
15岁前随迁*小学及以下 （15岁以后随迁为参照）	0.169 (0.44)	0.049 (0.49)	0.013 (0.49)
15岁前随迁*初中	0.487 (0.30)	0.391 (0.32)	0.351 (0.32)

续表

	模型 1	模型 2	模型 3
15 岁前随迁*高中	0.200 (0.32)	0.002 (0.34)	-0.006 (0.34)
蓝领（白领=1）		0.007 (0.10)	-0.015 (0.10)
服务业		-0.320*** (0.10)	-0.347*** (0.10)
自雇佣		-0.196* (0.11)	-0.220** (0.11)
无固定职业		-0.370 (0.27)	-0.396 (0.27)
工作地点城乡接合部（以城市为参照）		-0.075 (0.07)	-0.080 (0.07)
县城		-1.510*** (0.16)	-1.494*** (0.16)
乡镇		-0.676*** (0.08)	-0.673*** (0.08)
农村		-0.564*** (0.08)	-0.576*** (0.08)
收入对数		0.081 (0.05)	0.111** (0.05)
公积金（有=1）		-0.022 (0.09)	-0.017 (0.09)
是否包吃住（是=1）		0.076 (0.06)	0.083 (0.06)
住房产权（有=1）			-0.410*** (0.11)
cons	0.202 (0.36)	0.462 (0.58)	0.265 (0.58)
N	8268	7485	7485
Log likelihood	-5578.347	-4937.688	-4930.977
Pseudo R^2	0.024	0.046	0.048

三　住房产权获得

在城市化的进程中，能否在城市购买房产，成为一个农民工城市融入的重要指标。有研究对两代移民的住房拥有率进行研究，发现受教育程度、财富资源、住房价格等影响移民住房获得。居民在生命周期内的住房拥有率的增长与居住时间长度有关，考虑到时间效应，二代移民的住房拥有率是下降的。① 生命周期和迁移行为都对城市居民的住房资产获得有影响；个体生命周期的影响高于家庭生命周期；户籍因素相对于受教育程度和体制分割，是影响住房资产获得更为关键的因素。②

应用二元 Logistic 回归对影响新生代农民工住房状况的因素进行分析，得到模型 1—模型 4。在模型 1 中，发现性别、年龄、迁徙类型等影响住房产权获得：男性拥有住房产权的是女性的 1.77 倍；年龄的影响呈现倒 U 形，年龄较小的和年龄较大的新生代农民工群体，较之中年的农民工群体，其城市住房获得的状况都要差；省内跨市流动、市内跨县流动者拥有住房产权的几率是分别跨省流动的 2.01 倍、1.53 倍。

受教育程度、随迁阶段对住房产权获得有显著影响。初中、高中、大专及以上文化程度的拥有住房产权的几率是分别是小学及以下文化程度的 0.45 倍、0.49 倍、0.66 倍。在受教育程度和住房产权获得上，小学文化程度的新生代农民工住房产权状况最好，即教育和住房产权并不是教育程度越好住房产权状况越好。随迁阶段显著影响住房产权状况，小学随迁、初中随迁、高中随迁、大龄外出者获得房屋有产权的几率分别是城市出生和学前随迁者的 0.67 倍、0.46 倍、0.30 倍、0.29 倍，即，新生代农民工随迁越早，越是有可能在城市获得住房产权。

在模型 1 的基础上，纳入随迁阶段和教育程度交互项，得到模型 2，发

---

① Myers, D., Megbolugbe, I., Lee and S. W., "Cohort Estimation of Homeownership Attainment Among Native-Born and Immigrant Populations", *Journal of Housing Research*, Vol. 9, No. 2, January 1998, pp. 237 – 269.

② 孙远太：《生命周期、迁移行为与城市居民住房资产获得》，《中共福建省委党校学报》2015 年第 4 期。

现，教育对住房产权获得的影响变小，且只有初中文化程度者与小学及以下文化程度者存在显著差异，初中文化程度者拥有产权的几率是小学及以下文化程度者的0.56倍。随迁阶段和受教育程度交互项影响显著。15岁前随迁小学及以下文化程度的新生代农民工，其住房产权状况是15岁后随迁同等学历新生代农民工的2.5倍，15岁前随迁初中文化程度的是15岁后随迁的1.68倍。也就是说教育程度一方面直接影响产权获得，另一方面则通过随迁阶段与其交互作用发生影响。

在模型2基础上，纳入流入地区域因素得到模型3，发现，流入地因素显著影响新生代农民工住房产权状况，流入西部地区、流入东北地区者，其获得住房产权的几率分别是流入东部地区的1.67倍、4.97倍，即，流入东部地区住房产权获得状况要显著差于流入西部和东北地区者。跨省流入东部地区和跨省流入中部地区的与省内流动的住房产权获得不存在显著差异；跨省流入西部地区的新生代农民工在住房产权获得的几率上是省内流动的2.28倍。流动类型、随迁阶段、受教育程度和随迁阶段的交互项均显著影响新生代农民工的住房产权获得状况，受教育程度部分影响住房产权获得，影响方向一致，大小略有变化。

在模型3基础上纳入就业状况得到模型4，发现，家庭月收入状况对住房产权状况无显著影响，但是单位是否包吃住影响显著，包吃住的拥有住房产权是不包吃住的0.59倍；蓝领从业人员住房产权获得几率是白领的1.63倍，服务业和自雇佣的新生代农民工是白领获得住房产权的0.58倍和0.57倍；个人有缴纳公积金者，其获得住房产权的几率是无公积金的1.57倍。受教育程度对住房产权获得的影响变得不显著，住房产权拥有状况不能直接由受教育程度决定，教育通过作用到劳动力市场中的就业状况等影响住房产权状况见表7-17。

表7-17 新生代农民工住房获得的影响因素分析

	模型1	模型2	模型3	模型4
性别	0.571*** (0.09)	0.561*** (0.09)	0.501*** (0.09)	0.304*** (0.09)

续表

	模型 1	模型 2	模型 3	模型 4
年龄	0.315 *** (0.08)	0.327 *** (0.08)	0.221 ** (0.09)	0.196 ** (0.09)
年龄平方	-0.004 *** (0.00)	-0.005 *** (0.00)	-0.003 (0.00)	-0.002 (0.00)
婚姻状况	0.058 (0.12)	0.025 (0.12)	0.268 ** (0.13)	0.198 (0.13)
是否生育	-0.109 (0.19)	-0.084 (0.19)	0.076 (0.20)	0.134 (0.20)
省内流动（跨省 =1）	0.699 *** (0.08)	0.693 *** (0.09)	0.993 *** (0.20)	0.923 *** (0.20)
市内跨县	0.425 *** (0.11)	0.427 *** (0.11)	0.888 *** (0.21)	0.928 *** (0.22)
小学随迁（城市出生 + 学前随迁 =1）	-0.394 *** (0.12)	-0.400 *** (0.12)	-0.431 *** (0.12)	-0.497 *** (0.13)
初中随迁	-0.784 *** (0.13)	-0.792 *** (0.13)	-0.811 *** (0.13)	-0.890 *** (0.14)
高中外出	-1.207 *** (0.13)	-0.789 *** (0.23)	-0.722 *** (0.24)	-0.878 *** (0.25)
大龄外出	-1.241 *** (0.13)	-0.845 *** (0.23)	-0.729 *** (0.24)	-0.869 *** (0.24)
初中（小学及以下 =1）	-0.794 *** (0.14)	-0.572 ** (0.23)	-0.483 ** (0.23)	-0.372 (0.24)
高中	-0.713 *** (0.15)	-0.366 (0.24)	-0.078 (0.25)	0.094 (0.25)
大专	-0.418 ** (0.17)	0.049 (0.25)	0.415 (0.26)	0.417 (0.27)
15 岁前随迁 * 小学及以下（15 随迁后随迁 =1）		0.915 *** (0.35)	0.920 *** (0.35)	0.761 ** (0.37)
15 岁前随迁 * 初中		0.520 ** (0.24)	0.417 * (0.25)	0.279 (0.25)
15 岁前随迁 * 高中		0.316 (0.25)	0.292 (0.26)	0.157 (0.27)

续表

	模型 1	模型 2	模型 3	模型 4
中部地区（东部地区 =1）			-0.227 (0.19)	-0.028 (0.20)
西部地区			0.529*** (0.17)	0.571*** (0.18)
东北地区			1.603*** (0.18)	1.575*** (0.19)
跨省流入东部（省内流动 =1）			0.260 (0.27)	0.172 (0.28)
跨省流入中部			0.302 (0.33)	0.350 (0.34)
跨省流入西部			0.825*** (0.23)	0.912*** (0.24)
家庭月收入状况				0.082 (0.08)
单位是否包吃住				-0.522*** (0.16)
蓝领（白领 =1）				0.494*** (0.17)
服务业				-0.546*** (0.16)
自雇佣				-0.567*** (0.18)
无固定职业				-0.106 (0.21)
公积金（有 =1）				0.450** (0.20)
cons	-4.775*** (1.02)	-5.670*** (1.07)	-5.479*** (1.15)	-5.463*** (1.36)
	3494	3494	3494	3481
Log likelihood	-2045.557	-2041.271	-1920.399	-1842.865
Pseudo R^2	0.088	0.089	0.143	0.175

本章小结

“80 后”“90 后”有随迁经历的新生代农民工劳动力市场融入和住房产权获得状况均不佳。新生代农民工大多数是从事服务业工作，在非国有部门、批发、零售等行业就职，薪资水平低；大部分靠市场租赁，居住在未经改造的老城区、城中村或棚户区，与当地人存在一定程度的居住隔离。

受教育程度影响劳动力市场融入。受教育程度正向影响收入水平；大专文化程度者进入垄断行业、国企的几率高；初中、高中文化程度者则更多进入竞争行业；小学文化程度者更多进入其他行业；受教育程度越高，成为白领的几率越大，受教育程度低者则可能成为蓝领和无固定职业者；自雇佣和文化程度并不呈现正相关，初中和大学以上文化程度者更可能成为服务业从业人员而非自雇佣者。

受教育程度影响住房产权的获得。受教育程度高的，有职业技能培训经历的，居住社区类型越好。教育对居住社区类型有直接影响，并通过就业状况的中介作用发挥影响；职业技能培训直接影响居住社区类型。教育对居住隔离有影响，职业技能培训显著降低居住隔离状况。受教育程度不能决定住房产权的获得状况，受教育程度与随迁阶段的交互作用，教育通过就业状况的中介作用影响住房产权的获得状况。

迁徙时间影响居住社区类型和住房产权获得。高中阶段随迁者居住状况最差，居住隔离的可能性最高；随迁阶段影响住房产权的获得状况，随迁阶段越早者，越有可能获得住房产权。

第八章　初中后教育获得与文化融入、身份认同

当农民工离开农村，便脱离了浓郁的传统性，进入一个现代社会；他们面临着一个社会制度、生产方式、经济条件、资源分配等截然不同的城市社会。在这个过程中，农民工不仅仅是空间上的移民，更是现代化意义上的"文化移民"，他们必须面对两种文化场域的转换，在传统和现代两种文化中思考、选择、适应、生存。文化认同对移民的社会融入有重要意义，文化认同是农民工社会融合的重要组成部分，心理或文化层面的反映参与城市生活的深度，没有心理和文化的适应，农民工就无法完全融入城市。[①] 农民工城市融入要经过经济整合—文化接纳—行为适应—身份认同这四个阶段，文化接纳是城市融入的重要环节。[②] 在本章中，主要从文化认同、社会距离感两个方面探讨新生代农民工文化融入状况，并就新生代农民工的身份认同展开分析。

第一节　教育获得与文化认同

文化认同是个体对所属文化及文化群体形成归属感，从而获得、保持与创新自身文化属性的社会心理过程[③]，使用相同的文化符号、遵循共同的文化理念、秉承共有的思维模式和行为规范，是文化认同的依据。文化认同的独特之处在于，其在一定意义上是可变的，个人可以在特定的文化理念、思维

---

① 朱力：《论农民工阶层的城市适应》，《江海学刊》2002 年第 6 期。

② 杨菊华：《从隔离、选择融入到融合：流动人口社会融入问题的理论思考》，《人口研究》2009 年第 1 期。

③ 杨宜音：《文化认同的独立性和动力性：以马来西亚华人文化认同的演进与创新为例》，载张存武主编《海外华族研究论集》（第三卷），华侨协会总会出版社 2002 年版，第 407—420 页。

方式和行为模式中进行选择。当新生代农民工从传统农村社会进入现代化的大都市，剧变的社会和巨大的文化差异变迁迫使其思考自己的文化归宿和行为模式。本节从语言应用、文化距离感和行动策略等几个层面对新生代农民工对文化认同展开分析。

一 语言应用与认同

文化是“全体成员之间共同拥有的一整套社会行为方式和价值理念系统。它反映在群体成员的日常生活、习俗、宗教、艺术、教育、社会、政治、经济等制度安排之中……”① 相同文化符号的使用、共同文化理念的遵循、共有思维模式和行为规范的秉承，是文化认同的依据。② 语言是实现个人认同和对社会角色的追求的重要途径，语言能力是移民进行文化适应的前提。③ 新生代农民工语言认同是指农民工对普通话和流入地方言在态度、情感、认知、行为等层面的趋同；以及新生代农民工对家乡方言的态度、情感、认知、行为等层面的取舍。

（一）流入地语言掌握与应用

新生代农民在城市务工过程中，对语言资源能力、语言使用及服务能力、语言技术能力等进行了调整④，进行了语库扩容、语码选择模式变更、言语交际策略调整等一系列语言再社会化的过程。通过语言这个渠道进行自我包装、印象管理，克服在社会流动中遇到的文化隔阂，试图跟随社会变迁的脚步实现城市融入，完成自我的主体性建构。⑤

通过询问“您对本地话的掌握程度如何?”对新生代农民工流入地语言掌握状况调查发现，“听得懂也会讲”的占比 37.36%，“听得懂，也会讲一些”

① 朱桃香、代帆：《融合与冲突——论海外华侨华人的认同》，《东南亚研究》2002 年第 3 期。

② 崔新建：《文化认同及其根源》，《北京师范大学学报》（社会科学版）2004 年第 4 期。

③ H. N. Sik, “From Language Acculturation to Communication AcculturationAddressee Orientations and Communication Brokering in Conversations”, *Journal of Language & Social Psychology*, Vol. 26, No. 26, March 2007, pp. 75 –90.

④ 王玲、王丽娟：《语言经济学视角下新生代农民工语言城市化研究》，《河海大学学报》（哲学社会科学版）2016 年第 4 期。

⑤ 陈晨：《新生代农民工主体性建构：语言认同的视角》，《中国农业大学学报》（社会科学版）2012 年第 3 期。

的占比23.03%，“听得懂一些但不会讲”的占比23.42%，“不懂本地话”占比16.19%。在与本地人交流时，采用“普通话”的占比66.88%，采用“家乡话”的占比11.84%；采用“本地话”的占比10.15%，“视情况而定”的占比11.13%。总体来看，农民工在当地语言习得上较差，只有37.36%的能听也能讲当地方言，在语言应用上，普通话应用最为广泛。绝大部分新生代农民工是双言或多言者，普通话已经成为公共、工作等领域的主体语言；流入地方言掌状况一般，新生代农民工语言使用呈现一定的二重性见表8-1。

表8-1　新生代农民工的语言掌握与使用（N=8268）

对本地话的掌握程度	N	%	与本地人交流的语言使用	N	%
听得懂也会讲	3089	37.36	普通话	5530	66.88
听得懂，也会讲一些	1904	23.03	家乡话	979	11.84
听得懂一些但不会讲	1936	23.42	本地话	839	10.15
不懂本地话	1339	16.19	视情况而定	920	11.13

分析受教育程度对新生代农民工流入地语言习得的影响发现，受教育程度对流入地方言习得有显著影响，文化水平越高，流入地当地方言习得状况越好。小学及以下文化程度的新生代农民工对当地方言听得懂也会讲的仅占比25.51%，而大专文化程度者该比例占比50.11%；小学及以下文化程度者“不懂本地话”的比例最高，占比25.85%，而文化程度为大专者，“不懂本地话”的比例为8.9%。语言作为一种习得的文化产物，受教育程度对其习得有重要影响，受教育程度越高，对本地语言的接受能力越强，习得越好见表8-2。

表8-2　受教育程度与流入地方言掌握

（人；%）

	听得懂也会讲	听得懂，也会讲一些	听得懂一些但不会讲	不懂本地话	合计
小学及以下	25.51	19.39	29.25	25.85	294
初中	32.05	23.05	25.49	19.41	4508
高中	43.55	23.77	20.68	12.00	2558

续表

	听得懂也会讲	听得懂，也会讲一些	听得懂一些但不会讲	不懂本地话	合计
大专	50.11	22.03	18.94	8.92	908
n = 8268 χ^2 = 245.071 P = 0.000					

受教育程度与当地人交流用语选择上，受教育程度显著影响新生代农民工在与本地人交流时语言的选择。小学及以下文化程度的新生代农民工在与本地人交流时更多使用普通话，这个比例高达71.43%；大专文化程度者该比例为50.11%，初中文化程度者该比例为68.66%，高中文化程度者该比例为63.64%；大专文化程度者还有22.03%的使用家乡话与本地人交流，有18.94%的使用本地话，文化水平高的新生代农民工，其语言使用的多元性更高见表8－3。

表8－3 受教育程度与本地人交流的语言使用

	普通话	家乡话	本地话	视情况而定	合计
小学及以下	71.43	9.52	10.20	8.84	294
初中	68.66	12.29	9.52	9.54	4508
高中	63.64	11.73	11.38	13.25	2558
大专	50.11	22.03	18.94	8.92	908
n = 8268 χ^2 = 43.72 P = 0.000					

外出阶段是否影响流入地方言掌握？比较发现，随迁阶段越早，对当地方言的掌握状况越好。在城市出生，即学前随迁的新生代农民工听得懂也会讲当地方言的占比54.35%，而其他阶段随迁者能听、能讲的比例则在30%以上。随迁阶段越早，浸淫在城市文化中的时间越长，对当地方言的习得越好。初中阶段和高中阶段外出的新生代农民工，不懂本地话的比例最高。但是值得注意的是，高中以后外出的新生代农民工“听得懂也会讲”本地话的比例高于小学、初中和高中阶段外出者，笔者认为这可能是由于高中以后外出者完成了高中教育，文化水平更高，语言学习能力较强的缘故见表8－4。

表 8－4 外出阶段与当地语言掌握

（人；%）

	听得懂也会讲	听得懂，也会讲一些	听得懂一些但不会讲	不懂本地话	合计
学前随迁	54.35	21.74	13.04	10.87	46
小学阶段	32.53	29.52	30.12	7.83	166
初中阶段	36.17	20.64	23.30	19.89	528
高中阶段	36.28	20.36	25.65	17.71	2304
高中以后	37.96	24.25	22.32	15.47	5224
n＝8268 χ^2＝51.211 P＝0.000					

比较发现，外出阶段还影响当地语言的选用。虽然普通话是新生代农民工与本地人交流使用的最主要语言，不论哪个年龄段外出的新生代农民工，使用普通话与本地人交流的比例均在 60% 以上；但是不同年龄阶段外出，对流入地方言选用存在显著差异。学前随迁的新生代农民工使用本地话与当地人交流的比例为 17.39%，高于其他阶段外出的新生代农民工；小学阶段外出者与本地人交流过程中有 14.46% 的选择“视情况而定”，语言选用自主性比较大。随迁阶段越早，在与本地人交流时越多使用当地方言，且自主性越大见表 8－5。

表 8－5 外出阶段与语言选用

（人；%）

	普通话	家乡话	本地话	视情况而定	合计
学前随迁	63.04	10.87	17.39	8.70	46
小学阶段	65.06	7.83	12.65	14.46	166
初中阶段	70.27	10.98	10.80	7.95	528
高中阶段	67.80	10.94	10.98	10.29	2304
高中以后	66.23	12.46	9.57	11.73	5224
n＝8268 χ^2＝24.388 P＝0.018					

我国幅员辽阔，各地方言众多，且差异巨大，为了消除方言隔阂，以利社会交际，1956 年，我国推广普通话，将其作为规范化的、法定的全国通用语言，推广普通话与人民使用传承方言并不矛盾。在分析新生代农民工语言掌握和应用状况时，需要考虑迁徙距离的影响。比较分析发现，省内跨市流动的农民工，其能听、能讲当地方言的比例占到 50.98%，“不懂本地话”的比例仅为 4.27%；而在市内跨县的流动者能听、能讲当地方言的比例高达 70.94%，“不懂本地话”的仅为 0.38%；而在跨省流动者中，两项的比例分别为 24.17% 和 26.92%。可以看到，新生代农民工在迁入地方言习得上，地域上的差异影响非常大：迁徙距离越长，流入地方言与流出地方言之间的差异越大，新生代农民工习得流入地方言的难度越大，习得状况越差见表 8－6。

表 8－6 流动类型与当地语言掌握

（人；%）

	听得懂也会讲	听得懂，也会讲一些	听得懂一些但不会讲	不懂本地话	合计
跨省流动	24.17	18.19	30.72	26.92	4398
省内跨市	50.98	28.96	15.78	4.27	3605
市内跨县	70.94	22.64	6.04	0.38	265
n = 8268 χ^2 = 1.593 P = 0.000					

在语言应用上，市内跨县流动的新生代农民工应用普通话的占比 31.70%，省内跨市流动者使用普通话的占比 43.72%，跨省流动者中有 87.99% 的使用普通话。跨省流动的新生代农民工使用家乡话、本地话的比例都远低于省内流动者。有研究发现，在农民工群体中认为“普通话更有用”“普通话更好听，文雅”的比例虽高，但实际使用率较低。[①] 但是笔者发现，

① 王玲：《农民工语言认同与语言使用的关系及机制分析》，《北华大学学报》（社会科学版）2010 年第 3 期。

在迁徙过程中，由于方言差异大，无法有效沟通，农民工在语言选择和应用上以方便地融入当地为目的，使用普通话的使用效率，尤其是在跨省流动群体中更高见表 8 - 7。

表 8 - 7 流动类型与语言选用

（人；%）

	普通话	家乡话	本地话	视情况而定	合计
跨省流动	87.99	2.93	3.77	5.30	4398
省内跨市	43.72	21.64	16.81	17.84	3605
市内跨县	31.70	26.42	25.28	16.60	265
n = 8268 χ^2 = 1.903 P = 0.00					

（二）家乡方言的认同

在语言态度上，普通话全面优于流入地方言。① 在语言容量的扩展上，农民工普通话水平进程比较慢、普通话运用水平不高；在语言认同上，农民工语言亲切感评价家乡话高于普通话，语言功利评价普通话高于家乡话；在语言交际模式选择上，农民工在公用场合更多地运用普通话进行交流。②

有研究对城市农民工语言态度调查研究表明，该群体对普通话认同感较强，对自身和子女的普通话水平期望高；对自己的家乡话，在情感上归属感强烈，认为自己的家乡话听起来亲切、好听，但是近半数的农民工对家乡话的功能、地位评价持负面评价，对子女保持住家乡话的意愿不强烈。③ 也有研究发现，普通话是其打工期间使用最多的交际语，且已渗透进家庭内部；农民工既高度认同普通话，又愿意保持家乡话，语言态度比较开放，语言认同与主流趋势一致。④

① 张斌华：《珠三角新生代农民工语言使用、态度及认同研究》，《语言文字应用》2016 年第 3 期。

② 樊中元：《广西农民工语言的实证研究》，《广西社会科学》2011 年第 9 期。

③ 夏历：《城市农民工语言态度调查研究》，《社会科学战线》2012 年第 1 期。

④ 刘玉屏：《农民工语言使用与语言态度调查——以浙江省义乌市为个案》，《农业考古》2009 年第 6 期。

在对家乡方言的认同上，以“我的孩子应该学会说家乡话”为题展开测量发现，“非常同意”的占比14.60%，“同意”的占比41.92%，34.02%的家长表示“既不同意也不反对”，8.45%的家长表示“不同意”，1.04%的家长表示“非常不同意”。即，56.5%的新生代农民工赞同孩子学习、掌握家乡方言，对家乡方言的认同感比较高。

受教育程度是否影响家乡方言认同？比较分析发现，受教育程度越高，对家乡方言的认同感越低，大专文化程度的新生代农民工在认同家乡方言的比例为52.30%，低于其他文化程度者。教育获得作为现代性的一种，能让个体更开放和包容，但是另一方面，也降低了对传统的保留和坚守见表8－8。

表8－8　受教育程度与家乡方言认同

（人；%）

	非常同意	同意	既不同意也不反对	不同意	非常不同意	合计
小学及以下	17.69	50.34	26.53	5.10	0.34	294
初中	15.66	42.32	32.61	8.58	0.82	4508
高中	13.10	40.89	36.32	8.21	1.49	2558
大专	12.22	40.09	37.00	9.58	1.10	908
$n=8268\quad \chi^2=47.171\quad P=0.000$						

外出阶段对家乡方言认同又有何影响？比较分析发现，城市出生或学前的新生代农民工其对家乡的方言情感最深，有63.05%的认同孩子学习家乡方言，而这个比例在其他阶段分别为，小学阶段外出（53.02%）、初中阶段外出（58.71%）、高中阶段外出（59.08%）以及高中以后外出（55.16%）。可以看到，城市出生或学前离开家乡的新生代农民工中，离开时间最长，对家乡方言的文化情感最为深厚；小学阶段外出和高中以后外出者对家乡方言的认同感稍低些见表8－9。

表 8－9 外出阶段与家乡方言认同

（人；%）

	非常同意	同意	既不同意也不反对	不同意	非常不同意	合计
学前随迁	26.09	36.96	28.26	6.52	2.17	46
小学阶段	13.86	39.16	39.16	6.02	1.81	166
初中阶段	17.23	41.48	32.77	7.77	0.76	528
高中阶段	15.63	43.45	32.20	8.03	0.69	2304
高中以后	13.74	41.42	34.84	8.81	1.19	5224
$n=8268\quad \chi^2=27.009\quad P=0.041$						

迁徙距离对家乡方言认同有一定的影响：市内跨县、省内跨市的新生代农民工较跨省流动者家乡方言认同感稍差。跨省流动的农民工更倾向于让子女学习家乡方言，其中有61.96%的人希望孩子能保存家乡语言文化，在省内跨市流动和市内跨县流动中，该比例为50.74%和43.77%。笔者认为这可能是跨省流动的农民工面临的文化距离大，而其他两类流动类型者面临的文化差异小、距离小，对他们而言，流入地方言和老家方言差异不大，在日常生活中就有家乡方言学习，而无须刻意学习见表8－10。

表 8－10 流动类型与家乡方言认同

（人；%）

	非常同意	同意	既不同意也不反对	反对	非常反对	合计
跨省流动	16.76	45.20	31.63	5.59	0.82	4398
省内跨市	11.93	38.81	36.45	11.57	1.25	3605
市内跨县	13.96	29.81	40.75	13.58	1.89	265

二 文化距离感及文化行动策略

文化认同的目的是“寻求生存方式的同一性，但其过程却是在发现差异时开始的"[①]，文化距离感是文化认同过程中的重要问题。"文化距离"，即主客文化之间在相似性方面的差距，以及个体在期间的位置选择[②]，主要用以衡量两类主体之间的文化差异，具体是指由于语言、文化习惯等差异带来的社会认知差异。[③] 新生代农民工如何对自己的卫生习惯、衣着打扮、教育理念、养老观念等进行与城市文化的比较、辨识？又会形成什么样的文化差异距离感？

（一）城市文化距离感[④]

在文化距离感上，新生代农民工认为，差距最大的是"教育理念、养老观念"，其次是"对社会问题的看法"，接着是"卫生习惯"，最后是"衣着打扮"。也就是说，在外显行为上，新生代农民工可以比较快速地学习城市居民，他们能模仿城市居民的衣着打扮，能养成城市的卫生习惯；但是在内在观念和文化的习得上，他们无法在短期内改变与城市居民的差距，还需要更多时间的浸润与成长见表 8－11。

表 8－11 新生代农民工城市文化距离感状况

变量	均值	标准差	变量	均值	标准差
卫生习惯与市民差别大	2.39	0.84	教育理念养老理念与市民差别大	2.47	0.87
衣着打扮与市民差别大	2.29	0.80	社会问题看法	2.44	0.87

比较受教育程度对文化距离感的影响发现，受教育水平显著影响新生代农民工的文化距离感，文化水平越高，文化距离感越小：在衣着打扮上，小学及以下文化程度者中有 17.69%（含"非常同意"和"同意"，下同）的认为自己和本地市民之间存在差异，而大专水平该比例为 4.84%；卫生习惯上，

---

① 韩震：《全球化时代的华侨华人文化认同问题研究》，《华侨大学学报》2007 年第 3 期。

② J. W. Berry, "Immigration, Acculturation and Adaptation", *Applied Psychology*, Vol. 46, No. 1, January 1997, pp. 5－34.

③ R. Luosta Rinen, *The Internationalization of the Firm*, Boston: Cengage Learning EMEA Publications, 1980.

④ 新生代农民工对自身卫生习惯、衣着打扮、教育、养老观念、社会问题的看法等与城市居民进行比较，测量文化距离感：1—5 分，得分越高，距离感越大。

小学及以下文化程度的新生代农民工中，有21.77%的认为自己和本地市民之间存在差异，远远高于大专水平的9.03%；在教育理念、养老观念上，小学及以下文化程度者中有22.79%的认为差异存在，而大专水平该比例为9.47%；在对社会问题对看法上，小学及以下文化程度者中有19.39%的认为差异存在，而大专水平的该比例为8.81%见表8－12。

表8－12　受教育程度与城市文化距离感

（人；%）

衣着打扮	非常不同意	不同意	既不同意也不反对	同意	非常同意	合计
小学及以下	8.84	57.48	15.99	14.97	2.72	294
初中	8.90	61.65	20.01	8.03	1.42	4508
高中	10.75	60.05	21.50	6.22	1.49	2558
大专	15.31	61.78	18.06	3.96	0.88	908
$\chi^2=90.872$　P＝0.000						
卫生习惯	非常不同意	不同意	既不同意也不反对	同意	非常同意	合计
小学及以下	6.46	55.10	16.67	19.05	2.72	294
初中	7.03	58.39	21.89	10.65	2.04	4508
高中	9.11	57.27	23.85	8.48	1.29	2558
大专	12.11	60.68	18.17	8.26	0.77	908
$\chi^2=90.407$　P＝0.000						
教育理念养老观念	非常不同意	不同意	既不同意也不反对	同意	非常同意	合计
小学及以下	7.14	50.34	19.73	20.41	2.38	294
初中	6.74	52.95	25.02	13.44	1.84	4508
高中	8.95	52.70	25.80	10.91	1.64	2558
大专	13.66	52.97	23.90	8.26	1.21	908
$\chi^2=90.564$　P＝0.000						

续表

对社会问题看法	非常不同意	不同意	既不同意也不反对	同意	非常同意	合计
小学及以下	6.80	53.06	20.75	17.35	2.04	294
初中	7.83	52.15	26.18	12.24	1.60	4508
高中	10.40	50.39	27.48	10.24	1.49	2558
大专	13.66	53.74	23.79	7.60	1.21	908
n = 8268　χ^2 = 1.192　P = 0.000						

比较外出阶段对文化距离感的影响发现，外出阶段显著影响新生代农民工的文化距离感，但是并不是外出阶段越早，文化距离感越小。在衣着打扮差距感知上，不同随迁阶段的新生代农民工不认同（含“非常不同意”和“不同意”，下同）的比例分别是：城市出生或学前随迁（67.40%），小学阶段随迁（66.26%），初中阶段随迁（73.87%），高中阶段随迁（71.79%），高中以后外出者（70.85%）。在卫生习惯差异感知上，不同随迁阶段的新生代农民工不认同的比例分别是：城市出生或学前随迁（58.70%），小学阶段随迁（65.66%），初中阶段随迁（70.40%），高中阶段随迁（66.32%），高中以后外出者（66.10%）。

在教育理念和养老观念差距上，不同随迁阶段的新生代农民工不认同的比例分别是：城市出生或学前随迁（65.22%），小学阶段随迁（62.05%），初中阶段随迁（60.80%），高中阶段随迁（60.77%），高中以后外出者（61.20%）。在看待社会问题差距上，不同随迁阶段的新生代农民工不认同的比例分别是：城市出生或学前随迁（58.7%），小学阶段随迁（62.00%），初中阶段随迁（61.56%），高中阶段随迁（60.76%），高中以后随迁者（61.10%）。可以看到，在衣着打扮、卫生习惯差异感知上，初中阶段随迁的新生代农民工文化距离感最弱；在教育理念和养老观念差距上，城市出生或学前随迁者的文化距离感最小，在看待社会问题差距上，小学阶段随迁者的文化距离感最小见表 8 - 13。

表 8－13 外出阶段与城市文化距离感

（人；%）

衣着打扮	非常不同意	不同意	既不同意也不反对	同意	非常同意	合计
城市出生学前随迁	19.57	47.83	17.39	10.87	4.35	46
小学阶段	10.84	55.42	24.70	4.22	4.82	166
初中阶段	9.85	64.02	16.10	8.71	1.33	528
高中阶段	9.68	62.11	19.92	7.12	1.17	2304
高中以后	10.32	60.53	20.48	7.25	1.42	5224
$\chi^2=36.668$　P=0.002						
城市出生学前随迁	15.22	43.48	28.26	4.35	8.70	46
小学外出	10.24	55.42	18.67	10.24	5.42	166
初中阶段	7.58	62.88	17.61	10.23	1.70	528
高中阶段	7.99	58.33	20.88	11.46	1.35	2304
高中以后	8.25	57.85	22.84	9.40	1.67	5224
$\chi^2=54.192$　P=0.000						
教育理念养老观念	非常不同意	不同意	既不同意也不反对	同意	非常同意	合计
城市出生学前随迁	19.57	45.65	13.04	17.39	4.35	46
小学外出	5.42	56.63	30.72	4.22	3.01	166
初中阶段	6.82	53.98	24.05	12.50	2.65	528
高中阶段	7.99	52.78	24.35	12.98	1.91	2304
高中以后	8.42	52.60	25.23	12.25	1.49	5224
$\chi^2=35.814$　P=0.003						
对社会问题看法	非常不同意	不同意	既不同意也不反对	同意	非常同意	合计
城市出生学前随迁	19.57	39.13	17.39	21.74	2.17	46

续表

对社会问题看法	非常不同意	不同意	既不同意也不反对	同意	非常同意	合计
小学外出	8.43	53.61	28.92	6.63	2.41	166
初中阶段	7.39	54.17	23.48	12.50	2.46	528
高中阶段	7.81	52.95	26.17	11.55	1.52	2304
高中以后	9.97	51.13	26.36	11.12	1.42	5224
n = 8268 χ^2 = 35.003 P = 0.004						

（二）传统文化认同与行动策略

新生代农民工是否认同农村传统文化？调查显示，新生代农民工对家乡的风俗习惯认同得分最高，其次按照家乡习惯办事，再次是孩子对家乡话的学习，最后才是保持家乡的生活方式。① 也就是说，在农村传统文化的认同上，新生代农民工对农村风俗习惯的认同感最高，对家乡生活方式的认同感最低。

表 8－14 新生代农民工家乡文化认同

变量	均值	标准差		均值	标准差
遵守家乡风俗	3.84	0.81	孩子应学会家乡话	3.61	0.87
按照家乡习惯办事	3.63	0.80	保持家乡生活方式	3.46	0.83

比较受教育程度对家乡文化认同的影响发现，受教育程度显著影响新生代农民工传统文化认同，总体呈现文化水平越高，对家乡传统文化的认同度越低。在“遵守家乡风俗”上，小学及以下文化程度的新生代农民工中有76.19%的表示赞同（含“非常同意”与“同意”，下同），初中文化程度的有68.72%的赞同，高中文化程度的有64.86%的赞同，大专文化程度的69.71%的赞同；在“按照家乡习惯办事”上表示赞同的，小学及以下文化程度者中有68.71%，初中文化程度者中有59.05%，高中及大专程度者中有52.93%；在“保持家乡的生活方式”上表示赞同的，小学及以下文化程度者中有64.63%，初中文化程度

① 得分越高，认同程度越高；对方言的认同在前面有论述，在此不赘述。

者中有49.42%，高中文化程度者中有45.19%，大专文化程度者中有41.96%。在对家乡传统文化的态度上，小学及以下文化程度的新生代农民工支持的态度更鲜明，在“按照家乡习惯办事”和“保持家乡的生活方式”这两个问题上，呈现受教育水平越高，认同度越低的特点；而在“遵守家乡风俗”这个问题上，不同文化程度的新生代农民工态度差异没有“按照家乡习惯办事”和“保持家乡生活方式”两个问题大见表8－15。

表8－15 受教育水平与家乡文化认同

（人；%）

遵守家乡风俗	非常同意	同意	既不同意也不反对	不同意	非常不同意	合计
小学及以下	24.49	51.70	20.75	2.72	0.34	294
初中	21.52	47.20	27.64	3.42	0.22	4508
高中	19.86	45.00	29.95	4.53	0.66	2558
大专	20.26	49.45	26.21	3.41	0.66	908
$\chi^2=35.102$ P = 0.000						
按照家乡习惯办事	非常同意	同意	既不同意也不反对	不同意	非常不同意	合计
小学及以下	17.69	51.02	28.23	2.72	0.34	294
初中	14.40	44.65	35.00	5.66	0.29	4508
高中	12.12	40.81	38.74	7.90	0.43	2558
大专	10.35	42.51	41.41	5.29	0.44	908
$\chi^2=66.327$ P = 0.000						
保持家乡生活方式	非常同意	同意	既不同意也不反对	不同意	非常不同意	合计
小学及以下	15.65	48.98	28.23	6.80	0.34	294
初中	10.40	39.02	40.15	9.98	0.44	4508
高中	9.03	36.16	43.35	10.44	1.02	2558
大专	8.92	33.04	45.15	11.23	1.65	908
n = 8268 $\chi^2 = 4.999$ P = 0.000						

比较不同阶段外出的新生代农民工在家乡文化认同上的差异发现，在“遵守家乡风俗”“按照家乡习惯办事”这两个问题上不存在显著差异；但是外出阶段显著影响新生代农民工对“保持家乡生活方式”的认同感。城市出生或学前随迁的新生代农民工赞同（含“非常同意”和“同意”）保持家乡生活方式的占比 56.52%，小学阶段外出的该比例为 45.79%，初中阶段外出为 46.4%，高中阶段外出为 49.83%、高中以后外出为 47.09%。可以看到，城市出生或学前随迁的新生代农民工对家乡传统文化的认同要高于外出阶段晚的新生代农民工，小学、初中阶段外出者对保持家乡生活方式的认同感最低见表 8 - 16。

表 8 - 16 外出阶段与家乡生活方式认同

（人；%）

保持家乡生活方式	非常同意	同意	不同意不反对	不同意	非常不同意	合计
城市出生或学前随迁	23.91	32.61	30.43	13.04	0.00	46
小学阶段	13.86	31.93	41.57	10.84	1.81	166
初中阶段	10.42	35.98	43.18	9.47	0.95	528
高中阶段	10.98	38.85	39.93	9.94	0.30	2304
高中以后	9.28	37.81	41.75	10.26	0.90	5224
n = 8268 χ^2 = 4.023 P = 0.005						

上述分析可以看到，新生代农民工对城乡文化有一定的距离感，并对家乡传统文化和生活方式有一定的认同。当面对文化差异时，新生代农民工以什么样的行动应对？调查中询问了被调查者“如果与本地市民存在差别，您通常采取什么样的态度或行动？”调查显示，新生代农民工中，“想缩小差别，但没时间和精力”的占比 5.13%，“想缩小差别，但不知怎么做”的占比 7.85%，“努力缩小差别”的占比 30.67%，“无所谓”的占比 32.75%；而那些认为“没有差别”的占比 23.6%。除了认为“无差别”和表示“无所谓”的新生代农民工，其余 43.7% 都尝试缩小自己和城市居民的文化差距。

不同的受教育程度和迁徙时间是否会对文化行动策略有所影响？对认为存在文化差距的新生代农民工进行分析发现，不同阶段外出的新生代农民工在面对文化差异时，行动策略无显著差异；受教育程度对文化行动策略有显著影响，小学及以下文化程度的新生代农民工在面对文化差异时，行动策略比其他受教育程度的新生代农民工显得被动，9.36%的“想缩小差别，但没时间精力”；16.60%的“想缩小差别但是不知道怎么做”；文化程度越高，缩小文化差距的行动策略越积极主动，大专文化的新生代农民工中，“努力缩小差别”的占比42.84%，高出小学文化程度6个百分点见表8－17。

表8－17 受教育程度与文化行动策略

（人；%）

	想缩小差别，但没时间精力	想缩小差别，但不知怎么做	努力缩小差别	无所谓	合计
小学及以下	9.36	16.60	36.60	37.45	235
初中	6.66	10.97	39.46	42.91	3500
高中	6.28	9.09	40.91	43.72	1926
大专	7.32	7.77	42.84	42.07	656
n＝6317 $\chi^2=25.444$ P＝0.003					

三 影响文化距离感的因素分析

为了分析学历教育和职业技能培训对新生代农民工文化距离感的影响，在模型中以文化距离感为因变量①，以学历教育、是否接受职业技能培训为自变量，以性别、年龄等为控制变量；以邻居类型、邻里相处和歧视知觉为中介变量进行分析。

在模型1中，讨论学历教育和职业技能培训对文化距离感的影响。模型以新生代农民工人口学特征、受教育程度、培训状况等预测其文化距离感能消减3.6%的误差。受教育水平和职业技能培训对新生代农民工的城市文化距

① 文化距离各个维度做因子分析，得到文化距离感因子，累计方差贡献率分别为71.5%，以因子得分作为因变量纳入模型。

离感有显著影响，大专、高中学历者比小学及以下文化程度者文化距离感要小，大专文化者比高中文化者文化距离感小；初中与小学及以下文化程度者文化距离感差异不显著。即，接受高中及以上教育能显著降低文化距离感，而完成义务教育对降低文化距离感无显著帮助。职业技能培训也能显著地降低文化距离感，其影响小于大专教育，但高于高中教育。另外，流动距离影响文化距离感，省内流动、市内跨县流动者的文化距离感要比跨省流动者小，内跨县流动者的文化距离感又小于省内流动者，即流动距离越小、文化距离感越小；职业状况影响文化距离感，蓝领、服务业从业人员文化距离感要大于白领，其中服务业从业人员文化距离感又高于蓝领工人。

在模型1基础上，纳入邻居类型、邻里相处和歧视知觉，发现模型解释力由模型1的3.6%升高至12.6%，这三个变量消减误差比例达到9.0%。邻居类型影响文化距离感，邻居都是本地市民与邻居都是外地人的农民工，其文化距离感不存在显著差异；但是邻居中本地市民和外地人差不多的，其文化距离感要比邻居都是外地人的文化距离感要小，即本地人和外地人混居有利于减少外来人口的文化距离感；邻里关系越糟糕，文化距离感越大；歧视知觉越强，文化距离感越大。在模型2中，受教育程度和职业技能培训对文化距离感的影响依然显著，但是两个变量的系数均有下降，尤其是职业技能培训的影响下降较大；职业状况对文化距离的影响也变为不显著，迁徙距离影响下降。可以看到，教育水平、职业技能培训、迁徙距离等变量一部分是通过直接作用影响文化距离感，另一部分则通过邻里效应、歧视知觉发生作用；而职业类型则全部通过邻里效应、歧视知觉发生影响见表8－18。

表8－18　文化距离感的影响因素分析

	模型1	模型2		续 模型1	续 模型2
性别	0.020 (0.02)	0.006 (0.02)	蓝领 (以白领为参照)	0.095** (0.04)	0.048 (0.04)
年龄	-0.001 (0.00)	0 (0.00)	服务业	0.100** (0.04)	0.032 (0.04)

续表

	模型 1	模型 2		续 模型 1	续 模型 2
初中随迁 （小学前外出参照）	-0.064 (0.09)	-0.069 (0.09)	自雇佣	0.047 (0.05)	0.016 (0.05)
高中随迁	-0.051 (0.08)	-0.081 (0.08)	无固定职业	0.209 (0.13)	0.057 (0.13)
高中以后	-0.049 (0.08)	-0.094 (0.08)	有无职业培训	-0.156*** (0.03)	-0.089*** (0.03)
初中 （小学及以下参照）	-0.102 (0.06)	-0.097 (0.06)	本地市民 （以外地人为参照）	(0.03)	-0.028
高中	-0.141** (0.07)	-0.140** (0.06)	市民外地人差不多	-0.100***	(0.03)
大专	-0.251*** (0.07)	-0.237*** (0.07)	邻里相处		0.092*** (0.01)
有无随迁经历 （1=有）	0.020 (0.08)	-0.029 (0.08)	歧视知觉		0.139*** (0.01)
省内流动 （跨省流动为参照）	-0.256*** (0.02)	-0.190*** (0.02)	cons	0.257** (0.13)	-0.677*** (0.13)
市内跨县	-0.482*** (0.06)	-0.322*** (0.07)	N	7493	7003
			R^2	0.036	0.126

第二节　教育获得与社会距离感

自 1995 年，李强从城市农民工与城市居民关系入手对两个群体的社会距离进行研究以来①，大量研究对这两个群体社会距离进行分析，认为目前的社会距离存在扩大性、不对称性，差异性和代际传递性等特征。外来人口与户籍人口之间不对称的社会距离②，市民与农民工双方交往具有非对称性，在行

① 李强：《关于城市农民工的情绪倾向及社会冲突问题》，《社会学研究》1995 年第 4 期。

② 张海辉：《不对称的社会距离——对苏州市本地人与外地人的关系网络和社会距离的初步研究》，硕士学位论文，北京大学，2004 年。

为距离和主观心理距离都很大[①]，个体社会经济地位越高，感知社会距离越小，社会网络有利于减小双方间社会距离。[②] 与外来人口感知的社会距离相比，户籍人口对外来人口的社会距离更大，外来人口各方面的交往意愿均高于户籍人口。群体间在浅层交往和深度交往的交往意愿上存在差异，建立婚恋关系等深层方面双方交往意愿低，浅层交往方面，差别不大。[③]社会距离的差异化趋势：底层民工受到的交往排斥更强，收入较高的技术工人更融入本地社交网络；无业与文化程度低下的失地农民者与城市居民社会距离大，拥有非农职业者城市融入度高；[④] 社会距离存在区域的差异，上海流动人口社会距离最小，江苏次之，浙江最大。[⑤] 社会距离的代际传递是存在的，且个人社会距离与子女社会距离之间呈现对称性。[⑥]

一 社会距离状况

调查数据显示，新生代农民工与城市居民的社会距离感并不大，不同意（含完全不同意与不同意）“居住在同一街区”的占比2.4%，“不同意与本地人做同事”的占比2.2%，“不同意与本地人做邻居”的占比2.21%，“不同意与本地人交朋友”的占比2.12%，“不同意与本地人通婚”的占比8.1%。

比较不同受教育程度的新生代农民工与城里人的社会距离，发现不同受教育程度的新生代农民工在与“本地人共同居住在同一街区”“与本地人做同事”和“与本地人交朋友”等选项上不存在显著差异，但是在“自己或亲人与本地人通婚”这个问题上差异显著。受教育程度影响城乡通婚意愿，小学及以下文化程度的新生代农民工在通婚问题上的社会距离感要比其他文化程

---

① 卢国显：《农民工：社会距离与制度分析》，社会科学文献出版社2010版。

② 王毅杰、王开庆：《流动农民与市民间社会距离研究》，《江苏社会科学》2008年第5期。

③ 陆淑珍：《对称与不对称：城市居民社会距离的代际传递——以珠三角地区为例》，《人口与发展》2013年第5期。

④ 赵凌云、赵文：《差异化的社会距离——论城郊结合部群体间的社会关系》，《农村经济》2013年第2期。

⑤ 田林楠：《流动人口社会距离测量及其影响因素分析——以苏浙沪为例》，《人口与社会》2014年第2期。

⑥ 陆淑珍：《对称与不对称：城市居民社会距离的代际传——以珠三角地区为例》，《人口与发展》2013年第5期。

度者大，不同意通婚的比例高达13.61%，而大专及以上的新生代农民工中这个比例为5.73%，呈现文化程度越高，与本地人通婚的社会距离感越小，与本地人通婚的意愿越低见表8－19。

表8－19　受教育程度与本地人通婚

（人；%）

	不同意	基本同意	完全同意	合计
小学及以下	13.61	51.70	34.69	294
初中	8.65	50.42	40.93	4508
高中	7.35	47.62	45.04	2558
大专及以上	5.73	48.79	45.48	908
n = 8268　χ^2 = 36.375　P = 0.000				

不同时期外出对社会距离感的影响又如何？比较发现，不同外出阶段对新生代农民工“是否同意与本地人做邻居”不存在显著差异；不同外出阶段对“共同居住在同一街区”“与本地人做同事”“与本地人通婚”上都存在显著差异；“与本地人交友”上差异处于临界显著。不同的阶段外出，新生代农民工的社会距离感存在显著差异，在城市出生和学期随迁的新生代农民工其社会距离感较其他阶段外出者要小，外出阶段越晚，则社会距离感越强见表8－20，8－21。

表8－20　不同外出阶段与社会距离（一）

（人；%）

	共同居住一个街区				与本地人做同事			
外出阶段	不同意	基本同意	完全同意	合计	不同意	基本同意	完全同意	合计
城市出生学前随迁	2.17	21.74	76.09	46	4.35	23.91	71.74	46
小学外出	2.41	51.81	45.78	166	2.41	47.59	50.00	166
初中阶段	3.41	46.97	49.62	528	2.08	43.37	54.55	528
高中阶段	2.43	47.92	49.65	2304	2.00	42.84	55.16	2304
高中以后	2.35	48.66	48.99	5224	2.22	46.17	51.61	5224
χ^2 = 18.051　P = 0.021					χ^2 = 17.035　P = 0.030			

表 8 - 21　不同外出阶段与社会距离（二）

（人；%）

外出阶段	交朋友				与本地人通婚			
	不同意	基本同意	完全同意	合计	不同意	基本同意	完全同意	合计
城市出生学前随迁	0.00	21.74	78.26	46	4.35	30.43	65.22	46
小学外出	1.81	39.76	58.43	166	7.23	51.20	41.57	166
初中阶段	1.89	40.34	57.77	528	10.8	47.73	41.48	528
高中阶段	1.82	41.23	56.94	2304	9.16	48.05	42.80	2304
高中以后	2.30	42.67	55.03	5224	7.43	50.31	42.27	5224
χ^2 = 14.614　P = 0.067					χ^2 = 23.132　P = 0.003			

二　教育获得对社会距离感的影响

为了分析学历教育和职业技能培训对新生代农民工社会距离感的影响，在模型中分别以是否愿意“与本地人居住同一街区”“做同事”“做邻居”“交朋友”“通婚”这五个维度为因变量，以学历教育和是否接受职业技能培训为自变量，控制性别、年龄、流动范围、外出阶段、职业状况等变量做多元线性回归模型进行分析。

回归分析发现，以自变量和控制变量解释新生代农民工各个维度的社会距离感能消减 1.2%—3.4% 的误差，模型解释力不大，也就是说还有其他重要因素影响新生代农民工社会距离感。

具体来看，学历教育和职业技能培训对各个维度社会距离感的影响，发现受教育程度对是否愿意“与本地人居住同一街区”“做同事”“做邻居”“交朋友”等无显著影响，但是对“是否愿意与本地人通婚”有显著影响，文化程度上升一个层次都将减少通婚的距离感，增加通婚意愿；比较系数发现，高中教育对通婚距离感对减少作用强于初中和大专文化水平。接受职业技能培训对各个维度的社会距离感有负向影响，即接受过职业技能培训能显著降低新生代农民工其社会距离感，比较系数发现，其中对“居住在同一个街区的”影响最大。

在“与本地人通婚”这个问题上，以往的通婚意愿研究发现，新生代农民工与市民的通婚意愿存在显著的性别差异，女性农民工与城市居民通婚意愿比男性农民工强。在“新娘短缺”“新娘涨价”的婚姻市场格局中，女性农民工比男性农民工更有“资格”与市民通婚，她们更有可能利用自身性别优势获得和城市青年通婚的机会，换取城市户口及其他资源。[①] 但是在研究中，笔者并没有发现通婚意愿上的性别差异，而是受教育程度显著影响通婚意愿。文化程度上升一个层次都将减少通婚的距离感，增加通婚意愿。

年龄、迁徙类型、职业等控制变量对各个维度对社会距离感均影响显著。年龄越大，各个维度的社会距离感越小，跨省流动的新生代农民工社会距离感高于省内流动者；有研究发现，职业对社会距离的影响显著，蓝领而非白领对户籍人口有很大的距离感[②]，笔者也有类似发现，不同职业类型中，从事白领工作的新生代农民工其各个维度的社会距离感最小，从事其他职业，如服务业从业人员、自雇佣者的社会距离感高于白领工作者，无固定职业者的社会距离感最大。是否有随迁经历以及外出年龄对个别维度的社会距离感有显著影响。其中，随迁经历者“与本地人做同事”的意愿强于非随迁者；外出阶段影响“同一街区居住”“做邻居”“交朋友”的距离感，城市出生的新生代农民工这三个维度的社会距离感最小，高中后外出的社会距离感最强，外出时间越早，社会距离感越小。性别对所有维度的社会距离感均无显著影响见表 8－22。

表 8－22　教育、职业技能培训与社会距离感（N＝7493）

	模型 1	模型 2	模型 3	模型 4	模型 5
	同一街区居住	做同事	做邻居	交朋友	通婚
年龄	－0.003** (0.00)	－0.004*** (0.00)	－0.003** (0.00)	－0.003* (0.00)	－0.004** (0.00)

① 许传新：《新生代农民工与市民通婚意愿及影响因素研究》，《青年研究》2006 年第 9 期。

② 陆淑珍：《对称与不对称：城市居民社会距离的代际传递——以珠三角地区为例》，《人口与发展》2013 年第 5 期。

续表

	模型 1	模型 2	模型 3	模型 4	模型 5
	同一街区居住	做同事	做邻居	交朋友	通婚
性别	-0.002 (0.01)	0.022 (0.01)	0.012 (0.01)	0.009 (0.01)	0.009 (0.02)
初中 （参照小学及以下）	0.012 (0.04)	-0.004 (0.04)	-0.031 (0.04)	0.011 (0.04)	-0.108** (0.04)
高中	0.019 (0.04)	0.011 (0.04)	-0.013 (0.04)	0.032 (0.04)	-0.120*** (0.04)
大专	0.041 (0.04)	0.011 (0.04)	0.015 (0.04)	0.057 (0.04)	-0.097** (0.05)
是否接受培训	-0.063*** (0.02)	-0.049*** (0.01)	-0.025* (0.01)	-0.049*** (0.01)	-0.052*** (0.02)
是否随迁	0.041 (0.05)	0.108** (0.05)	0.034 (0.05)	0.020 (0.05)	-0.032 (0.06)
跨省流动 （省内流动为参照）	0.069*** (0.01)	0.094*** (0.01)	0.091*** (0.01)	0.082*** (0.01)	0.161*** (0.02)
小学阶段外出 （城市出生为参照）	0.267** (0.12)	0.098 (0.12)	0.221* (0.12)	0.214* (0.12)	0.167 (0.14)
初中阶段	0.251** (0.11)	0.063 (0.11)	0.198* (0.11)	0.212* (0.11)	0.207 (0.13)
高中阶段	0.249** (0.11)	0.072 (0.11)	0.237** (0.11)	0.245** (0.11)	0.182 (0.13)
高中后外出	0.267** (0.11)	0.117 (0.11)	0.261** (0.11)	0.271** (0.11)	0.177 (0.13)
蓝领 （以白领为参照）	0.138*** (0.03)	0.129*** (0.03)	0.136*** (0.03)	0.132*** (0.03)	0.235*** (0.03)
服务业	0.094*** (0.03)	0.124*** (0.03)	0.110*** (0.03)	0.115*** (0.03)	0.131*** (0.03)
自雇佣	0.112*** (0.03)	0.147*** (0.03)	0.100*** (0.03)	0.111*** (0.03)	0.133*** (0.03)
无固定职业	0.198*** (0.08)	0.171** (0.07)	0.260*** (0.08)	0.137* (0.07)	0.225*** (0.09)

续表

	模型 1	模型 2	模型 3	模型 4	模型 5
	同一街区居住	做同事	做邻居	交朋友	通婚
cons	1.164*** (0.12)	1.284*** (0.12)	1.163*** (0.12)	1.063*** (0.12)	1.418*** (0.14)
R^2	0.012	0.015	0.012	0.012	0.034

三 职业技能培训对社会距离感的影响路径

通过以上分析可以发现，学历教育并不能直接（通婚距离感除外）影响社会距离感，而职业技能培训能显著地降低社会距离感。接下来在模型中加入歧视知觉、自我效能感，进一步分析职业技能培训对社会距离感的影响。

在社会距离分析过程中，社会距离权力理论是重要的分析框架，认为：一个人的权力越大，其社会距离越大，原因在于权力增强个体的自我效能感，使得个体对他人的依赖减少，因此其社会距离增大。也就是说，权力增大了个人的自我效能感，自我效能感则会增大社会距离。权力对社会关系具有强烈的变革性影响。它影响人们如何看待别人，影响人们考虑别人的观点和感觉的程度、对他人压力的抵抗力，以及允许他人做什么，同时也影响社会距离。有学者提出“权力产生不对称社会距离”①，高权力职位的人比低权力职位的人拥有更多的社会距离。权力社会距离理论中的第一原则是两个人之间的不对称依赖关系导致社会距离的不对称体验，高权力个体比低权力个体感受到更主观的距离。第二个原则是从理论构架层面得出的结论，高能力的个人更多的社会距离感使他们比低权力者更多参与更抽象的心理表征（即更高水平的建构）。② 权力增加控制自己结果以及他人结果的能力，因为强者有控制自己和他人结果的能力，他们较少依赖别人，而较少受其他人的约束。因此，权力产生了一种感觉，即一个人不需要他人，可以独立地取得和达到自

① F. Lee and L. Tiedens, “Is It Lonely at the Top? The Iindependence and Interdependence of Power Holders”, *Research In Organizational Behavior*, Vol. 23, January 2001, pp. 43 – 91.

② Trope, Yaacov, Liberman and Nira, “Construal-level Theory of Psychological Distance”, *Psychological Review*, Vol. 117, No, 2, April 2010, pp. 440 – 463.

己的目标。强者更依赖他们的内部状态①，不太可能考虑他人的想法。②

自我效能感是指个体应付各种不同环境的挑战或面对新事物时的一种总体性的自信心。自我效能感影响个人的感觉、思维和行动。它通过影响人们的思维、情感反应模式，加强或削弱个体的动机水平，以及新行为的习得和表现。自我效能高的人乐于接受挑战，会为自己确立的较高的目标并坚持到底。由于遭受长期的制度排斥，农民工普遍的自信心缺失，阻碍其社会融入。

在模型6—模型10中发现，自我效能感和歧视知觉对社会距离感均有显著影响，且模型的解释力大大提升。在模型1—5中，模型解释力在1.2%到3.4%之间，但是在模型中加入歧视知觉和自我效能感之后，模型解释力上升至7.6%到10%之间，其中，"居住同一街区距离感"模型解释力由1.2%上升至10%。

分析歧视知觉和自我效能感对社会距离的影响发现，歧视知觉对社会距离感的影响是正向，即歧视知觉越高则社会距离感越强；而自我效能感与社会距离感的影响则是负向影响，即自我效能感越强，社会距离感越小。比较自我效能感和歧视知觉对社会距离感的影响系数发现，歧视知觉对社会距离感的影响更大。将自我效能感和歧视知觉分别纳入模型，比较模型解释力发现，在自我效能感模型中，模型的解释力在0.4%—0.51%之间，而歧视知觉模型解释力则在0.66%—0.83%之间。

分析职业技能培训对社会距离感的影响路径发现，在模型1中，教育程度对"同街区居住"这个维度距离感影响不显著，而在模型6中，大专文化对社会距离感有显著影响；而在模型10中，大专文化程度的显著影响消失。尤其值得注意的是，是否接受职业技能培训对社会距离感各个维度的影响由原来均有显著的影响，而在模型6—10中，只有在模型6中，影响依旧显著，且系数也减小。即职业技能培训通过提升自我效能感，降低歧视知觉影响社会距离感见表8-23。

---

① M. Weick and A. Guinote, "When Subjective Experiences Matter: Power Increases Reliance on Ease-of-retrieval", *Journal of Personality and Social Psychology*, Vol. 94, No. 6, January 2008, pp. 956-970.

② A. D. Galinsky, J. C. Magee, M. E. Inesi and D. H. Gruenfeld, "Power and Perspectives Not Taken", *Psychological Science*, Vol. 17, No. 12, December 2006, pp. 1068-1074.

表 8-23 歧视知觉和自我效能感模型

	模型 6	模型 7	模型 8	模型 9	模型 10
	同街区居住	做同事	做邻居	交朋友	通婚
控制变量（受篇幅影响此处略去）					
初中（参照小学及以下）	0.025 (0.04)	0.008 (0.04)	-0.019 (0.04)	0.023 (0.03)	-0.098** (0.04)
高中	0.032 (0.04)	0.024 (0.04)	0 (0.04)	0.044 (0.04)	-0.109** (0.04)
大专	0.068* (0.04)	0.037 (0.04)	0.042 (0.04)	0.082** (0.04)	-0.075 (0.05)
是否接受培训	-0.031** (0.01)	-0.020 (0.01)	0.006 (0.01)	-0.020 (0.01)	-0.027 (0.02)
自我效能感	-0.021*** (0.00)	-0.021*** (0.00)	-0.021*** (0.00)	-0.019*** (0.00)	-0.018*** (0.00)
歧视知觉	0.076*** (0.00)	0.069*** (0.00)	0.074*** (0.00)	0.072*** (0.00)	0.059*** (0.00)
cons	1.281*** (0.13)	1.428*** (0.13)	1.255*** (0.13)	1.142*** (0.12)	1.558*** (0.15)
N	7493	7493	7493	7493	7493
R^2	0.100	0.093	0.097	0.093	0.076

第三节 教育获得与身份认同

“在某种程度上，个人不仅可以选择自己的行为，还可以选择自己的身份。社会类别或多或少具有抽象性。但人们往往有一些选择他们是谁。例如，移民可以决定是否同化。”① “自我认同”和“社会认同”是人们在社会生活中两种重要的认同需要，其中，“自我认同”是通过寻找“我”与“我群”的差异性而获得个体独特性和唯一性；“社会认同”则是通过寻找“我群”

① George A. Akerlofand Rachel E. Kranton. *Identity economics: How our identities shape our work, wages, and well-being*, Princeton: Princeton University Press, 2010.

与“他群”的差异性，而获得个体与大众相同的一致性和同一性。个体在“自我认同”和“社会认同”间寻找平衡，以同时满足个人的两种认同需要。①

在社会认同的过程中，个体要通过自我的扩大，把“我”变成“我们”，确认“我们”的共同身份，获得文化群体的“我们感”；与此同时，个体通过设置标准和条件，在不同群体间划清界限，区分“我们”和“他们”，实现“排他”。新生代农民工的城市融入，不仅仅是其经济、社会生活等各方面适应城市生活，更重要的是其心理层面对自己身份的认知和判断，回答“我是谁?”的问题本节重点讨论新生代农民工对自己的身份认同和定位。

一　身份认同状况

除了户籍制度所赋予的制度性身份外，农民工背负着文化性身份和自我感知身份等其他多重身份②，其身份认同模糊。他们普遍认为自己是城市的“局外人”③，认同呈现“内卷化”④，对农民工身份认同进行类型学分析，发现有内隐外显均认同农村人、内隐外显均认同城市人、内隐认同农村人外显认同城市人、内隐认同城市人外显认同农村人等四类⑤，其身份认同过渡性明显。⑥ 亦工亦农、非城非乡的尴尬处境使其不认可城市居民的身份，也不认可农村人的地位，而是认同其“农民工”内群体成员身份，以在群体内寻找情感支持。⑦

调查显示，在身份认同上，绝大部分（75.54%）新生代农民工认同自己的“老家人”身份，一部分人（13.18%）认为“自己既是老家人也是本地

① 杨宜音：《文化认同的独立性和动力性：以马来西亚华人文化认同的演进与创新为例》，载张存武《海外华族研究论集》（第三卷），华侨协会总会出版社第2002年版，第407—420页。杨宜音：《自我及其边界：文化价值取向角度的研究进展》，《国外社会科学》1998年第6期。陈世联：《文化认同、文化和谐与社会和谐》，《西南民族大学学报》（人文社科版）2006年第3期。

② 王春光：《农村流动人口的“半城市化”问题研究》，《社会学研究》2006年第5期。

③ 陈映芳：《“农民工”：制度安排与身份认同》，《社会学研究》2005年第3期。

④ 周明宝：《城市滞留型青年农民工的文化适应与身份认同》，《社会》2004年第5期。

⑤ 李海莹：《新生代农民工身份认同、自尊的特点及其关系研究》，硕士学位论文，沈阳师范大学，2013年。

⑥ 杨宜音：《新生代农民工过渡性身份认同及其特征分析》，《云南师范大学学报》（哲学社会科学版）2013年第5期。

⑦ 王春光：《农村流动人口的“半城市化”问题研究》，《社会学研究》2006年第5期。

人”，也有5.48%的认同“自己是本地人而不是老家人”，其中值得注意的是有一部分人（5.79%）认为自己“既不是本地人又不是老家人”，属于一种无根认同状态见表8－24。

表8－24 新生代农民工身份认同状况

身份认同状况	频率	%
既是本地人又是老家人	1090	13.18
老家人	6246	75.54
本地人	453	5.48
既不是本地人又不是老家人	479	5.79

受教育程度是否会影响身份认同？比较分析发现，受教育程度显著影响新生代农民工的身份认同，不论是何种文化程度，大部分新生代农民工都认为自己是“老家人”。小学及以下、初中、高中文化程度者认为自己是“本地人”的比例都是最低的。大专文化程度者认同自己“既是本地人又是老家人”的比例高于其他文化程度者，“既不是本地人又不是老家人”的比例显著低于其他文化程度者；高中文化程度者认为自己“既不是本地人又不是老家人”的比例高于其他文化水平者，其身份认同模糊度最高见表8－25。

表8－25 受教育程度与身份认同

	即是本地人又是老家人	老家人	本地人	既不是本地人又不是老家人	合计
小学及以下	10.54	79.59	4.08	5.78	294
初中	11.62	77.40	5.21	5.77	4508
高中	14.89	72.87	5.94	6.29	2558
大专	16.96	72.58	5.95	4.52	908
$n=8268$　$\chi^2=38.207$　$P=0.000$					

外出阶段对身份认同又有何影响？比较分析发现，城市出生或学前随迁者认同自己“既是本地人又是老家人”的比例最高，高出其他阶段外出15%左右，认同自己是“老家人”的比例显著低于其他阶段外出者；认同自己是

“本地人”显著高于其他阶段外出者；小学阶段外出（8.43%）、初中阶段外出者（8.71%）的认为自己“既不是本地人又不是老家人”，该比例高于高中及高中以后外出者。在身份认同上，认同是“本地人”随外出阶段不同而变化，总体呈现U型分布，小学及以下阶段外出的认同度最高，而初中、高中阶段外出者认同比例低，高中以后外出者认同“本地人”的比例又升高见表8-26。

表8-26　随迁阶段与身份认同

	既是本地人又是老家人	老家人	本地人	既不是本地人又不是老家人	合计
城市出生学前随迁	30.43	50.00	10.87	8.70	46
小学外出	16.87	66.87	7.83	8.43	166
初中阶段	12.50	74.05	4.73	8.71	528
高中阶段	13.85	75.65	4.86	5.64	2304
高中以后	12.69	76.15	5.70	5.46	5224
n=8268　$\chi^2=38.335$　P=0.000					

二　学历教育、职业培训对身份认同的影响

在中国的户籍制度下，社会人群被分割本地人和外地人（城市人和农村人）①，城市户籍中所附着的权利和保障外来农民工无法享有，制度压力所致的农民工在城市务工中遭遇不公平待遇或歧视，影响农民工的身份认同，他们对制度不公平的感受越深，越有可能认为自己“是农民”。制度因素是影响身份认同的重要因素，户籍制度是对“二等公民”的偏见与歧视存在的客观基础。”② 社会网络建构和维护个体身份认同③，居住状况（居住空间模式和居住阶层化特征），社会交往阶层化、社会歧视水平、主观地位认知、相对剥

① 汪汇、陈钊、陆铭：《户籍、社会分割与信任：来自上海的经验研究》，《世界经济》2009年第10期。

② 朱力：《群体性偏见与歧视——农民工与市民的摩擦性互动》，《江海学刊》2001年第6期。

③ 卢霞：《农村社区精英的身份认同——以“赶礼”的交往形式为例》，《社会科学家》2004年第1期。

夺感①、人际信任、组织信任与政治信任等社会信任体系的状况等②，都影响着农民工的身份认同。接下来根据新生代农民工身份认同状况生成四个取值③，进行多元 Logistics 回归，以认同“老人家”为参照，对影响身份认同的因素进行讨论。

在模型 1 中纳入人口学变量、迁徙阶段等控制变量，考察受教育程度和职业技能培训对身份认同的影响。在模型中可以看到，年龄、外出阶段、迁徙类型等显著影响新生代农民工身份认同。年龄大的农民工认同“双重身份”“本地人”“既不是本地人又不是老家人”，分别是认同“老家人”的 1.03 倍、1.04 倍、1.04 倍，即年龄大的新生代农民工对“老家人”身份认同要低于其他三种身份的认同。

外出阶段显著影响身份认同，相比较与小学及以前随迁者，初中阶段外出者、高中阶段外出者、高中及以后阶段外出者认同“双重身份”的，分别是认同自己是“老家人”的 0.53 倍、0.54 倍和 0.42 倍；相比较于小学及以前随迁者，初中阶段外出者、高中阶段外出者、高中及以后阶段外出者认同自己是“本地人”的，分别是认同自己是“老家人”的 0.46 倍、0.42 倍和 0.43 倍；相比较于小学及以前随迁者，初中阶段外出者认为“既不是本地人又不是老家人”的与认同“老家人”之间差异不显著，高中阶段外出者、高中以后外出者认为“既不是本地人又不是老家人”的分别是认同自己是“老家人”的 0.50 倍和 0.31 倍。

迁徙类型也显著影响身份认同。市内跨县、省内流动者其认同“双重身份”的分别是跨省流动的 1.52 倍、3.10 倍；市内跨县、省内流动者认同“是本地人”分别是跨省流动的 2.0 倍和 4.6 倍；市内跨县、省内流动者认同“既不是本地人又不是老家人”的，分别是跨省流动的 0.64 倍和 0.30 倍。即跨省流动者身份认同更加模糊和不确定，流动距离越短，身份认同越清晰。

① 潘泽泉、何倩：《居住空间、社会交往和主观地位认知：农民工身份认同研究》，《湖南社会科学》2017 年第 1 期。

② 唐兴军、王可园：《新生代农民工的身份认同困境探析——基于信任的视角》，《华中农业大学学报》（社会科学版）2014 年第 5 期。

③ “既是本地人又是老家人” =1，“老家人” =2，“本地人” =3，“既不是本地人又不是老家人” =4。

受教育程度和职业技能培训对新生代农民工身份认同均有显著影响。其中，以老家人为参照，受教育年限是初中的，其认同自己是“既是本地人又老家人”与认同自己是“老家人”无显著差异，受教育年限是高中的、大专的认同自己是“既是本地人又老家人”分别是认同自己是“老家人”1.5倍、1.6倍，也就是说高中文化程度是双重身份认同的重要临界点，高中及以上文化程度者双重身份认同的概率要显著高于小学及以下文化程度；受教育程度越高，双重身份认同的概率也越高。受教育程度对是否认同“本地人”身份无显著影响，但是对“既不是本地人又是不老家人”（无根认同）认同存在一定影响：初中和大专以上文化水平者，其“无根认同”认同与小学及以下文化程度者无显著差异，但是高中文化者“无根认同”是认同“老家人”的1.6倍，也就是说，受教育程度越高，越有利于新生代农民工获得清晰的身份认同。

职业技能培训对新生代农民工身份认同有显著影响。接受职业技能培训者，其认同自己是“本地人”的概率是认同自己是“老家人”的1.6倍；职业技能培训也显著影响双重身份认同，接受职业技能培训者，其认同自己是“既是本地人又老家人”是认同自己是“老家人”1.14倍。职业技能培训显著影响“无根认同”，接受职业技能培训者认同自己是“既不是本地人又不是老家人”是认同自己是“老家人”0.64倍。职业技能培训在促进新生代农民工的城市身份认同上也能起到积极的作用见表8-27。

表8-27　教育获得与身份认同模型（模型1）

	既是本地人又是老家人	本地人	既不是本地人又不是老家人
性别	-0.117* (0.07)	0.042 (0.10)	0.091 (0.10)
年龄	0.036*** (0.01)	0.046*** (0.01)	0.045*** (0.01)
是否随迁	-0.037 (0.15)	0.018 (0.22)	0.110 (0.21)
初中（小学及以前随迁参照）	-0.626*** (0.23)	-0.772** (0.33)	-0.189 (0.30)

续表

	既是本地人又是老家人	本地人	既不是本地人又不是老家人
高中	-0.623*** (0.19)	-0.857*** (0.28)	-0.697** (0.28)
高中以后	-0.858*** (0.19)	-0.843*** (0.27)	-0.852*** (0.27)
省内流动 跨省流动为参照	0.421*** (0.07)	0.731*** (0.11)	-0.435*** (0.10)
市内跨县	1.128*** (0.16)	1.528*** (0.21)	-1.184** (0.51)
初中 小学及以下为参照	0.119 (0.20)	0.205 (0.31)	0.214 (0.26)
高中	0.403** (0.20)	0.299 (0.31)	0.480* (0.27)
大专	0.472** (0.22)	0.177 (0.33)	0.229 (0.30)
是否接受职业培训 (是=1)	0.134* (0.07)	0.459*** (0.10)	-0.446*** (0.12)
cons	-2.425*** (0.33)	-3.897*** (0.50)	-3.118*** (0.46)
log likelihood = -6462.3745 N = 8268 Pseudo R^2 = 0.0268			

三 教育获得、职业地位与身份认同

在模型1的基础上，纳入职业变量，得到模型2，以考察受教育程度和职业技能培训对身份认同的影响路径。可以看到模型的解释力增强。在模型2中，职业地位影响显著，蓝领工作者、服务业从业人员、自雇佣者其“双重身份认同”的几率分别是白领的0.64倍、0.80倍和0.70倍，白领双重身份认同高于其他从业人员。教育获得的作用依旧显著，但是系数有所下降，显著性水平也由0.01下降为0.1水平，职业技能培训影响变得不显著，即教育获得通过职业地位的间接作用，以及直接作用影响新生代农民工“双重身份认同”；职业技能培训通过职业地位影响“双重身份认同”，但是对“双重身份认同”无直接影响。职业地位对“本地人”身份认同和“无根认同”均无显著影响。

在模型2的基础上，加入住房产权、邻居类型、居住社区类型等变量，得到模型3，以考察邻里效应对身份认同的影响。在模型3中，可以看到邻里效应变量显著影响“双重身份认同”，有住房产权者“双重身份认同”是无产权者的2.11倍，邻居类型是本地市民的“双重身份认同”是邻居是外地人的1.71倍，邻居是市民和外地人是邻居是外地人的1.3倍。社区类型影响身份认同，居住在老城区“双重身份认同”是居住在商品房社区的0.73倍，居住在其他社区的是居住在商品房社区的0.59倍。与本地人相处不融洽的，其“双重身份认同”是相处融洽的0.66倍。

住房产权同时影响“本地人”认同，有住房产权者认同“本地人”是无产权者的2.8倍，邻居类型是本地市民的其“本地人”认同是邻居是外地人的2.1倍；居住在老城区的其“本地人”认同是居住在商品房社区的0.74倍，居住在其他社区的是居住在商品房社区的0.62倍；与本地人相处不融洽的，其“本地人”认同的几率是相处融洽的0.53倍。邻居类型是本地市民的，“无根认同”是邻居是外地人的0.74倍，居住在其他社区的“无根认同”是居住在商品房社区的1.46倍。即，住房有产权者、邻居以本地居民为主或者与本地人、外地人混居者（即不存在居住隔离者）、居住在商品房社区、与本地人相处融洽的新生代农民工更能认同“既是本地人又是老家人”，反之则更认同自己是“老家人”；住房有产权者、邻居以本地居民为主、居住在商品房社区、与本地人相处融洽的新生代农民工更能认同自己是“本地人”；邻居类型以外地人为主，居住在其他社区者其认同“无根认同”高于不存在居住隔离的、居住在商品房社区者。

加入邻里效应变量后，在“双重身份认同”上，教育获得的作用进一步减弱，受教育程度对“双重身份认同”还是认同“老家人”无显著影响；职业影响也减弱，蓝领和服务业从业人员的系数减小，显著性水平降低；职业技能培训依旧不显著。在“本地人”认同和无根认同中，职业技能培训的影响下降，也就是说，新生代农民工的职业技能培训一方面会直接影响身份认同，另一方面，通过作用于居住状况和邻里状况而间接影响身份认同见表 8－28。

表 8－28 教育获得、职业地位、邻里效应与身份认同模型

	模型 2			模型 3		
	既是本地人又是老家人	本地人	既不是本地人又不是老家人	既是本地人又是老家人	本地人	既不是本地人又不是老家人
性别	－0.118* (0.07)	0.027 (0.11)	0.177* (0.11)	－0.109 (0.07)	0.066 (0.11)	0.162 (0.11)
年龄	0.040*** (0.01)	0.047*** (0.01)	0.043*** (0.01)	0.023** (0.01)	0.031** (0.01)	0.047*** (0.01)
是否随迁	－0.130 (0.25)	－0.117 (0.38)	0.182 (0.35)	－0.242 (0.27)	－0.161 (0.39)	0.265 (0.36)
初中（小学及以前随迁＝1）	－0.645*** (0.25)	－0.614 (0.38)	－0.197 (0.33)	－0.536** (0.26)	－0.452 (0.40)	－0.262 (0.35)
高中	－0.605*** (0.22)	－0.744** (0.33)	－0.760** (0.30)	－0.422* (0.23)	－0.581 (0.35)	－0.713** (0.32)
高中以后	－0.874*** (0.21)	－0.709** (0.33)	－0.984*** (0.30)	－0.647*** (0.23)	－0.447 (0.35)	－0.898*** (0.32)
初中 （小学及以下＝1）	0.111 (0.21)	0.259 (0.34)	0.243 (0.30)	0.131 (0.22)	0.337 (0.36)	0.381 (0.32)
高中	0.374* (0.22)	0.281 (0.34)	0.629** (0.30)	0.313 (0.23)	0.263 (0.37)	0.819** (0.33)
大专	0.391* (0.23)	0.252 (0.36)	0.348 (0.34)	0.280 (0.24)	0.114 (0.39)	0.534 (0.37)
省内流动 （跨省流动＝1）	0.362*** (0.07)	0.733*** (0.12)	－0.402*** (0.11)	0.160** (0.08)	0.406*** (0.12)	－0.263** (0.12)
市内跨县	1.034*** (0.16)	1.371*** (0.22)	－1.373** (0.59)	0.648*** (0.18)	0.739*** (0.25)	－1.443** (0.72)
蓝领 以白领为参照	－0.503*** (0.13)	－0.064 (0.21)	－0.059 (0.20)	－0.329** (0.14)	0.082 (0.22)	－0.196 (0.21)
服务业	－0.229* (0.12)	0.054 (0.20)	－0.134 (0.20)	－0.223* (0.13)	－0.010 (0.21)	－0.128 (0.21)
自雇佣	－0.351** (0.14)	0.003 (0.22)	0.107 (0.22)	－0.370** (0.15)	－0.048 (0.23)	0.095 (0.23)

续表

	模型 2			模型 3		
	既是本地人又是老家人	本地人	既不是本地人又不是老家人	既是本地人又是老家人	本地人	既不是本地人又不是老家人
无固定职业	-0.198 (0.38)	-0.009 (0.63)	-0.303 (0.63)	-0.191 (0.41)	0.088 (0.64)	-0.767 (0.75)
职业培训（是=1）	0.100 (0.08)	0.528*** (0.11)	-0.512*** (0.13)	-0.083 (0.08)	0.391*** (0.12)	-0.462*** (0.14)
住房产权				0.745*** (0.14)	1.034*** (0.18)	0.146 (0.29)
本地市民（外地人=1）				0.540*** (0.10)	0.723*** (0.14)	-0.292* (0.17)
市民外地人差不多				0.273*** (0.09)	0.117 (0.14)	-0.081 (0.12)
老城区（商品房社区=1）				-0.319*** (0.10)	-0.304** (0.14)	-0.047 (0.18)
其他				-0.533*** (0.11)	-0.480*** (0.17)	0.374** (0.18)
与邻居相处				-0.474*** (0.05)	-0.641*** (0.08)	0.088 (0.06)
cons	-2.156*** (0.38)	-4.124*** (0.59)	-3.083*** (0.55)	-0.751* (0.43)	-2.548*** (0.66)	-3.682*** (0.63)
Log likelihood = -5790.2806　Pseudo R^2 = 0.0301　N = 7493				Log likelihood = -5191.835　Pseudo R^2 = 0.0673　N = 7003		

本章小结

新生代农民工选择性融入城市文化：城市方言习得状况差，与当地人交流以普通话为主，对家乡方言的认同较高；新生代农民工城市文化距离感低，模仿城市居民的衣着打扮、习得城市卫生习惯、在观念和文化的学习上，存在一定文化距离感；新时代农民工认同农村传统文化，愿意保持家乡风俗习惯、按照家乡习惯办事、让孩子学习家乡话，以及保持一定的家乡生活方式；

新生代农民工与城市居民的社会距离感小，愿意与本地人交朋友，与城市居民交往的意愿强烈，但是有很大部分人不同意与本地人通婚，通婚距离感强。在身份认同上，新生代农民工绝大部分认同农村人身份，一部分人有双重身份认同，少部分人处于无根身份认同状态。

教育获得影响文化认同和身份认同。第一，教育获得影响语言认同：文化水平越高，对流入地当地方言的习得状况越好，其语言使用的多元性更高，自主性更大，受教育程度越高，对家乡方言的认同度越低，大专文化程度的新生代农民工对家乡方言的认同最低。第二，教育获得影响城乡文化认同感：文化水平越高，文化距离感越小、文化行动策略越积极主动；文化水平越低，对家乡传统文化的认同度越高；接受高中及以上教育、职业技能培训均能显著降低文化距离感，职业技能培训对文化距离感的影响高于高中教育，小于大专教育。第三，教育获得影响社会距离感。学历教育影响与本地人的通婚意愿，文化程度越高，与城市居民通婚意愿越强；高中教育对通婚距离感对减少作用强于初中和大专；职业技能培训能降低新生代农民工的社会距离感，对居住在同一个街区意愿影响最大。第四，教育获得影响身份认同。受教育程度越高，越有利于新生代农民工获得清晰的身份认同，职业技能培训对新生代农民工的城市身份认同有积极作用，接受职业技能培训者，更能认同自己“既是本地人又老家人”而非“老家人”。

随迁阶段、迁徙距离影响文化认同。第一，在当地方言习得上，随迁阶段越早，对当地方言的掌握状况越好，但是，高中以后外出的新生代农民工当地方言习得的状况优于其他阶段外出的新生代农民工；迁徙距离越大则对迁入地语言习得状况越差，跨省流动对当地方言掌握状况最差。第二，越早进入城市的新生代农民工对家乡传统文化的认同要高于外出阶段晚的新生代农民工，总体呈现离开时间越长，迁徙的距离越长，文化情感越深厚。第三，外出阶段影响和城市居民“同一街区居住”“做邻居”“交朋友”的距离感，外出阶段越早，这三方面的社会距离感越弱，高中后外出的这几个方面的社会距离感最强。

第九章　教育获得与城市融入再思考

教育是人类文化资本最重要的组成部分之一，其对人们劳动力市场地位与社会经济生活的重要性是无可争议的。在高度开放的现代社会体系下，制度化的学校教育已经成为人们通往职业道路的一块重要垫脚石[①]，而职业已经成为连接收入、声望等社会表层结构与财产所有权等社会深层结构的结合点[②]，发挥着区分社会阶层的作用。教育充当了社会流动的控制阀，不少底层人士，通过教育获得地位的上升，进入到更高层次的职业层级中，进而改变自身的经济－社会地位。[③]

在教育扩张的时代，教育不平等开始由“生存教育”的不平等转为“地位教育”的不平等，在基础教育资源充裕的情况下，优质、高等教育在社会内部依然是稀缺资源[④]，基础教育的平等化运动并没有赋予所有人向上流动的同等潜力。通过对农民工子女教育获得及社会融入关系的探讨，笔者发现由于个体、家庭和社会结构的共同作用，农民工子女在教育过程中面临着一个“泄露管道”的问题，在教育获得中处于劣势地位；教育获得对新生代农民工而言不但是社会融入结果，也是影响社会融入的重要机制；促进新生代农民工城市融入应该以保障教育获得为基础，在提升人力资本的基础上，阻断农民工代际底层再生产。

---

① ［英］安东尼·吉登斯：《社会学》，李康译，北京大学出版社2003年版，第623页。

② 仇立平：《职业地位：社会分层的指示器——上海社会结构与社会分层研究》，《社会学研究》2001年第3期。

③ B. G. Ganzeboom Harry，Donald J. Treiman and Wout C. Ultee，“Comparative Intergenerational Stratification Research：Three Generations and Beyond”，*Annual Review of Sociology*，Vol. 17，No. 1，August 1991，pp. 277－302.

④ 刘精明：《高等教育扩展与入学机会差异：1978～2003》，《社会》2006年第3期。

第一节 泄漏管道与农民工子女初中后教育获得

教育管道是将学生从一个地方输送到另一个地方的重要机制，理想情况下，进入教育管道的学生通过小学、中学和中学后教育系统进入工作世界，从事各种职业工作。教育管道在确保教育系统的连续性中起着关键作用[①]，但是教育管道并不是总工作，有时会泄漏。“泄漏管道（Leaky Pipeline）”是指在管道中最初大量的水注入其中，但它们在向前流动的过程中大多被渐渐漏掉，仅有很少一部分能够剩到最后。农民工子女在升学的过程中，很大一部分在教育系统管道中被漏出来，当各个队列到达最终目的地时，他们的数量都大大减少。这种溢出大大减少了农民工子女获得更高职业地位的可能。

一 教育泄露管道中的农民工子女教育获得

近三十年来，学术界常用“泄漏管道”解释与一些专业领域相关的供求关系，尤其是某些人员，诸如非白人教师、农村医生、女性科学家短缺的情况下。研究认为，由于认知能力、歧视和兴趣等原因，可能在科学管道的各个部分造成集体“泄漏”，从而导致女性在科学研究领域中的代表性不足；[②]也有研究发现，由于化学课的负面经历，少数民族学生和女性对预科学习的兴趣不断下降，导致对这些人医学院的申请减少。[③] 在研究中，研究者将管道概念化为一条路径或一个旅程来解释为什么人们预期没有达到。国外研究发现，一些族裔的移民子女在学校里学习中存在“移民悖论”：虽然经济社会地位状况糟糕，但是学业状况良好。移民学生在小学和中学阶段的数学和阅读

① J. Ryan, K. Pollock and F. Antonelli, “Teacher Diversity in Canada: Leaky Pipelines, Bottlenecks, and Glass Ceilings”, *Canadian Journal of Education*, Vol. 32, No. 3, 2009, p. 591 -617.

② Ahmad Farah Z and Boser Ulrich, “America's Leaky Pipeline for Teachers of Color: Getting More Teachers of Color into the Classroom”, *Center for American Progress*, Vol. 135, No. 2, Mar 2009, pp. 218 -260.

③ D. A. Barr, M. E. Gonzalez and S. F. Wanat, “The Leaky Pipeline: Factors Associated With Early Decline in Interest in Premedical Studies Among Underrepresented Minority Undergraduate Students”, *Academic Medicine*, Vol. 83, No. 5, May 2008, pp. 503 -511.

成绩[1]和非移民学生一样，其教育期望高于非移民学生[2]，在大学六个最高成就组中有五个是少数族裔的。[3]

对农民工随迁子女初中后受教育状况的研究发现，随迁子女在升学过程中泄露严重。目前，我国新增劳动力平均受教育年限已超过13.3年，相当于大学一年级水平，但笔者发现，农民工随迁子女的平均受教育年限在不同结构的家庭中不同，独生子女家庭到三孩家庭分别为10.0年、9.8年、9.3年，受教育年限低于新增劳动力平均水平，子女数量对教育资源的稀释效应明显。农民工子女在完成初中后教育后，40.0%以上并未升入高中，即使是升入高中，仍然3.0% -5.0%的农民工子女无法完成高中学业而辍学，初中后的受教育状况差。

在教育泄露管道中，跨省流动的农民工子女弱势明显。受家庭经济状况影响，跨省流动的农民工更多将孩子留在户籍地成为留守儿童，省内跨市和市内跨县的流动农民工更多将孩子带在身边成为随迁子女；大部分随迁子女就读于公立学校，但跨省流动的随迁子女就读在打工子弟学校的比例高于省内流动随迁子女的比例；跨省流动随迁子女初中后升学、就读的比例明显低于省内流动随迁子女的比例。

二　教育漏管道中的社会结构力量

教育获得是教育场域中各种力量之间的争斗过程，教育场域中存在国家、社会阶层和个人三种力量，存在制度选择、社会选择和技术选择三种基本方式。其中，教育分流是一种教育选择的制度框架，该框架通过国家意志或得到国家意志认可；考试制度是针对个体的教育选择的技术方式；社会选择是基于阶层群体成员资格或阶层优势的教育机会分配。[4] 面对这些宏观社会结构

① C. Worswick, *School performance of the children of immigrants in Canada*, 1994 -98, (Research Paper Series No. 178). Ottawa, ON: Statistics Canada, 2001.

② A. Taylor and H. Krahn, "Aiming high: Educational Aspirations of Visible Minority Immigrant Youth", *Canadian Social Trends*, Vol. 6, No. 3, January 2005, pp. 8 -12.

③ E. Herberg, "Ethno-racial Socio-economic Hierarchy in Canada: Theory and Analysis of the New Vertical Mosaic", *International Journal of Comparative Sociology*, Vol. 31, No. January 1990, pp. 3 -4.

④ 刘精明：《教育选择方式及其后果》，《中国人民大学学报》2004年第1期。

的影响，农民工家庭的社会资本显得力量薄弱。在此，对教育分流展开讨论。

（一）政策门槛与有限的升学机会

随着2012年《关于做好进城务工人员随迁子女接受义务教育后在当地参加升学考试工作的意见》公布，农民工随迁子女教育问题从“义务教育”到“义务教育后”迈出了实质性的一步。各地相继出台相关政策，在政策设计上，北京、上海政策门槛相对较高；广东、浙江政策设计相比较北京、上海宽松；而其他区域政策设计非常宽松，基本无门槛。在政策设计中，连续学籍是重要的“异地高考”准入条件，高中连续学籍又与中小学当地连续学籍相联系。于是，异地中考作为“异地高考”的先行条件出现。由于国家对于流入地“异地中考”政策指向不明确，缺乏顶层设计；各地政策门槛参差不一，且具有较大局限性，“异地中考”政策成为“异地高考”的先行过滤门槛；各地异地中考政策虽然设置了缓冲期，但条件严格，由于农民工家庭在政策理解和认知上不足，导致很多条件无法满足，政策要求降低了农民工子女初中后在城市就读的可能性。

由于严格的计划生育政策，各地生源逐步减少，尤其是城市学龄儿童的数量逐年减少，从人口的发展趋势来看，城市有能力容纳农民工随迁子女，能够解决其义务教育后教育问题，但是从随迁子女的分布来看，北京、上海、广东等城市人口、教育资源压力巨大，短时期内无法实现问题的解决。因此，各地在随迁子女义务教育后的政策设计不同，北京、上海以分步实施、限制报考类型等方式进行限制，其他大部分地区虽然在异地高考政策上未显示出明显的排斥性，但是这些地方（尤其是重要的流入地城市）的“异地中考”政策条件大有水涨船高之势，“异地高考”、“异地中考”政策成为农民工家庭及子女难以逾越的门槛。各地之所以会以异地中考政策与中央政策博弈，主要是由于在地方政府负责、分级管理、以县为主的体制下，普通高中教育经费在总量上，远小于其他阶段的教育；高中教育经费来源单一，主要靠国家财政性教育经费投入，且各地教育经费大部分由地方政策承担；流动人口集聚，给北京、上海、广东的教育资源承载能力带来巨大的压力。各种压力共同作用导致各地对解决农民工子女高中教育问题积极性不高。

（二）文化排斥与家庭劣势

由于高等教育资源分布不均、生源利益难调，针对农民工子女异地升学问题有众多利益相关者的不同立场和意见。北京、上海等地居民更多反对“异地高考”政策，反对者从城市资源布局、“高考移民”问题以及本地人贡献等角度提出意见而支持者则从教育公平、农民工贡献等角度支持随迁子女的初中后城市就读。

高考制度与资源竞争是影响利益相关者反对“异地高考”政策的基本因素。当前，地方财政性补助收入是各高校的主要经费来源，各高校招生名额向本地生源明显倾斜，本地学生和外地学生高考升学机会不同；分省定额、划线录取的招生办法导致高校招生时对高校所在地生源倾斜，高考招生省际不均；全国平均本科院校拥有率不均，异地高考推行，降低了流入地高考考生的录取比例，加剧了省内竞争。异地高考打破了原有的资源分布格局，给流入地（尤其是北京、上海等地）完整公民权居民教育竞争带来压力。这是流入地居民担忧的根本所在。另外，与“福利惯习”也是众多利益相关者反对该政策的原因。户籍制度作为一种“社会屏蔽”将社会上一部分人屏蔽在分享城市社会资源之外。近年来，户籍改革使得农民工的社会成员资格和资源分享权利逐步增多，但是，单从农民工子女的初中后教育问题上来看，门槛并没有撤除，城乡边界、内外差异没有消失。与此同时，城市居民长期地占据着社会资源与竞争优势，从而形成了“一等公民”城市的市民性格，在他们看来，“异地高考”势必对已有资源造成稀释，希望通过“反对意见”来阻止开放的步伐。

面对文化排斥，农民工家庭无力反抗，而且自身对子女初中后教育机会认知不足，教育准备不充分。作为“异地高考”的利益相关的群体，农民工、外地城市居民是分享资源的一方，而城市本地居民是接纳方，虽然农民工是异地高考政策的最直接受益者，其群体规模远远大于迁徙的城市居民，但是由于该群体对政策的关注度不高，资源分享能力明显低于外地城市居民。9年级学生家长中有超过25%的、7年级家长有超过50%的表示不知道升学要求。家长对政策要求的不关注和不了解的直接后果是：到了升学的时候，由于所需材料不够，要求不能达到而使子女丧失在城市升学的机会。

三 教育漏管道中的家庭机制

（一）教育性别平等？男孩危机？

在农民工子女升学过程中，男性随迁子女初中辍学、高中辍学的几率均高于女性，男性更容易从教育管道中漏出。这似乎与农民工家庭的性别偏好不匹配。为什么在教育投资等偏向于男孩的农民工家庭中，男生初中、高中的辍学率会高于女生？女孩的教育获得状况要优于男生？是由于教育扩张、生育数量减少带来的性别平等、“资源稀释”作用减弱？还是由于“男孩危机”？

1985 年财政制度改革以后，基础教育的财政主要由地方政府承担，但由于地方政府财力不足，投资基础教育积极性低，基础教育费用大部分转嫁给了家庭[①]，高等教育改革，要求大学学费、住宿费、生活费等由家庭承担，使得子女的高等教育投资成本加大。于是，一些农村地区贫困家庭让女儿尽早参加工作，女儿成为教育费用上升的牺牲品。资源稀释理论认为，个人的教育获得与兄弟姐妹数量呈反比[②]，但与西方国家不同的是，在父权制文化下，中国家庭的“儿子偏好”与家内资源分配的“男孩偏向”导致女孩在资源分配上处于劣势地位[③]，兄弟姐妹增加带来的稀释效应主要转嫁给了家中女儿[④]，父母对女儿教育的歧视程度在不同家庭背景和子女数量的家庭之间存在明显差异：资源充足、子女数少则歧视较小，反之则歧视增大。[⑤] 随着生育率下降，年轻一代教育性别不平等降低，但是兄弟姐妹数量的资源稀释作用依然明显，兄弟姐妹越多女性受教育年数相对男性越低。[⑥]

---

① E. Hannum, “Market Transition, Educational Disparities, and Family Strategies in Rural China: New Evidence on Gender Stratification and Development” *Demography*, Vol. 42, No. 2, May 2005, pp. 275 - 299.

② J. Blake, “Family Size and the Quality of Children” *Demography*, Vol. 18, No. 4, November 1981, pp. 421 - 442.

③ 郑磊：《同胞性别结构、家庭内部资源分配与教育获得》，《社会学研究》2013 年第 5 期。

④ C. Y. C. Chu, Y. Xie and R. Yu, “Effects of Sibship Structure Revisited: Evidence from Intrafamily Resource Transfer in Taiwan” *Sociology of education*, Vol. 80, No. 2, April 2007, pp. 91 - 113.

⑤ 吴愈晓：《中国城乡居民教育获得的性别差异研究》，《社会》2012 年第 4 期。

⑥ 叶华、吴晓刚：《生育率下降与中国男女教育的平等化趋势》，《社会学研究》2011 年第 5 期。

中国教育政策对教育性别平等影响显著，教育性别差异在强调公平时期缩小的速度较快；而在强调效率的时期，则缩小的速度较慢。在改革开放后，教育政策目标由公平转向效率，不利于教育性别差异缩小。[①] 教育获得性别差异缩小速度在城乡间、不同背景和子女数量的家庭间差异显著；教育获得的性别差异在家庭背景差、子女众多的农村家庭下降缓慢。[②] 但是也有研究认为，父权制衰弱和性别平等观念的形成[③]，基础教育的普及和高等教育的扩张、生育率持续下降、兄弟姐妹构成的变化[④]等使得女性获得了更多的教育。在1978—2008年，中国居民在基础教育阶段和中等教育阶段的教育获得的性别平等化趋势。小学升初中和初中升高中入学机会的性别不平等逐年下降，2000年后开始出现女性反超男性的趋势；而高中升大学的入学机会自1978年以来并没有性别差异。在三个教育阶段中，小学升初中的性别不平等最严重，初中升高中次之，升大学已经没有性别差异，受教育机会的性别不平等主要是因为在较低的教育层次上女性受教育机会低于男性。[⑤]

笔者发现，在农民工家庭中，不论是独生子女家庭还是多子女家庭，男性随迁子女的初中、高中辍学率均高于女性，女生的教育获得状况要优于男生。在一定层面上反映了我国初等教育中性别平等的趋势，同时也反映出农民工群体教育获得中的“绩效优先”和“男孩危机”。在研究过程中，由于数据的局限，无法获得农民工子女学业成绩、认知能力测评等重要变量的数据，但是结合现有研究和笔者实地调查发现，农民工子女在升学过程中，很大一部分受学业成绩的影响，成绩差的，会主动退出教育过程。

> “对于孩子，我们是想让他多读书，能读多少读多少，只要他能考得上，我们砸锅卖铁也要供他读，可是他就对读书没兴趣，成绩一直不好，本来想让他读职高技校去，他都不愿意，算了，随他去了。”（家长1）

---

① E. Hannum and Y. Xie, “Trends in Educational Gender Inequality in China: 1949 –1985” *Research in social stratification and mobility*, 1994.

② 许琪：《男女教育的平等化趋势及其在家庭间的异质性》，《青年研究》2015年第5期。

③ 吴愈晓：《中国城乡居民教育获得的性别差异研究》，《社会》2012年第4期。

④ 许琪：《男女教育的平等化趋势及其在家庭间的异质性》，《青年研究》2015年第5期。

⑤ 吴愈晓：《中国城乡居民教育获得的性别差异研究》，《社会》2012年第4期。

在教育体系中，男生相较于女生并不占优势，甚至处于劣势地位。国外研究发现，学生在不同学科认知能力上存在性别差异，男生擅长数学和物理科学，而女生则在语言上有优势；① 但也有研究发现，女生在数学、生物和化学等学科的表现与男生差距缩小，甚至优于男生；② 还有研究发现，从幼儿园直到大学阶段，学生的认知能力、学业成绩和升学成绩性别差异不显著，女生在学习态度和学习行为习惯等方面优于男生。③ 对移民子女教育获得的性别差异比较发现，在移民青少年中，来自社会经济地位较低移民家庭的女性在学业成绩和学业期望上占优势。8 年级以前的教育获得的性别差异源于家庭和学校的塑造。男生与女生相比，花费更少的时间在功课上，而花费更多的时间看电视；男生比女生更关注家庭关系，而这可能有损于校园的人际关系；男生对校园工作人员有更消极的看法，有更消极的校园同伴体验。这些在生命早期在家庭和学校中的不同性别体验，影响后来他们的教育获得。④

在中国，父母对子女的学业都具有极高的期望，只要子女愿意读书，父母就会倾全力支持。但是在农民工家庭中，虽然父母同样对子女有很高的期望，但是他们对子女的学业管理和校园活动参与非常有限，子女的学业成绩更多是靠子女的自律和学业兴趣。由于女孩更乖巧、自律，更能适应教育体制，在学业卷入、学业成绩及初中升学状况上均上优于男生；男生则更多从教育管道中撤离。农民工子女中的“男孩危机”更为严重。农民工子女中男性的辍学率高，是生育率下降、少子化，以及在学业状况中女生优势共同作用的结果。在子女数量减少的背景下，父母在子女升学过程中，并不太多考察子女的性别因素，而是，由子女自已通过学业竞争获得继续学习的机会。

（二）家庭子女数的“资源稀释”效应？还是“示范效应”？

“资源稀释论”认为，在有限的家庭资源下，兄弟姐妹之间存在着竞争

---

① E. E. Maccoby and C. N. Jacklin, *The psychology of sex differences*, Palo Alto, CA: stanford University Press, 1978.

② A. M. Gallagher and J. C. Kaufman, eds., *Gender differences in mathematics: An integrative psychological approach*, Cambridge, UK: Cambridge University Press, 2005.

③ C. Buchmann, T. A. DiPrete and A. McDaniel, "Gender Inequalities in Education", *Annual Review of Sociology*, Vol. 34, No. 1, August 2008, pp. 319 – 337.

④ Cynthia Feliciano, "The Female Educational Advantage Among Adolescent Children of Immigrants" *Youth & Society*, Vol. 44, No. 3, May 2012, pp. 431 – 449.

关系，家庭子女数的增多通过降低孩子获得的教育资源数量，最终降低孩子的教育成就。[①] 笔者发现，在农民工家庭中子女数对资源的稀释作用明显，家庭子女数越多，子女的受教育年限越短。从农民工子女的受教育年限来看，未完成义务教育而辍学的农民工子中，家庭子女数多的是少的1.27倍；完成义务教育而未完成高中教育的，家庭子女数多的是少的0.83倍，完成高中教育的，家庭子女数多的是少的0.73倍，完成高中及以上教育是0.710倍。可以看到，家庭子女数对农民工子女教育获得的资源稀释作用明显。

与此同时，笔者有另外一个发现，在双子女、多子女家庭，老大的性别、受教育程度状况直接影响其他兄妹的教育获得。在农民工双子女家庭中，老大的受教育年限影响老二的受教育年限。在二孩家庭，老大的受教育年限越长，其兄弟姐妹的受教育年限也越长；老大的受教育年限增加一年，老二未完成义务教育的几率降低，老二初中后接受更高教育的几率也越高。在多兄妹家庭，老大、老二的受教育年限同样影响老三的受教育年限，老大、老二的受教育年限越长，老三的受教育年限也越长。也就是说，农民工子女教育获得并不是简单的资源稀释，而是兄弟姐妹“示范效应”“交流互动”等多种机制共同作用的结果。

有研究认为，大规模持续社会流动改变了农村的生活方式、社会组织以及家庭结构，对农村学校发展带来不利影响。大量农村青少年辍学外出务工，对在校学生具有较强的吸引与示范作用，一个区县同龄人外出务工的比例越高，在校学生义务教育阶段辍学的可能性越高。[②] 社会功利观盛行等因素，共同导致大量的农村青少年辍学打工。[③]

“交流互动论”则认为兄弟姐妹间的交流互动，产生合作冲突，使儿童能有更多的机会体验他人的心理状态，进而促进心理发展。而学习方面的相互

① 张月云、谢宇：《低生育率背景下儿童的兄弟姐妹数、教育资源获得与学业成绩》，《人口研究》2015年第4期。

② 牛建林：《农村地区外出务工潮对义务教育阶段辍学的影响》，《中国人口科学》2012年第4期。

③ 刘成斌：《农村青少年辍学打工及其原因》，《人口研究》2014年第2期。

交流、对比、竞争也同样有利于提升学业成绩。① 随着家庭子女数的变化，“交流互动”和“资源稀释”的作用方向和强度也在变化，家庭子女数与儿童心理健康及学业表现呈现出非线性关系。如果兄弟姐妹间交流的强度、频度较大时，其“交流互动”的影响就会显现出来，这部分“单兄妹”的学生成绩也相对更好。②

在本书中，笔者并未考察兄弟姐妹的交流互动状况以及同龄人的作用，只是考察了老大受教育年限的影响。研究发现，对于独生子女家庭，父母受教育水平影响非常显著，但是在二孩家庭和多子女家庭，父母受教育年限对子女获得的影响随着子女数量的增多而减少；相反，长子女教育获得对弟弟、妹妹教育获得的影响甚至超过了父母受教育年限的影响。也就是说，不论兄弟姐妹的沟通交流状况如何，兄长的示范效应对弟弟、妹妹的教育获得有直接的影响，该影响作用大于父母文化水平带来的影响。笔者认为，一方面，长子女的示范效应带来兄弟姐妹之间类似的学习态度、价值观等；另一方面，也在一定层面上反映了农民工家庭父母对教育的认知和态度，家庭教育氛围影响子女的教育获得。

（三）迁徙时间的影响

在国外研究中，关注迁徙时间对移民子女教育获得的影响，发现青春期迁徙的移民子女在融入的过程中遭遇更多的问题，更多实现底层融入。笔者发现，农民工子女迁徙过程中，迁徙时机不同，对其成长有不同的影响：其中，高中阶段随迁对教育获得最为不利，对未来成长的负面影响最大。

国外研究认为，移民子女迁徙实际上存在一个关键年龄段，超过这个年龄段的儿童移民将面临更高的高中辍学和底层融入风险。有研究方向 8 岁以后移民的儿童其高中辍学的概率将大大增加，移民年龄越大，辍学的概率越

① A. L. Cuttingand J. Dunn，“Conversations with Siblings and with Friends：Links between Relationship Quality and Social Understanding”，*British Journal of Developmental Psychology*，Vol. 24，No. 1，March 2006，pp. 73 – 87.

② 聂景春等：《农村儿童兄弟姐妹的影响研究：交流互动或资源稀释?》，《人口学刊》2016 年第 6 期。

高。8 岁之后到达美国影响孩子在成年后说英语的能力。[①] 也有研究发现 9 岁以前移民的儿童，其高中辍学的概率不会随着移民年龄增大而变化，但是超过 9 岁以后，移民时间每增加一年，辍学概率增加一个百分点以上。在 14 岁或 15 岁左右移民，这种风险也有不同程度的增加，女性在 12 岁以后移民，其高中辍学风险也增大。[②]

青春期移民不利于青少年成长主要有两方面的原因：其一是，错过语言学习的最佳时期，无法很好地学习语言，阻碍融入。语言习得需要经历一个关键时期，有研究认为关键期在五六岁[③]，有的研究则认为是 12 至 15 岁，青春期第二语言能力下降；[④] 其二是，错过教育政策的规定时限，一定的教育是在一定的年龄段展开的，一旦错过则无法补救，尤其是在青春期要实现职业教育和普通教育分流的国家，青春期的迁徙非常不利于移民子女在移入国进入普通教育体系。

笔者发现，对于农民工子女而言，学前阶段和小学阶段随迁者受教育程度普遍要优于初中阶段和高中阶段随迁；高中后大龄外出者的受教育程度优于除了城市出生组之外的其他组；高中随迁组其高中及以上受教育程度比例最低。随迁阶段越早，教育获得越好；高中阶段随迁外出者其受教育程度最差。迁徙的最关键时期是 14 岁—15 岁，也就是初中毕业、高中升学的那个年龄。不同于国际移民，农民工子女在迁徙过程中，不会遭遇巨大的语言文化差异。因此，在迁徙过程中，这个时期之所以会成为关键期影响农民工子女的成长，最重要的是其对教育获得的影响。农民工子女在初中后随迁外出的，理论上有外出就读高中、职高技校和务工三种可能，但是实际上，外出就读高中的可能性非常小，外出就读职高技校的可能性也不大，大量的农民工子

---

① A. Beck, M. Corak and M. Tienda, "Age at Immigration the Adult Attainments of Child Migrants to the United States", *The Annals of the American*, Vol. 643, No. 1, July 2012, pp. 134 – 159.

② M. Corak, "Age at Immigration and The Education Outcomes of Children", in Ann S. Masten, Karmela Liebkind and Donald J. Hernandez, eds., *Realizing the potential of immigrant youth*, Cambridge: Cambridge University Press, May 2012, pp. 90 – 116.

③ Penfield Wilder and Lamar Roberts, *Speech and Brain Mechanisms*, Princeton NJ: Princeton University Press, 1959.

④ Birdsong and David, "Age and Second Language Acquisition and Processing: A Selective Overview", *Language Learning*, Vol. 56, No. 1, July 2006, pp. 9 – 49.

女初中后终止教育进入劳动力市场。而高中后外出者，更多是完成高中学业、获得高中文凭才进入劳动力市场，高中三年的教育为其融入城市奠定了基础。也就是说，高中阶段迁徙的农民工子女也是在管道中“泄露”出的部分，要阻止这部分人的泄露，在政策设计的过程中应该关注年龄带来的风险和机会差异，在儿童时期给予更多的关注和支持。

四　教育泄漏管道中的个体因素

在教育泄露管道中，哪些农民工子女会随着时间的推移，不断被泄露，退出教育体系呢？哪些又能坚持到最后，获得更好的教育？个体因素中的个人学业成绩、教育期望扮演着重要角色。

（一）学业成绩：绩效公平掩盖的累积性实质性不公平

对城乡青少年而言，在升学决策时，因为升学风险承担能力差、教育预期收益评估低，而过早地退出升学竞争的“隐性排斥”状况并不普遍存在。[①]在“是否上高中”问题上，家庭经济地位的作用一直都并不显著。[②]笔者访谈也发现，农民工不会过早地让子女进入劳动力市场，即使是成绩糟糕得一塌糊涂，如果子女有继续学习的意愿也会让他们在职业技术学校里“托管”几年。“孩子这么小，不读书让他们做什么呢？这么小出去打工，容易在社会上跟坏了，在学校里还能学点东西，至少不会惹出大事。”（家长1）

随迁子女在初中后升学过程中，到哪里就读、进入什么层次的学校读书除了受政策影响外，学业成绩影响巨大。而学业成绩又受到就读学校质量的影响。不同质量的学校，由于其师资力量、硬件条件、课程设置等的差异，在初中后升学竞争中结果不同，进一步分化加剧教育的不平等。学业成绩影响升学状况，看起来是一种绩效公平，但是实质是绩效公平掩盖的累积性实质性不公平。

笔者发现，虽然农民工子女在公办学校就读占到78%以上，但在学校层

---

① 李煜：《制度变迁与教育不平等的产生机制——中国城市子女的教育获得（1966—2003）》，《中国社会科学》2006年第4期。

② 高勇：《中国城市教育获得的不平等程度考察》，《学术研究》2008年第4期。

次的获得上，依旧没有打破内外区隔。由于优质教育资源有限，在城市中，需要通过购买学区房等方式才能就读，一些学校甚至对入户年限等做了严格规定，在招生过程中，这类学校无法满足学区内人口需求，更没有学额给外来农民工子女。因此，随迁子女虽然进入了公办学校，往往都是在城乡接合部的公办农民工子弟学校或者是教育质量较差的学校，或者是公办学校的"校中班"。笔者通过访谈也发现，不少学生认为自己在老家小学的成绩不错，但是上了中学，在差学校中就读成绩逐步下滑。成绩不好成为小升初过程中无法实现好的分流结果的重要原因。

大量研究认为，教育分流初中存在强烈累积性；[①] 个体高中教育机会质量依赖于初中学校类型，高等教育机会质量对初中学校类型存在着弱依赖，而对高中学校类型则存在强依赖的关系。[②] 由于随迁子女在小学、初中阶段就学的学校层次低、质量差，直接导致其学业状况糟糕、在初中后分流中只能流向职业教育体系，其进入重点高中乃至普通高中的比例非常小。笔者访谈发现，教育政策规定，小升初实行对口小学入学，大部分小学升初中不需要参加升学考试；由于初中班额扩大，一些学校除了对口小学升学的学生外，还有部分名额给非对口小学生源；一些公办农民工子弟学校每年向"定点学校"输送成绩优秀的学生，这就给成绩优秀的随迁子女提供了进入好学校的机会。对于一部分农民工随迁子女而言，有机会通过小升初分流改变自己的学习环境，但是绝大多数因为成绩不佳而无法实现。不好的小学—不好的初中—职业技术学校，似乎成为大部分随迁子女的教育获得路径。

（二）玻璃天花板与受限的期望

玻璃天花板通常指妇女在攀登职场阶梯的过程中，特别是在通往权力顶层的道路上遭遇的看不见、摸不着却通不过的障碍。联邦委员会对玻璃天花板的定义是："不可见、突破不了的障碍，使少数族群和妇女不能够通过企业

---

① 方长春、风笑天：《阶层差异与教育获得——一项关于教育分流的实证研究》，《清华大学教育研究》2005 第 5 期。

② 陈彬莉：《教育获得之中的路径依赖》，《北京大学教育评论》2008 年第 4 期。

的晋升阶梯，不论他们的资质和成就如何”。① 在农民工子女成长的过程中，也面临着看不见、却实实在在存在的升学障碍玻璃天花板。

许多关于移民青少年社会融入的研究关注愿望和期望的塑造力量。关于移民子女期望的经验研究发现，移民子女（一代和二代）比三代及以后的移民子女往往有较高的抱负和更好的学业表现；② 父母和同伴影响着儿童的抱负。③ 抱负和表现更多地依赖于移民在移出国相对地位而非绝对的经济社会地位。虽然在本国土著人的物质资本可能会更高，但移民及其子女更高的文化资本是保证其持续向上流动的驱动力，文化资本的优势在第三代移民身上消失。④ 移民青年的志向是会变化的：在中学初期都是很高的，但黑人和西班牙裔学生到了高中其志向会降低，而白人和亚裔移民的志向会一直保持下去。⑤ 移民青年的远大抱负不一定能够实现，不同群体对未来的态度不同：虽然多米尼加青少年的学业表现不佳，但是他们对自己的未来比来自中国的同龄人更为乐观。这样的差异来自不同的参考体系：多米尼加青少年往往将自己与他们在岛上的同龄人相比，来自中国的青少年，则更倾向于将自己与成绩优异的同族群同辈群体相比较。⑥

本书在探究随迁子女的未来期望时发现，农民工子女和父母有着较高的教育期望，“读书越多越好”是他们的普遍认知，大部分农民工子女打算在本市（地级市）读高中（56.1%），在本市读职业高中/中专/技校占比 20.1%。长大了成为“教师，工程师，医生，律师”等专业技术人员和“企业/公司管

---

① U. S. Glass Ceiling Commission, *A Solid Investment: Making Full Use of the Nation's Human Capital*, Washington, DC: U. S. Government Printing Office, 1995, p. 4.

② Joan Aldous, “Family, Ethnicity, and Immigrant Youths' Educational Achievements”, *Journal of Family*, Vol. 27, No. 12, December 2006, pp. 1633 – 1667.

③ Kimberly Goyette and Yu Xie, “Educational Expectations of Asian American Youths: Determinants and Ethnic Differences”, *Sociology of Education*, Vol. 72, No. 1, January 1999, pp. 22 – 36.

④ Krista M. Perreira, Kathleen Harris and Dohoon Lee, “Making It in America: High School Completion by Immigrant and Native Youth”, *Demography*, Vol. 43, No. 3, August 2006, pp. 511 – 536.

⑤ Grace Kao and Marta Tienda, “Educational Aspirations of Minority Youth”, *American Journal of Education*, Vol. 106, No. 3, May 1998, pp. 349 – 384.

⑥ Vivian Louie, “Second-Generation Pessimism and Optimism: How Chinese and Dominicans Understand Education and Mobility through Ethnic and Transnational Orientations”, *International Migration Review*, Vol. 40, No. 3, September 2006, pp. 537 – 572.

理人员”是农民工子女中最普遍的职业期望。

分析初中后的升学机会对初中后打算的影响发现，初中后升学机会影响农民工子女的初中后打算：“可以报考重点高中”的随迁子女其学业期望高于“只能报考普高”者；“不知道”自己能否在当地升高中的随迁子女，其学业期望最低、最消极；跨省流动的农民工子女教育机会少，其教育期望比省内流动的随迁子女低。随迁子女的职业期望受到个人、家庭以及当地升学机会的影响：“只能考普高”的其选择工人的几率比“能报考重高”的要高；“只能考普高”“不知道”能否报考比“能报考重高”的更多选择无所谓。受限的初中后教育机会犹如玻璃天花板，折断隐形的翅膀，拉低随迁子女的教育期望与职业期望。

第二节　新生代农民工城市融入再思考

教育获得是影响移民社会融入的重要因素，本书在重新思考新生代农民工城市融入路径的基础上，审视了教育获得对城市融入的影响。

一　新生代农民工城市融入状况

第一，经济社会地位的底层再生产。由于劳动力市场区隔依旧存在，制度性的劳动力市场区隔会被知识性的劳动力市场区隔所取代，没有高中及以上学历的农民工，只能在底层再生产。近年来，随着新生代农民工成为农村劳动力转移的主体，农民工群体的文化水平、劳动技能都得到了大幅度提升，但是与城市劳动力相较，其职业技能和受教育程度都难以胜任对专业技能要求高的岗位。新生代农民工在劳动力市场中，仍然处于劣势地位。“80后”、“90后”有随迁经历的新生代农民工大多数是在服务业工作，在非国有部门、竞争行业就职；其月工资平均水平为3507.85元，收入群体内部差异非常大；其住房大部分是靠市场租赁，大多居住在未经改造的老城区、城中村或棚户区、城郊接合部等，在居住中与本地人存在一定程度的居住隔离。

第二，文化层面的选择性融入。新生代农民工与城市居民的社会距离感小，与城市居民交往的意愿强烈，希望能和本地人交朋友，但是通婚距离感强。新生代农民工的城市方言习得状况差，与当地人交流以普通话为主，对家乡方言的认同较高。新生代农民工在语言的选择和应用上主要是以最方便地融入当地为目的，更多使用普通话是由于语言差异较大，无法沟通的无奈选择。新生代农民工城市文化距离感不强，传统文化认同较高，努力尝试缩小自己与城市居民的文化差距。新生代农民工能模仿城市居民的衣着打扮、努力遵从城市的卫生习惯，但是在观念和文化的学习上，在短期内他们无法改变与城市居民的差异，存在一定文化距离感。新生代农民工认同家乡风俗习惯、愿意按照家乡习惯办事、希望孩子学习家乡话，但不愿意保持家乡的生活方式。在文化行动策略上，50%的新生代农民工努力尝试缩小自己和城市居民的文化差距。

第三，身份地位认同的过渡性和矛盾性。在身份认同上，新生代农民工中大部分（75.54%）认同自己是农村老家人，一部分人（13.18%）认为自己既是老家人也是本地人；5.48%的认为自己是本地人；5.79%的即不认为自己是城市人也不认为自己是老家人，处于无根身份认同状态。

二　新生代农民工城市融入路径

（一）国际移民与乡—城移民社会融入比较

国外研究考察父母人力资本、家庭结构、接纳模式等众多因素对移民融入流入国的影响，对于中国乡—城移民的城市融入机制有与国际移民的相似之处，也有其自己的特点。

首先，相对于国际移民的社会融入，这是一种成本低、阻力小的融入。一旦在城市融入的过程中遭遇挫折和困难，无法融入者可以选择离开，诸如遭遇教育政策不接纳等，可以通过回流实现完成高中教育等目的。另外，不同于国际移民，乡城移民同在中华文化圈内，虽然城乡文化有一定的差异，但是总体来看，城乡文化差异较国际文化差异小，在城市融入过程中文化阻力要小很多。

其次，教育获得在融入中作用至关重要，不同于国际移民进程中，社区力量、种族支持的巨大影响，在乡—城迁徙过程中，教育影响巨大。新生代农民工通过获得更高的教育、获得较好的职业，以及更好的文化接纳能力，更快、更好地融入城市生活。教育在未来的城市融入过程中的作用会越发重要。虽然一段时间内有“读书无用论”，这在很大程度上受到了社会上有知识文化储备但是凭借机遇和胆识实现向上流动的案例影响。但是未来社会是知识社会，知识是社会发展的主导，没有知识和文化，在未来的竞争中只能处于底层劣势的位置。

再次，移民迁徙年龄对儿童发展至关重要：儿童发展早期的迁移会影响教育成果。有研究发现，移民与年龄的相互作用所导致的教育结果的变化，改变了儿童作为成年人完全融入美国主流的能力。① 笔者发现，迁徙时间对新生代农民工城市融入的影响并不是简单正向或负向，迁徙时间对不同维度的城市融入影响不同。

最后，乡—城迁徙是一种大量底层再生产的迁徙。对国际移民而言，受族裔、肤色、流出国等因素影响，其社会融入的结果也呈现巨大分化；但是对于农民工而言，虽然该群体内部存在差异和分化，但是其分化程度远小于国际移民，因此其社会融入分化的程度更小。从新生代农民工社会融入的状况来看，大部分处于“底层再生产状态”，只有少部分获得高中及以上教育的农民工子女能挣脱再生产的魔咒，实现向上流动。

对农民工随迁子女教育获得与城市融入状况进行归纳，可以看到，受父母人力资本、迁徙时机、家庭结构和城市接纳模式等的影响，随迁子女有不同的初中后教育获得状况以及不同的城市融入模式。（见表 9 – 1）

（二）新生代农民工城市融入路径分析

笔者发现，在农民工子女城市融入过程中，个人状况、父母人力资本、家庭结构、迁徙距离、迁徙时机等共同作用于农民工子女的教育获得，其中迁徙距离和迁徙时机成为影响教育获得结构性因素，不同的迁徙时机和迁徙距离决定了农民工子女需要面对不同的城市政策、文化；教育获得是影响

① A. Beck，M Corak and M. Tienda，“Age at Immigration the Adult Attainments of Child Migrants to the United States”，*The ANNALS of the American Academy of Political and Social Science*，Vol. 643，No. 1，September 2012，pp. 134 – 159.

表 9－1　农民工随迁子女教育获得与城市融入

初中后教育获得状况	融入模式	外部障碍			预期后果
		制度排斥、市民歧视	二元劳动力市场	城乡文化差异	
城市高中就读（迁徙距离短，省内随迁，政策排斥小；家庭资本丰厚；家庭结构完整，兄弟姐妹学业成就高、个人家庭学业期望高，学业基础好）	完全城市融入⇨	家庭资本丰富、遭遇到到市民、政策等歧视少	个人教育获得水平高；父母的引导和资源支持	适应城市文化，在城乡文化中选择城市文化（迁徙时间早，迁徙距离短、受教育水平高）	大部分是向上融入，融入城市经济社会生活
返乡就读高中（迁徙距离长，省外随迁入政策排斥大地区；家庭资本缺乏，无法满足升学条件；个人家庭学业期望高，学业基础好）	选择性城市融入⇨	遭遇市民、政策等多方面歧视，家庭、社区资本共同面对，支持	个人教育获得水平高，父母以家庭和社区资源为支持的引导	适应城市文化，保持对农村文化的认同（迁徙时间早，迁徙距离短、受教育水平高，在城市融入过程中受家庭和社区支持）	结合二元文化的向上融合，有时受到歧视的阻碍
职业技术教育（迁徙距离长，省外随迁入政策排斥大地区；家庭资本缺乏，无法满足升学条件；多子女家庭且兄弟姐妹学业成就低、个人家庭学业期望强烈）					
完成义务教育、进入劳动力市场（迁徙距离长，省外随迁，嵌入政策排斥大地区；家庭资本缺乏，无法满足升学条件；多子女家庭且兄弟姐妹学业成就低、个人家庭学业期望低）	底层再生产⇨	遭遇市民、政策等多方面歧视，没有家庭支持	仅有个人资源，且个人教育获得水平低；父母人力资本等无法提供支持引导。	无法适应城市文化，失业、含混的身份、文化认同、居住严重隔离（迁徙时间晚，迁徙距离长、受教育水平低）	停滞或向下的融合

城市融入的重要变量，教育获得通过影响农民工子女的劳动力市场进入，进而影响经济融入、文化融入和身份认同。教育获得对不同维度的社会融入作用方向大小不同。具体在后面阐释。

经济融入是实现其他维度融入的基础，不同维度的融入间存在一定的递进关系，其基本路径是：经济融入—文化融入—身份认同。经济融入包含劳动力市场融入、住房状况等，住房状况是较劳动力市场融入更深层次的经济融入体现，劳动力市场融入显著影响居住状况和住房获得，收入状况对居住类型有显著影响，但对住房产权状况影响小。经济融入是其他层面融入的基础：经济融入影响文化融入，不同的职业状况其社会距离感、文化认同感不同；经济融入对身份认同有影响，不同经济融入状况者其身份认同不同。

从三个层面融入的路径来看，经济融入影响文化融入、身份认同，文化融入影响身份认同。具体来看，经济融入影响文化融入：职业地位状况通过邻里效应、歧视知觉的间接作用影响文化距离感；职业地位状况通过歧视知觉、自我效能感等的间接作用影响社会距离感，同时也直接影响社会距离感。经济融入影响身份地位认同：职业地位一方面直接影响身份认同，另一方面通过邻里效应的中介作用对身份认同发生影响。文化融入影响身份认同，语言应用、社会距离感、文化距离感等显著影响身份认同。①

三　生命历程对新生代农民工城市融入的影响

（一）迁徙时间的影响

国内外研究发现儿童早年经历对成年后经济社会成就有重要影响。6 岁以前移民到美国的成人患抑郁症和焦虑症的比例要高得多，13 岁或以下移民的人，其焦虑、酒精依赖等问题的概率要更高。② 移民年龄和收入之间负相关。幼年移民到加拿大的移民其教育回报与在加拿大出生者类似，随着移民年龄

① 在研究中，纳入文化认同变量分析对身份认同的影响，作用显著。但是笔者认为两者之间可能存在互为因果的关系问题，在未来的研究中进一步讨论。

② William A. Vega, M. William Sribney, Sergio Aguilar-Gaxiola and Bohdan Kolody, "12 – Month Prevalence of DSM – III – R Psychiatric Disorders Among Mexican Americans: Nativity, Social Assimilation, and Age Determinants", *The Journal of Nervous and Mental Disease*, Vol. 192, No. 8, August 2004, pp. 532 – 541.

增长，教育回报下降，年龄越大移民，其收入越低。那些在 15 至 18 岁，即在初中向高中过渡期间移民的青少年，其教育水平和收入水平要比稍早或稍晚移民者低。

在本书中，笔者对新生代农民工的迁徙时间做了区分并探讨了迁徙时间对其社会融入的影响。与国外研究类似，笔者发现迁徙时间对新生代农民工社会融入有影响。具体来看，对社会融入各个维度影响存在差异。迁徙时间对经济融入中的劳动力市场进入、职业身份、收入状况、居住状况和住房获得等有部分影响，对行业分布、所有制进入则无显著影响；迁徙时间对社会距离感和身份认同有影响；但是对文化距离感、家乡文化认同则无显著影响。

笔者发现，迁徙时间并不是越早越好，也不是越晚越好，对不同层面的社会融入，迁徙时间影响不同。高中阶段迁徙显著影响社会融入。但是高中及高中后随迁者，更多可能进入非国有性质单位；其居住在商品房社区的几率最小其住房产权获得的只有 22.14%，处于最低水平。早期随迁经历显著降低社会距离感，外出阶段影响与本地人同一街区居住、做邻居、交朋友的距离感，城市出生的新生代农民工这三个维度的社会距离感最小，高中后外出者，这三个维度社会距离感最强。在当地方言习得上，随迁阶段越早，对当地方言的掌握状况越好，但是，高中以后外出的新生代农民工当地方言习得的状况优于其他阶段外出者。外出阶段显著影响新生代农民工身份认同，高中及以后阶段外出者“双重身份认同”高于其他年龄组，“无根认同”低于其他组。

表 9－2 迁徙时间与社会融入（以小学及以下年龄随迁为参照）

	劳动力市场进入（进入）	行业分布（竞争）	所有制（国有）	职业身份（服务业）
初中随迁	<参照组	无差异	无差异	无固定职业
高中随迁	>参照组	无差异	无差异	无差异
高中以后随迁	无差异	无差异	无差异	无差异
	收入	居住隔离	社区类型	住房产权
初中随迁	>参照组	无差异	老城区	<参照群体

续表

	劳动力市场进入（进入）	行业分布（竞争）	所有制（国有）	职业身份（服务业）
高中随迁	无差异	无差异	老城区	<参照群体
高中以后随迁	无差异	>参照群体	老城区	<参照群体
	文化距离感	家乡文化认同	身份认同	社会距离
初中随迁	无差异	无差异	认同老家人	街区居住、做同事、交朋友>参照组
高中随迁	无差异	无差异	认同老家人	街区居住、做同事、交朋友>参照组
高中以后随迁	无差异	无差异	认同老家人	街区居住、做同事、交朋友>参照组

迁徙时间和教育获得的交互作用影响经济融入。（1）交互作用对劳动力市场进入的影响。模型中纳入随迁阶段和受教育程度的交互项之后，受教育程度对劳动力市场进入的影响变得不显著，而且方向也发生了变化。受教育程度影响劳动力市场进入，受教育程度对劳动力市场进入的影响随着随迁阶段的变化而变化，同等文化程度下，随迁阶段早的进入劳动市场的几率要高于随迁阶段晚的。（2）交互作用对劳动力行业进入的影响随迁年龄 15 岁以下，初中及以下文化程度的新生代农民工进入劳动力市场中的其他行业要高于 15 岁后随迁者，但是如果随迁子女 15 岁前随迁，但是在城市接受了高中教育则对其行业进入没有显著影响。迁徙阶段和受教育水平共同作用于行业进入。

（二）迁徙空间距离的影响

生命历程的“时与空”原则认为，个人的生命历程植根于和受限于历史时间和地方背景，新生代农民工的社会融入状况受迁徙空间影响巨大，尤其是受迁徙距离的影响。

新生代农民工进入劳动力市场时，省内外差异明显，省内流动的新生代农民工较跨省流动者有一定优势。收入水平省内外差异明显，跨省流动者显著低于省内流动者；迁徙距离影响居住隔离状况，流动距离越短，居住隔离越小；迁徙距离越短，获得住房产权的可能性越大；省内流动者的文化距离感要比跨省流动者小，其中市内跨县流动者的文化距离感又小于省内流动者，也就是说流动距离越小，文化距离感越小；迁徙距离越大，迁入地语言习得状况越差；迁徙距离影响身份认同，跨省流动者身份认同更加模糊、不确定，流动距离越短，身份认同越清晰。

表 9－3　迁徙空间距离与社会融入（以跨省流动为参照）

	劳动力市场进入（进入）	行业分布（竞争）	所有制（国有）	职业身份（服务业）
省内流动	<参照组	其他行业	国有企业	蓝领工人
市内跨县	<参照组	竞争行业	国有企业	服务业
	收入	居住隔离	社区类型	住房产权
省内流动	>参照组	<参照组	无差异	>参照组
市内跨县	>参照组	<参照组	商品房社区	>参照组
	社会距离	文化距离感	家乡文化认同	身份认同
省内流动	<参照组	<参照组	>参照组	双重身份、本地人认同
市内跨县	<参照组	<参照组	>参照组	双重身份、本地人认同

迁徙空间距离对社会融入的影响在新生代农民工住房获得问题上体现得最明显。市场体制下职业、收入等阶层变量决定人们的住房产权、居住面积和质量。但是，笔者发现，收入、职业对新生代农民工住房获得影响有限，但地区效应影响明显：农民工迁徙的空间差异，导致住房获得的差异。流入东部地区者住房获得状况要显著差于流入西部和东北地区者；跨省流入西部地区的新生代农民工在住房获得的几率是省内流动者的 1.9 倍。有研究发现，北方地区农民工在打工城市买房的比例为 28.59%，远高于 2014 年国家统计局发布的全国农民工 0.90% 的水平，辽宁农民工在中小城市购房的比例分别为 43.70% 和 29.80%。[①] 笔者认为，这主要是由于在我国农民工群体中，房

① 杨肖丽、韩洪云、王秋兵：《代际视角下农民工居住环境影响因素研究——基于辽宁省的抽样调查》，《中南财经政法大学学报》2015 年第 4 期。

价收入比过高，以及房价收入比的地区差异所导致。

“全国农民工监测调查报告”显示，2014 年农民工月均收入 2864 元[①]，房价收入比越低，则住房支付能力越高；房价收入比越高，住房支付能力越低。国际比较合理的经验值是在 4—6 之间，但结合中国实际情况，房价收入比采用 5—7 作为合理标准更为适合。[②] 计算不同区域农民工家庭房价收入比发现，农民工城市住房支付能力依然较低，地区差异明显。中西部地区，农民工家庭的房价收入比较低，东部地区则房价收入比较高，中西部地区农民工家庭住房支付能力较好。[③] 农民工家庭在全国住房市场的房价收入比均超出合理标准。

表 9 -4 外出农民工家庭在不同区域的房价收入比

	2008	2009	2010	2011	2012
全国	9.9	11.9	10.6	9.5	9.3
东部地区	13.1	15.8	13.9	12.1	11.8
中部地区	6.6	7.5	7.3	7.1	6.8
西部地区	7.5	8.5	8.1	7.7	7.5

资料来源：国家统计局《2012 年全国农民工监测调查报告》、《中国统计年鉴》。

另外，从经济发展水平和人均可支配收入来看，东中部地区的农民工显著优于西部地区，也就可以理解为何跨省流入西部的农民工住房获得状况优于西部地区省内流动的农民工。

（三）累积效应：相互依存的生命

生命历程关注变迁所发生的社会标准时间和角色变换的先后次序。霍根（Hogan）强调两种变迁之间的时间间隔[④]，伽斯皮（Caspi）等则认为，延误

① 国家统计局：《2014 年全国农民工监测调查报告》，http://www.stats.gov.cn/tjsj/zxfb/201504/t20150429_797821.html。

② 董昕：《动态趋势与结构性差异：中国住房市场支付能力的综合测度》，《经济管理》2012 第 6 期。

③ 董昕、周卫华：《住房市场与农民工住房选择的区域差异》，《经济地理》2014 第 12 期。

④ Dennis P. Hogan, “The Transition to Adulthood as a Career Contingency”, *American Sociological Review*, Vol. 45, No. 2, April 1980, pp. 261 -276.

变迁可能会产生冲突性的后果，因此增加未来生活难度。[①] 新生代农民工的迁徙时间很大程度上受到父辈影响，新生代农民工与父辈相互依存的生命对其住房获得影响巨大。是父辈只有拥有一定的经济实力和物质基础，才能在早期将子女带入城市；物质基础越扎实，举家迁徙的几率越高，子女随迁至城市的年龄越小；在子女购房上，所能提供的支持越多。有研究发现夫妻双方父母社会经济地位和财富对该夫妇首次置业有很大影响，自雇人士或拥有住房的父母在经济上帮助子女的机会更多，也会更频繁地提供实质性帮助，夫妻中一方父母拥有住房或提供帮助，那么其伴侣父母拥有住房或提供帮助的概率增加。[②] 移民父母的累积劣/优势也会影响其子女在童年时期和以后的生活轨迹。[③] 老一代农民工在流入城市的时机和融入状态，影响了新生代农民工城市住房获得状况。新生代农民工家庭收入水平、个人受教育程度并不能决定其在城市的住房产权状况，相反，随迁阶段的差异（某种程度上反映了老一代农民工城市融入状况），很大程度上解释这个差异。

笔者发现，在新生代农民工中，随迁阶段越早，城市有产权住房的几率越高，这还受房价上涨周期的影响。在国家再分配体制下，住房作为一项福利通过工作单位进行分配，部分人从福利分房中获得“第一桶金”而在房地产市场中处于“内圈跑道”[④]，农民工群体无缘政策和体制内分房。20 世纪 90 年代以来，住房市场逐步被开发，住房作为商品进入消费流通领域，福利分房时代终结。城市房价上涨随着时间推移经历了三个涨跌周期。2004—2008 年，2009 年下半年—2010 年；2012 年年底—2017 年上半年房价呈现上涨趋势，中间有一定的下跌。新生代农民工越早进入城市，在城市生活的时间越长，越有可能把握城市发展带来的机会，在房价相对低点的时候获得住房产权。

---

① Avshalom Caspi, Daryl J. Bem and Glen H. Elder Jr. " Continuities and Consequences of Interactional Styles across the Life Course", *Journal of Personality*, Vol. 57, No. 2, June 1989, pp. 375 – 406.

② C. H. Mulder and J. Smits, “First-Time Home-Ownership of Couples The Effect of Inter-Generational Transmission”, *European Sociological Review*, Vol. 15, No. 3, September 1999, pp. 323 – 337.

③ F. Riosmena, B. G. Everett, R. G. Roger et al, “Negative Acculturation and Nothing More? Cumulative Disadvantage and Mortality during the Immigrant Adaptation Process among Latinos in the United States”, *International Migration*, Vol. 49, No. 2, Summer 2015, pp. 443 – 478.

④ 黄建宏：《住房获得的“反市场”逻辑：一个新的分析框架》，《长春理工大学学报》（社会科学版）2016 年第 3 期。

我第一年参加高考，没考上，我家里人让我复习再考，我不愿意，一定要出来打工，我老家在安徽，一个人到杭州打工，啥都干过。后来他们说开出租车好，我就开车去了，我和我房东的弟弟一起开，他开白班，我晚上开，后来他不干了，要把牌照卖了，我就买下来了。我家在GB，当时我租在人家里，那房东是我家贵人，他问我想不想买房子，我说当然想，但是没钱，他说可以把他的房产证给我抵押贷款买房，我说那要是我换不起怎么办。他说没问题啊，我可以用的你新买的房子做抵押再贷款，你要是换不起房贷，你这房子就是我的。那几年收入涨得快，我没到5年房贷就还清了。（家长2）

第三节 教育获得与城市融入关系讨论

教育是重要的分类机，高中教育影响个人后续发展的意识、能力和行为习惯，对个体成长、发展有重要影响。接下来进一步讨论教育获得与城市融入的关系。

一 教育获得是衡量城市融入程度的重要指标

教育获得是移民研究的重要内容，由于移民在教育获得中受到家庭资本的重要影响，教育获得成为移民及其子女社会融入的重要指标：家庭资本丰厚、社区支持强烈的家庭能突破各种束缚，使得子女获得较好的教育。国外研究通过比较移民群体不同族群间、代际间教育获得状况，移民子女和本土儿童间教育获得的差异，考察教育获得状况对社会融入的影响、分析代际流动方向进行判断。有研究发现，二代移民教育获得水平与本土儿童的水平相类似，认为二代移民整体融入状况较好；但是大量研究发现，不同族群移民和本土学生之间的教育获得差距巨大，移民群体的社会融入呈现“区隔融入”状态。

教育分流也是社会融入的重要内容，不同的教育体系下，教育分流机制对儿童和青少年的发展路径有着不同的影响。二代移民普遍较低的社会经济背景导致教育分流的弱势，他们不太可能获得普通高中教育，更多是进入职业教育体系；同时，早期在学校类型之间的教育分流增加了父母背景对教育成果的影响。在我国，农民工子女教育权利作为城镇化进程中的重要内容备受关注：对子女的教育决策影响着农民工家庭迁徙策略；家庭资本等诸多因素影响随迁子女在城市教育获得的类型、质量和水平。在中国，初中后学历教育、职业教育的分流；重点、非重点中学校的分化都导致了后续高等教育机会不平等。进入学历教育体系、就读重点高中的人更有可能获得较高水平的教育，从而在劳动力市场上获得较高的职业地位。

对于农民工子女而言，初中后是返乡还是留城？是继续上学还是辍学务工？是进入学历教育体系还是进入职业教育体系？是进入重点还是非重点学校？不同的分流状况体现农民工家庭的城市融入的状况及子女学习适应状况。一方面，家庭资本的储备状况和父辈在城市的融入状况对随迁子女城市教育获得有着重要影响，家庭资本储备越丰富、父辈社会融入状况越好，越可能带子女迁徙至城市，在城市接受教育；另一方面，对农民工子女而言，其初中后的教育获得也是自身在义务教育阶段城市融入状况重要体现，义务教育阶段城市融入越好，校园适应越好，成绩越优秀，越有可能进入初中后学历教育体系继续学业。

二　教育获得是影响城市融入的重要因素

身份获得涉及代际（社会地位代代相传）和代内（在一生中获得的社会地位）过程。在20世纪初，代际过程在决定个人社会地位方面发挥了很大的作用，使得个人与父母社会地位非常相似。社会地位的这种“黏性”可以限制在社会阶层上下流动的机会。随着工业化、现代化进程的推进，教育日益成为社会分层和流动的重要机制。教育平等程度不同，可能有一个相对静止或者是一个高度流动的社会。① 教育分层带来代际之间的教育继承和流动性，使经济社会地位优势或劣势从一代传递到下一代，教育公平可以成为再生产

① Paul L. Menchik, “Inter-generational Transmission of Inequality: An Empirical Study of Wealth Mobility”, *Economica*, Vol. 46, No. 184, November 1979, pp. 349 – 362.

或调整现有社会秩序的有力工具。

在教育获得与职业地位获得之间有众多重要研究，揭示出家庭背景与教育获得、经济社会地位之间的关系。众多研究中，认为教育是影响移民社会融入的重要因素。研究分析了不同代移民的收入和人力资本积累的差异，表明移民经济上的同化是失败的，二代移民和本地人教育体系中存在差距，也解释了二代移民与当地人之间现有的工资差距。① 通过教育融入社会是应对移民经济融合失败的一种普遍的补救办法，但如果不能保证教育系统的平等机会，这一战略就很可能失败。

笔者发现，教育获得对新生代农民工城市融入不同层面的影响不同，受教育年限对经济融入有重要影响，而职业技能培训对文化认同、身份认同等社会文化心理层面的融入影响较大。具体来看，受教育水平对劳动力市场融入的直接影响较大，影响其行业分布、所有制、职业身份、收入状况等，受教育水平越高，职业地位获得状况越好；收入水平越高，劳动力市场融入状况越好；对住房类型和居住隔离有一定影响，受教育水平越高居住状况越好，但受教育水平对住房产权获得则无显著影响。职业技能培训对降低居住隔离和改善居住社区类型也有显著的积极影响。

受教育水平对社会文化心理层面的融入有一定的积极影响。文化程度越高，新生代农民工与城市居民通婚意愿越强，社会距离感越弱；文化程度越高，其城市文化距离感越弱，传统文化认同感越低；文化程度越高，越认同双重身份。职业技能培训能显著地降低社会距离感、文化距离感，增加家乡文化认同和双重身份认同。比较受教育水平和职业技能培训影响的大小发现，在对社会文化心理层面的影响中，学历教育的作用显著低于职业技能培训的影响，职业技能培训能更多地促进新生代农民工社会文化心理层面的城市融入。

---

① Elke Lüdemann and Guido. Schwerdt，"Migration Background and Educational Tracking：Is There a Double Disadvantage for Second-generation Immigrants?" CESifo working paper：Economics of Education，2010. 3256.

表9－5 教育获得对城市融入的影响（以小学及以下文化程度为参照）

	劳动力市场进入 （进入）	行业分布 （竞争）	所有制 （国有）	职业身份 （服务业）
初中	无差异	+其他行业	无差异	+服务业
高中	无差异	+其他行业	无差异	+服务业
大专	无差异	+垄断行业	+国企	+白领
技能培训	/	/	/	/
	收入	居住隔离	社区类型	住房产权
初中	>参照群体	<参照群体	其他社区	无差异
高中	>参照群体	无差异	商品房社区	无差异
大专	最高	无差异	商品房社区	无差异
技能培训	/	降低隔离	改善居住类型	/
	社会距离	文化距离感	家乡文化认同	身份认同
初中	通婚<参照群体	无差异	<参照群体	无差异
高中	通婚<参照群体	<参照群体	<参照群体	双重认同>参照群体
大专	通婚<参照群体	<参照群体	<参照群体	双重认同>参照群体
技能培训	降低各维度 社会距离感	降低距离感	增加认同感	增加双重认同

三 教育获得通过多重路径影响城市融入

教育获得影响新生代农民工的社会融入，分析影响路径发现，教育获得通过各种中介变量间接发挥影响。教育获得影响经济融入，经济融入中的“职业地位”在影响社会距离感、身份认同的同时；通过歧视知觉、邻里效应等影响文化距离感；通过歧视自觉、自我效能感等影响社会距离感。在此仅对教育获得对社会距离感的影响路径和模式进行讨论。

社会地位是导致社会距离的主要原因，地位代表着人们共同的、典型的生活命运，有相同地位的人有其独特的生活方式。地位团体之间一定的距离带来其社会交往的排斥性和限制性。[①] 地位距离对社会交往和社会距离有很大

① ［德］韦伯：《儒教与道教》，王容芬译，商务印书馆1995年版。

的影响力。地位差异主要通过权力、声望、财富、收入、教育的差异体现出来。[①] 在国内外的研究中，认为更高的经济社会地位、更大的权力会带来更大的社会距离感；教育、收入、职业地位的提高没有增加人们对农民工的宽容和接纳度；相反，拥有较高社会经济地位的人对弱势群体的敌意态度更浓。[②] 但是也有不同的结论：由于城市居民的社会地位不同，他们对外来人口的社会距离感也不一样：社会精英群体和社会底层群体间接触少，甚至不接触，导致精英群体对社会底层群体毫无概念，两个群体间社会距离小；社会地位高的人，素质更高，对外来人口的容忍度更高，从而缩小两个群体的社会距离感。[③] 也有研究认为，处于上层的城市居民，对外来人口表现出更高的亲和与宽容，两者间越接近；处于下层的城市居民，表现出更高的排斥倾向，两者间也越显疏远。[④]

受教育程度对社会距离感影响的研究发现，农民工受教育程度越高，其与城市居民的社会距离感就越小[⑤]，但也有研究发现，农民工文化程度对其社会距离感无显著影响，而市民的文化程度显著影响社会距离感，文化程度越高，社会距离感越小[⑥]，还有研究发现，对农民工和户籍人口，均是受教育水平越高，对少数群体的社会距离感越小。[⑦] 笔者通过研究发现，新生代农民工的受教育程度影响与本地人通婚意愿，文化程度上升一个层次都将减少通婚的距离感，增加通婚意愿；职业技能培训能显著降低新生代农民工的社会距离感。教育获得通过影响职业地位，进而影响社会距离感：职业地位对社会距离感有直接影响，新生代农民工的职业地位越高，社会距离感越小；职业

---

① ［美］彼得·布劳：《不平等与异质性》，王春光、谢圣赞译，中国社会科学出版 2008 年版。

② 周亚、陈文江：《城市化水平愈高会愈减少歧视吗？——中国城市居民与外来务工人员之间的社会距离》，《新疆社会科学》2012 年第 2 期。

③ 许涛：《我国公民与外来人口社会距离的实证研究》，《人口学刊》2012 年第 4 期。

④ 唐有财、符平：《“同类相斥”？——中国城市居民与外来人口的社会距离问题》，《华东理工大学学报》（社会科学版）2011 年第 5 期。

⑤ 田林楠：《流动人口社会距离测量及其影响因素分析——以苏浙沪为例》，《人口与社会》2014 年第 2 期。

⑥ 王毅杰、王开庆：《流动农民与市民间社会距离研究》，《江苏社会科学》2008 年第 5 期。

⑦ 陆淑珍：《对称与不对称：城市居民社会距离的代际传递——以珠三角地区为例》，《人口与发展》2013 年第 5 期。

地位的提升能增强新时代农民工的心理资本，减少歧视知觉，增强与本地居民交往意愿，减少社会距离感；与此同时，职业地位通过自我效能感和歧视知觉中介作用影响社会距离感。歧视知觉越高则社会距离感越强，自我效能感越强社会距离感越小；歧视知觉对社会距离感的影响大于自我效能感。教育获得通过影响职业地位，提升自我效能感和降低社会歧视知觉影响社会距离感。社会距离权力理论认为：权力越大，社会距离感越大，因为其效能感越强，更独立。但是从农民工群体的研究发现，效能感的增大能缩小个人和城市居民的社会距离感，即效能感的增大促使农民工以更积极、更开放的态度和城市居民交往，而不是将自己和城市居民隔绝起来。教育作为重要的赋权手段，使农民工以更开放、积极、自尊的姿态与本地人交往。

四 职业技能培训是重要赋权机制

笔者发现在新生代农民工城市融入的过程中，学历教育对职业地位获得和收入状况发挥基础性和先导性作用；但是在城市融入中社会距离感、文化认同、身份认同等社会心理层面的融入，学历教育的影响不如职业技能培训显著。在当下劳动力市场中技术工人、高级技工短缺的情况下，职业技能培训提升了新生代农民工的劳动技能，改善了劳动生产环境；职业技能培训通过直接作用和间接作用影响社会融入，职业技能培训是对新生代农民工展开青年赋权的重要途径。

青年赋权是指个人、家庭、组织和社区在青年生活的社会、经济和政治环境中获得控制和掌握，以促进公平和改善生活质量。[①] 教育赋权模式是国外重要的青少年赋权模式。弗莱雷（Freire）与巴西社区合作开展扫盲计划合作，通过倾听、对话、批判性反思和反思行动等过程对青年进行赋权。[②] 沃勒斯坦（Wallerstein）等将弗莱雷概念和实践与保护动机行为改变理论联系起来。由此产生的教育赋权（EE）模式，在这个模式中强调发展技能和知识，支持青年人采取社会行动和变革，并将个人赋权与社区组织联系起来。通过

---

① J. Rappaport, "Studies in Empowerment: Introduction to the Issue", *Prevention in Human Services*, Vol. 3, No. 2 - 3, 1984, pp. 1 - 7.

② P. Freire, *The pedagogy of the oppressed*, New York: Seabury Press, 1970.

赋权提升自我效能、集体效能和政治效能，促进自我发展的个体行为以及其他社会责任行为。①

对新生代农民工进行赋权的方式有学校教育、培训、健康改善、社会能力提升等。在学校教育年限已经确定、健康改善短期难以实现、社会能力提升受限等现实约束下，职业技能培训是新生代农民工青年赋权的重要模式；是当下提升新生代农民工人力资本，促进城市融入的重要途径。职业技能培训涉及新生代农民工个人、企业、社区、政府等体系。在个人层面，通过新生代农民工对个人能力的建设，增强新生代农民工的自我效能感、城市融入能力；在组织层面和社区内部层面，通过企业组织、社区层面的职业技能培训，加强组织内部和组织间的联系沟通、增强合作，改善或维持社区生活的质量。

第四节　对策建议

农民工子女、新生代农民工城市融入是新型城镇化的重要内容，在这个过程中要通过保障农民工子女、新生代农民工的教育权利，提升其城市融入的能力和水平，本节就保障农民工子女教育获得与促进城市融入提出建议和意见。

一　引导劳动力迁徙，保障教育获得、促进城市融入

2014 年政府工作报告指出："要健全城乡发展一体化体制机制，坚持走以人为本、四化同步、优化布局、生态文明、传承文化的新型城镇化道路，遵循发展规律，积极稳妥推进，着力提升质量。今后一个时期，着重解决好现有'三个 1 亿人'问题，促进约 1 亿农业转移人口落户城镇，改造约 1 亿人居住的城镇棚户区和城中村，引导约 1 亿人在中西部地区就近城镇化。"就近城镇化，即农民到附近的城市居住和工作；就地城镇化，即农民在村庄完成

① N. Wallerstein，V. Sanchez-Merki and L. Verlade，（2005）"Freirian praxis in health ed-ucation and community organizing：A case study of an adolescent prevention program" in M. Minkler，ed.，*Community Organizing and Community Building for Health*，*2nd ed*，New Brunswick，NJ：Rutgers University Press，2005.

城镇化，无须迁徙到其他地区。对农民工家庭迁徙的时机和范围进行引导，鼓励就地就近城镇化，保障农民工家庭关系稳定，促进家庭资本对教育获得作用的发挥，是提升农民工子女教育获得水平，促进城市融入的重要途径。

（一）引导迁徙模式和时间、保障教育连续性、促进教育获得

迁徙模式和时机一方面是农民工家庭基于自身条件的选择，另一方面也是影响农民工家庭城市融入的重要内容。举家迁徙、家庭化的流动模式已经是当下农民工流动的重要模式，家庭迁移模式促进了农民工的城市融入①，但是也有部分家庭由于家庭城市融入状况不佳，无法让子女随迁。从迁徙时间来看，农民工子女随迁时间也与农民工自身城市融入直接相关，城市融入状况越好则会越早将子女带至务工地，融入状况越糟糕则越晚。笔者对迁徙时间和教育获得、社会融入的关系探讨也发现，高中阶段外出的农民工子女其教育获得状况最糟糕，学龄前随迁和义务教育阶段随迁的农民工子女教育获得状况和城市融入状况优于其他阶段。因此，必须对农民工家庭的迁徙模式和迁徙时机进行引导。

在迁徙模式上，鼓励新生代农民工家庭式迁徙，在子女学龄前迁徙，保障子女教育的连贯性。农民工能否举家迁徙是同户籍制度改革、城镇基本公共服务提供机制完善等各方面紧密联系的，需要政策的支持和引导，具体对策建议后面专门讨论。在迁徙时间上，对于子女处于学龄前阶段和义务教育阶段的新生代农民工家庭，鼓励尽早带子女进城，尽量避免留守儿童的产生；以及就学过程中中途转学对学业成绩和升学的影响；对于子女在农村就读且处于初中阶段的，尤其是处于升学关键期的家庭，鼓励父母或父母一方陪同子女留守，增进父母与子女的亲子沟通和交流，保障子女升学质量和水平；对于完成初中学业的农民工子女，父母需要鼓励其完成高中学业，尽量避免这些农民工子女过早进入劳动力市场。

（二）引导迁徙范围、就近就地城镇化，促进城市融入

农民工迁徙模式、时机、范围等均是在城乡间、东西部间各种推拉力共

---

① 王春超、张呈磊：《子女随迁与农民工的城市融入感》，《社会学研究》2017 年第 2 期。

同作用下一个理性选择的过程。对新生代农民工迁徙的引导关键是通过各项措施促进其城市融入。笔者发现，迁徙距离显著影响教育获得和城市融入：省内随迁的农民工子女其教育获得优于省外随迁；省内迁徙的新生代农民工社会融入状况总体优于省外迁徙。我国教育政策以省为单位设计、执行，省内随迁子女享受当地居民同等的受教育权利，省内流动的农民工子女在就学和升序过程中政策限制、障碍小；且省内迁徙的农民工遭遇的制度、文化障碍较省外迁徙小，能更好地实现城市融入和文化融合。因此，引导新生代农民工就地就近城镇化不但是当前区域均衡发展的重要战略，同时也是保障农民工子女教育获得，促进新生代农民工城市融入重要举措。

对农民工就近城镇化的引导，应该重点加强小城市、小城镇、农村社区的建设，增加这些区域吸引力。首先，办好乡村教育，促进城乡教育均衡。当下，由于农村教育萎缩，教学质量低下，城乡教育差距日益拉大，大量农村居民为子女教育问题离开乡村、抛弃小城镇、蜂拥进城。因此，吸引农民工就近就地城镇化，一方面，需要按照城市化进程和人口发展规划同步建设城镇学校，缩小城镇和城市教育之间的差距；另一方面，通过资源下沉、倾斜政策改善农村学校、充实年轻师资，提升农村学校教育质量，保障农村就读农民工子女学业水平，努力让每个孩子都能享有公平而有质量的教育。

其次，促进产业发展，提供优质就业机会、良好创业环境。加快推进“一带一路”、西部大开发、成渝城市群等国家重大战略，为中西部剩余劳动力提供就业机会。小城镇立足自身条件，挖掘和利用本地资源，因地制宜发展产业，逐渐形成各具特色的主导产业，增强城镇集聚效应。改革城市就业制度，形成城乡统一的劳动力市场，促进就业公平，加强就业培训，促进新生代农民工工作搜寻、保持、转换等能力的全面提高。加大创业政策扶持力度，加快交通、物流、通信、宽带网络、产业园区等基础设施建设，给予新生代农民工创业经济、政策支持。

再次，完善公共基础设施和公共服务体系，满足新生代农民工多层次需要。通过财政转移支付制度支持基本公共服务逐步全覆盖，完善小城镇在居住、生活、交通、教育、医疗、文化和社会保障等多方面功能；通过居住证制度，有序实现不能或不想落户的农业转移人口，基本公共服务逐步全覆盖；

以家庭为单位制定针对农民工的公共服务规划，尤其是针对父母和未成年子女的整体的入学、就医、社会保障等方面的公共服务。

（三）保障住房获得，消除居住隔离，发展积极邻里效应

获得宜居、安全和稳定的住房，是农民工城市融入的重要体现，也是影响农民工实现城镇化的重要内容。在新生代农民工城市融入的过程中，需要通过政策设计保障住房获得，消除城乡居民的居住隔离。

“政府保障为主、私人自济为辅”，保障多渠道供应，解决住房来源。通过政府直接或间接的方式投资兴建公共住房，增加面向农民工的公共租房供给，以其可承受的低租金向农民工配租；逐步整合原有的城镇廉租房制度，将农民工纳入其中，构建一个覆盖全体城镇常住人口的公共住房保障体系；创新住房保障给付形式，在一些公租房无法“延伸”的地区，采用“住房券”和“公平租金”等的办法，将保障户的房租支付比例控制在其可承受的范围内；政府规范租赁市场发展，规范租房市场交易行为，加强租房管理法制建设，建设政府住房租赁交易服务平台、保证农民工租房权益；落实租售同权，通过立法，明确租赁当事人的权利义务，保障当事人的合法权益，逐步使租房居民在基本公共服务方面与买房居民享有同等待遇。

加强保障性住房建设，提升购房能力。加强住房公积金制度创新，允许各种就业形式的农民工参加住房公积金制度，由政府对缴纳公积金的农民工进行补贴，增强农民工购置商品房的支付能力；完善住房公积金贷款优惠政策，将之覆盖至所有参加公积金制度的农民工，加大对农民工购置城市住房的政策支持，提高房产对农民工可及性；改革农村土地制度，改革和完善农地产权制度、农地流转制度、农地征用制度和宅基地流转制度，提高新生代农民工在土地承包、土地流转、土地征用和宅基地流转过程中的合法收益。企业承担农民工住房获得责任，通过企业融资兴建出租房或商品房的方式保障职工住房获得；通过加强集体宿舍建设，完善居住配套设施，提升居住适宜性；对不愿选择集体居住的农民工发放住房补贴，增强租房支付能力。

在城市社区建造和规划中提倡混合居住，将公共住房区改造为混合收入的社区，减少公共住房中低收入群体过度集聚的现状。通过混合居住社区的

建设，消除居住隔离，促进城乡居民之间的沟通交流，缩减城乡居民间的社会距离感，重建新生代农民工社会支持系统，避免新生代农民工人际交往“内卷化”。

二　保障初中后教育机会，填补初中后教育“泄露管道”

随着教育扩张，劳动力市场对教育程度的要求越来越高，仅仅接受义务教育无法满足劳动力市场对劳动力对需求；初中后教育处于义务教育与大学教育的过渡阶段，既不属于法定的义务教育，也不属于国家大力扶持的高等教育，虽然国家提出普及高中教育的战略，但是并未对其做出强制性要求。保障农民工子女的初中后教育机会，需要从以下几方面着手：

（一）保障融合教育效果，健全学生资助制度，拓宽补偿渠道

在异地升学的过程中，虽然受政策影响，升学机会有城乡、内外之分，但是笔者发现，学业水平是影响农民工子女升学机会的重要因素，加大义务教育阶段的融合教育力度，提升随迁子女义务教育学业水平是促进其获得进一步教育的重要举措。如若不然，即使在开放城市高中教育的条件下，农民工随迁子女在城市接受普通高中教育、参加高考的竞争力都十分有限。因此，在解决农民工子女升学、初中后问题上，必须重视义务教育中融合教育的效果，不仅仅是在形式上实现农民工子女的公办学校就读，而且要取消校内编班、校内隔离的状况，保障城乡儿童接触和交流，消除教育后果的城乡差异。

健全学生资助制度，拓宽弱势群体补偿渠道。近年来，国家对义务教育、高等教育以及高中阶段的职业教育中，经济困难学生资助政策逐步完善：大学贫困生享有助学贷款，中小学贫困生享受“两免一补”，但是，普通高中家庭经济困难学生资助政策缺失。在我国高中教育经费体制下，学费收入是高中教育经费的重要来源，三年学费及其他费用对农民工家庭形成较大的压力，因此，需要通过助学金、奖学金等形式对家庭经济困难的农民工子女给予支持以完成学业。同时，需要拓宽弱势群体补偿渠道，在文化、心理上扶持农民工群体。本书发现，农民工群体虽然异地升学意愿强烈，但是他们对相关政策的关注、理解不足。对政策的不了解使得农民工群体无法切实保障自己

的权益。因此，需要通过社区服务、校园宣传等加大政策宣传，让他们更多地了解政策，未雨绸缪，真正受益。

（二）发展中等职业教育，保障升学机会

《国家中长期教育改革和发展规划纲要（2010—2020 年）》所指出，要“关心每个学生，促进每个学生主动地、生动活泼地发展，尊重教育规律和学生身心发展规律，为每个学生提供适合的教育”。在传统应试教育的观念下，中国家庭和学生有着很高的教育期望，往往认为学历“越高越好”，而很少考虑是否适合升学，什么才是符合学生个性能力的教育。根据中等教育招生选拔制度的安排，只有在中考分流中被普通高中淘汰的学生才会进入职业教育体系，职业教育被看作低于普通教育的一种教育。但事实上，不是每个学生都是合适走学历教育的道路；在普及高中阶段教育的进程中，单纯通过扩大普通高中规模、数量也是不现实的。发展职业教育，因材施教，也是解决农民工子女初中后升学的重要路径。

首先，调整中等职业教育的布局结构，集中优势办学资源，建设一批优质中职学校，推动国家、地方、学校三级协同，强化政府、行业、企业、学校四方联动，以提高技术技能人才培养质量为主线，合力推动中等职业教育创新发展。其次，全面提高办学质量，培养符合时代市场需求人才。学校根据国家、地方对技术人才需求状况及时设置、调整专业和专业方向，使得职业教育贴近行业、企业实际需要，提升学生的就业能力和就业水平，重视教学质量和教学模式改革，提升教学水平。再次，加强中等职业教育与高等教育的衔接沟通，在为学生就业、创业、留学服务的同时，为高一级职业院校培养合格新生；通过中高贯通、中本贯通的形式，为中等职业教育毕业生建立顺畅的学业通道。最后，逐步实现农民工子女免费中等职业教育。目前，免费中等职业教育只惠及城市本地户籍人口，但是往往是招生处于不饱和状态；由于农民工随迁子女属于外来人口，却享受不到免费政策。在中等职业教育推进的过程中，取消中职免费就学的户籍限制，逐步实现农民工子女免费中等职业教育，保障农民工子女的升学机会。

（三）推进户籍制度改革，保障教育机会公平

保障升学机会与权利，要进一步深化改革户籍制度。改革开放 40 年来，

我国的户籍制度松动很多，但是在诸如入学、升学以及社会保障等公共产品享有权上依旧与户籍联系紧密。异地高考政策“开闸”，是“户籍”+“学籍”制度的重大变革，是户籍制度改革的又一项大举措。2014 年 7 月 30 日，国务院公布了《关于进一步推进户籍制度改革的意见》，“意见”强调“居住证持有人随迁子女逐步可在当地高考”。剥离异地中考、异地高考中政策中的户籍限制，是改革中的重要内容。虽然在异地高考政策中，很多地方只是强调完整的高中阶段连续学习经历和学籍，将外来人口子女义务教育后升学权利与户籍剥离开来，但是获得高中阶段连续学习经历和学籍是以小学、初中学习经历为基础，对外省籍的外来人口一定难度。因此，作为解决随迁子女城市接受高中阶段教育的重要保证，异地中考改革应相应有序推进。在改革过程中应以公平为原则，通过保障义务教育阶段农民工子女融合教育的效果以提升其学业成绩和竞争力，通过发展高中、职高教育，保障农民工子女异地升学机会；逐步消除户籍差异，开放高中教育资源，保障农民工子女高中升学权利，政策调整的重心向中考倾斜，增加农民工子女进入普通高中尤其是重点高中的机会。

（四）改革教育经费分担机制，调动地方积极性

高中教育是准公共产品，一方面，有私人产品的属性，即排他性和竞争性；另一方面，具有公共产品的一些属性，即个人在接受高中教育后，有利于提高企业的劳动生产率，进而推动整个社会的进步。我国普通高中教育执行“以县级政府为主、中央和省级政府为辅”的多级财政投入体制，但是根据国外经验，地方政府具备足够的财政能力、人均 GDP 比较高，是执行“以县级政府为主”的财政投入体制的前提。① 从目前来看，由于我国大部分省市财政能力弱，承担高中教育投入压力大；另外，我国高中教育经费来源对财政投入，以及学杂费的依赖较大，而其他途径较少，高中教育地方格局明显，因此需要通过加大中央财政对高中教育的投入，提高普通高中财政投入占教育财政总投入的比例；通过建立高中阶段教育成本分担机制，推进办学体制

---

① 覃利春、沈百福：《OECD 成员国普通高中财政投入及其启示》，《教育发展研究》2011 年第 7 期。

改革，推进多元化办学和投入主体；对人口流入大省的高中教育予以扶持、甚至是奖励，解决教育随迁中存在的财政激励不足问题，以调动地方解决农民工子女义务教育后教育问题的积极性，让劳动力需求水平与农民工子女随迁水平相匹配；建立完善农民工子女公共教育经费流转制度，当其离开流出地时，其相应的教育经费可参照社保资金的方式流转，为其在流入地就读提供保障，减轻流入地政府的财政负担。

三　建设学习型社会、促进终生学习

“终身学习是通过一个不断的学习过程来发挥人类的潜能，它激励并使人们有权利去获得他们终身所需要的全部知识、价值、技能与理解，并在任何任务、情况和环境中有信心、有创造性和愉快地应用它们”。① 对于个人而言，唯有学会发展，坚持终身学习才能适应现代社会的迅猛变化；对于全社会而言，新时代必须重塑尊重知识、尊重文化的社会氛围，建设学习型社会。

（一）尊重知识，尊重文化，建设学习型社会

“学习型社会”是一个强调人人学习、时时学习和处处学习的社会。在学习型社会里，学习成为贯穿生命全过程的自觉意识和生活需求，整个社会就是学习者共同的学习场所，学习和教育不仅成为公民的法定权利和义务，而且成为一种社会时尚。

实行回炉教育。接受教育不是一次性完成的活动，而应当根据个人和社会的需要，对教育和学习活动加以分段循环、灵活实施，并且可以和工作、闲暇等其他活动轮流交替安排。因此，在各种学校中广泛实施补偿教育的同时，通过立法允许并保障成人拥有权利和机会在工作和继续学习之间进行交替。教育政策、公共政策与就业劳动力市场政策之间要有一定的沟通和协调；教育要尽可能随时随地满足成人的学习需求；通过传统大学的开放，扩大成人接受高等教育的机会。

建设终生学习服务体系和学习型组织。构建社会信息网络学习工程，图书馆、文化馆、博物馆、科技馆、媒体等高度发达和完善，各类学习材料丰

---

① 高志敏：《终身教育、终身学习与学习化社会》，华东师范大学出版社 2011 年版，第 X 页。

富多彩，不断更新补充，为社会成员时时、处处、按需、终身自主学习提供便捷的学习平台和资源；鼓励社会成员的网络学习的参与率达到相当的比例；社会教育资源得到充分开发和利用，教育资源得到最大程度的开发，并能够打破区域限制，实现地域之间的交流与互动；构建各种学习型组织，学习型机关、学习型社区、学习型企事业单位、学习型团体、学习型家庭等；社区教育和创建学习型社区、学习型城市的活动。建设网络学习社区，发展MOOC 等互联网教学平台。

（二）开展职业技能培训，促进终生学习

“终身教育是学习型社会的基石”，在农民工城市融入的过程中，因注重职业技能培训的人力资本提升作用，促进新生代农民工终生学习。

首先，建立农民工职业培训体系，明晰各个主体地位和作用。明晰中央政府与地方政府的职业培训责任、明确农民工输出地与输入地的政府责任；明确劳动与社会保障、教育、农业等职能部门的责任，建立农民工职业培训协同体，协同推进农民工的职业培训；理顺企事业单位、社会培训机构、职业技术院校的责任，协调各部门、各组织与机构的教育、管理资源与力量，形成公办、民办并举，以职业院校为主体、企业为基础、社会多方参与的农民工职业培训的格局。

其次，发挥政府在农民工培训中的主导作用。政府应该尽快完成《职业教育法》的修订，加大对违反法律法规的法人和个人的惩戒，保障农民工的合法权益；加大农民工职业培训的财政投入，合理规划职业教育与职业培训经费的比例，加强经费管理；完善各级政府的财政分担机制，对农民工职业培训实施专项财政政策，参照国家中等职业教育免费政策，对农民工实施免费职业培训；在国家拨款、地方财政专项资金的基础上，拓宽资金来源渠道，吸收一定的企业和社会资金，减轻农民工培训的成本；完善对培训资金的监督管理，通过过程监督和结果监督相结合提升培训效果；改进培训补贴方式，开展订单式培训、定向培训、企业定岗培训，面向市场确定培训职业（工种），形成培训机构平等竞争、农民工自主参加培训、政府购买服务的机制。

再次，整合优化农民工职业技能培训的教育资源。地方政府应在现有教育资源的基础上，通过搭建教育资源整合平台而鼓励和支持各类教育机构进行资源整合，为农民工职业技能培训提供较好的教育空间。建立政府、企业与学校合作下的高效培训机制。地方政府应通过政策支持与制度规定促进企业与学校之间的有效合作，让企业积极参与农民工职业技能培训的教育活动；政府应为职业院校适当松绑，给予职业院校办学的自主权，在学校收费、企业纳税等方面给予相应的优惠政策，以充分调动各方参与的积极性。

最后，注重培训内容和培训效用。发挥市场在农民工职业培训中的决定作用。以市场需求为导向，培训的内容由市场决定，根据产业结构的调整以及企业岗位需求的变化，及时调整农民工职业培训的内容，增强农民工职业培训的针对性；根据职业发展需求，通过多次选择、多种方式灵活接受职业教育和培训，提升学习者的职业素养，有计划有组织、分层次分工种、就近从便多渠道培训农民工的培训模式，；建立健全非学历职业教育的质量认证体系、学分积累和转换制度、学分银行和职业资格考试制度，搭建农民工终身学习通道。

参考文献

一　中文文献

［美］埃尔德：《大萧条的孩子们》，田禾、马春华译，南京译林出版社 2002 年版。

宝琰、万明钢：《城乡高中教育机会分配的影响因素及作用模式：结构决定抑或行动选择》，《教育研究》2014 年第 10 期。

卜玉梅：《虚拟民族志：田野、方法与伦理》，《社会学研究》2012 年第 6 期。

曾迪洋：《生命历程理论及其视角下的移民研究：回顾与前瞻》，《社会发展研究》2016 年第 2 期。

陈丰：《从“虚城市化”到市民化：农民工城市化的现实路径》，《社会科学》2007 年第 2 期。

陈文胜：《实施乡村振兴战略，走城乡融合发展之路》，《求是》2018 年第 6 期。

杜海峰等：《生命历程视角下农民工集群行为参与的影响研究》，《西安交通大学学报》（社会科学版）2016 年第 3 期。

段成荣、黄颖：《就学与就业——我国大龄流动儿童状况研究》，《中国青年研究》2012 年第 1 期。

方长春：《家庭背景如何影响教育获得：基于居住空间分异的视角》，《教育学报》2011 年第 6 期。

方长春：《家庭背景与教育分流——教育分流过程中的非学业性因素分析》，《社会》2005 年第 4 期。

龚文海：《农民工群体的异质性及其城市融入状况测度》，《城市问题》2014

年第8期。

何绍辉：《双重边缘化：新生代农民工社会融入调查与思考》，《求索》2014年第2期。

黄斌欢：《双重脱嵌与新生代农民工的阶级形成》，《社会学研究》2014年第2期。

雷万鹏、杨帆：《流动儿童教育面临结构转型——武汉市流动儿童家长调查》，《教育与经济》2007年第1期。

李兵等：《迁移理论的基础："理解人口学"的分析框架》，《市场与人口分析》2005年第4期。

李春玲：《高等教育扩张与教育机会不平等——高校扩招的平等化效应考查》，《社会学研究》2010年第3期。

李德洗等：《父母外出务工与子女高中教育机会获得——基于劳务输出大省的实证研究》，《调研世界》2016年第11期。

李丽、赵文龙：《高校扩招背景下高中分流与教育机会公平研究》，《西安交通大学学报》（社会科学版）2014年第5期。

李培林、田丰：《中国农民工社会融入的代际比较》，《社会》2012年第5期。

李强等：《社会变迁与个人发展：生命历程研究的范式与方法》，《社会学研究》1999年第6期。

李强：《农民工与中国社会分层》，社会科学文献出版社2012年版。

梁宏：《生命历程视角下的"流动"与"留守"——第二代农民工特征的对比分析》，《人口研究》2011年第4期。

刘红岩、陈春良：《人力资本、融城能力与农业转移人口的城市融入》，《浙江社会科学》2015年第10期。

刘建娥：《中国乡—城移民的城市社会融入》，社会科学文献出版社2011年版。

刘万霞：《职业教育对农民工就业的影响——基于对全国农民工调查的实证分析》，《管理世界》2013年第5期。

卢海阳等：《农民工的城市融入：现状与政策启示》，《农业经济问题》2015年第7期。

罗锋、黄丽：《人力资本因素对新生代农民工非农收入水平的影响——来自珠江三角洲的经验证据》,《中国农村观察》2011 年第 1 期。
吕朝贤:《贫困动态及其成因——从生命周期到生命历程》,《台大社会工作期刊》2006 年。
吕慈仙:《异地高考政策如何影响进城务工人员随迁子女的社会融入》,《探索与争鸣》2017 年第 4 期。
吕慈仙:《异地升学政策如何影响随迁子女的身份认同与社会融合——基于国内若干个大中型城市的调查分析》,《教育发展研究》2015 年第 10 期。
南方、李振刚:《“90 后”农民工童年经历与社会资本积累的研究》,《同济大学学报》(社会科学版)2016 年第 1 期。
孙建军、李江:《社会科学方法在网络链接研究中的应用——以社会网络分析、网络空间分析、虚拟民族志为例》,《图书情报工作》2009 年第 10 期。
王春光:《农村流动人口的“半城市化”问题研究》,《社会学研究》2006 年第 5 期。
王春光:《新生代农民工城市融入进程及问题的社会学分析》,《青年探索》2010 年第 3 期。
王佃利等:《新生代农民工的城市融入——框架建构与调研分析》,《中国行政管理》2011 年第 2 期。
王守恒、邵秀娟:《农民工子女教育:难题与对策》,《教育科学研究》2011 年第 1 期。
王文彬:《社会变迁中的社会资本与人力资本研究——基于东北老工业基地的社会调查》,中国社会出版社 2013 年版。
王毅杰、卢楠:《农民工随迁子女与城市居民收入差距研究——基于改进后的 Oaxaca-Blinder 分解》,《河海大学学报》(哲学社会科学版)2015 年第 4 期。
王宗萍等:《我国农民工随迁子女状况研究——基于 2005 年全国 1% 人口抽样调查数据的分析》,《中国软科学》2010 年第 9 期。
吴铎等:《中国大百科全书社会学卷》,中国大百科全书出版社 1991 年版。
吴霓、朱富言:《流动人口随迁子女在流入地升学考试政策分析》,《教育研究》2014 年第 4 期。

吴霓：《进城务工人员随迁子女在流入地参加中高考的问题》，《求是》2012年第4期。

吴晓刚：《1990—2000年中国的经济转型、学校扩招和教育不平等》，《社会》2009年第5期。

吴晓燕、吴瑞君：《上海市流动人口子女初中后教育的现状、问题及其难点分析》，《教育学术月刊》2009年第1期。

吴愈晓：《劳动力市场分割、职业流动与城市劳动者经济地位获得的二元路径模式》，《中国社会科学》2011年第1期。

谢东虹：《留守经历对新生代农民工工作流动的影响——基于2015年北京市数据的实证检验》，《南方人口》2016年第3期。

谢永飞、杨菊华：《家庭资本与随迁子女教育机会：三个教育阶段的比较分析》，《教育与经济》2016年第3期。

谢正勤、钟甫宁：《农村劳动力的流动性与人力资本和社会资源的关系研究——基于江苏农户调查数据的实现分析》，《农村经济问题》2006年第8期。

闫晓庆：《中考分化机制研究——以80、90后受教育机会为例》，《当代教育科学》2016年第6期。

杨东平、王旗：《北京市农民工子女初中后教育研究》，《北京社会科学》2009年第1期。

杨菊华：《从隔离、选择融入到融合：流动人口社会融入问题的理论思考》，《人口研究》2009年第1期。

杨菊华：《父母流动、家庭资源与高中教育机会》，《学海》2011年第2期。

叶鹏飞：《探索农民工城市社会融合之路——基于社会交往“内卷化”的分析》，《城市发展研究》2012年第1期。

袁新文：《二代移民回原籍受初中后教育不现实》，《中国农村教育》2009年第6期。

岳希明、李实、史泰丽：《垄断行业高收入问题探讨》，《中国社会科学》2010年第3期。

悦中山等：《从“先赋”到“后致”：农民工的社会网络与社会融合》，《社会》2011年第6期。

展进涛等：《劳动力市场分割视角下农民工技能培训与非农工资差异——基于CFPS数据的实证分析》，《江海学刊》2017年第2期。

张蕾、王燕：《新生代农民工城市融入水平及类型分析—以杭州市为例》，《农业经济问题》2013年第4期。

张荣：《空间生产理论视域下新生代农民工社会融入研究》，《中国青年社会科学》2015年第4期。

张淑华等：《身份认同研究综述》，《心理研究》2012年第1期。

赵延东、洪岩壁：《社会资本与教育获得——网络资源与社会闭合的视角》，《社会学研究》2012年第5期。

赵延东、王奋宇：《城乡流动人口的经济地位获得及决定因素》，《中国人口科学》2002年第4期。

赵颖、石智雷：《城镇集聚、户籍制度与教育机会》，《金融研究》2017年第3期。

朱力：《论农民工阶层的城市适应》，《江海学刊》2002年第6期。

朱力：《中外移民社会适应的差异性与共同性》，《南京社会科学》2010年第10期。

二 外文文献

Arturo Gonzalez, "The Education and Wages of Immigrant Children: The Impact of Age atArrival", *Economics of Education Review*, Vol. 22, No. 2, April 2003, pp. 203 – 212.

Barry Chiswick and Noyna Deb-Burman, "Educational Attainment: Analysis by Immigrant Generation", *Economics of Education Review*, Vol. 23, No. 4, August 2004, pp. 361 – 379.

Bernard Aude, Bell Martin and Charles-edwards Elin, "Internal Migration Age Patterns and the Transition to Adulthood: Australia and Great Britain Compared", *Journal of Population Research*, Vol. 33, No. 2, June 2016, pp. 123 – 146.

Betts Julian R., and Magnus Lofstrom, "The Educational Attainment of Immigrants: Trends and Implications", in George J. Borjas, ed., *Issues in the Economics of*

Immigration, Chicago: University of Chicago Press, 2000 pp. 51 – 116.

Bluestone B. and Harrison B. , *Advantage and Disadvantage: A Profile of American Youth*, Hillsdale: Lawrence Erlbaum, 1982.

Charles Hirschman, "America's Melting Pot Reconsidered", *Annual Review of Sociology*, Vol. 9, August 1983, pp. 397 – 423.

Dowell Myers, Xin Gao, and Amon Emeka, "The Gradient of Immigrant Age-at-Arrival: Effects on Socioeconomic Outcomes in the U. S", *International Migration Review*, Vol. 43, No. 1, March 2009, pp. 205 – 229.

Dustmann C. , Frattini T. , and Lanzara G, "Educational Achievement of Second generation Immigrants: An International Comparison", *Economic Policy*, Vol. 27, No. 69, January 2012, pp. 143 – 185.

Edward Telles and Vilma Ortiz, *Generations of Exclusion: Mexican Americans, Assimilation, and Race*, New York: Russell Sage Foundation, 2008.

Gans H. , "Second-Generation Decline: Scenarios for the Economic and Ethnic Futures of the Post—1965 American Immigrants", *Ethnic and Racial Studies*, Vol. 15, No. 2, September 2010.

Gary M. Ingersoll, James P. Scamman and Wayne D. Eckerling, "Geographic Mobility and Student Achievement in an Urban Setting", *Educational Evaluation and Policy Analysis*, Vol. 11, No. 2, June 1989 pp. 143 – 149.

Geschwender J. A. , *Racial Stratification in America*, Dubuque, IA: William C. Brown, 1978.

Gjefsen, Hege Marie, and Taryn Ann Galloway, "Young Immigrants: Age at Migration and Performance in Education", discussion paper, Available from: http://www. svt. ntnu. no/iso/Marianne. Haraldsvik/Workshop2013/Papers2013/gjefseng alloway. pdf. . Last accessed: January 27, 2016.

Haller W, and Landolt P. , "The Transnational Dimensions of Identity Formation: Adult Children of Immigrants in Miami", *Ethnic and Racial Studies*, Vol. 28, No. 6, November 2005, pp. 1182 – 1214.

Hirschman A. O. , *Exit, Voice, and Loyalty: Responses to Decline in Firms, Or-*

ganizations, and States, Cambridge: Harvard University Press, 1970.

Jackman Mary R., and Robert Jackman, "An Interpretation of the Relation Between Objective and Subjective Social Status", *American Sociological Review*, Vol. 38, No. 5, October 1973, pp. 569 - 582.

Kasinitz P., Battle J., and Miyares I., "Fade to Black? The Children of West Indian Immigrants in South Florida", in Rumbaut R. G., and Portes A., eds., *Ethnicities: Children of Immigrants in America*, Berkeley: University of California Press and Russell Sage Foundation, 2001, pp. 267 - 300.

Kulu H., and A. Vikat, "Fertility Differences by Housing Type: The Effect of Housing Conditions or of Selective Moves?" *Demographic Research*, Vol. 17, No. 26, December 2007, pp. 775 - 802.

Lewis C. E., Siegel J. M., and Lewis, M. A., "Feeling Bad: Exploring Sources of Distress among Preadolescent Children", *American Journal of Public Health*, Vol. 74, No. 2, February 1984, pp. 117 - 122.

Lopez D. E., and Stanton-Salazar R., "Mexican-Americans: A Second Generation at Risk", in Rumbaut R. G., and Portes A., eds. *Ethnicities: Children of Immigrants in America*, Berkeley: University of California Press and Russell Sage Foundation, 2001.

Massey D. S., and Denton N., *American Apartheid: Segregation and the Making of the Underclass*, Cambridge: Harvard University Press, 1993.

Massey D. S., and Hirst D., "From Escalator to Hourglass: Changes in the U. S. Occupational Structure: 1949 - 1989", *Social Science Research*, Vol. 27, No. 1, March 1998, pp. 51 - 71.

Mathew Jacobson, *Whiteness of a Different Color: European Immigrants and the Alchemy of Race*, Cambridge: Harvard University Press, 1999.

Mortimer Jeylan T., and Michael J. Shanahan, *Handbook of the Life Course*, New York: Springer, 2004.

Myers S. M., "Childhood Migration and Social Integration in Adulthood", *Journal of Marriage and the Family*, Vol. 61, No. 3, August 1999, pp. 774 - 789.

Nadja Milewski, "Transition to a First Birth among Turkish Second-generation Migrants in Western Europe", *Advances in Life Course Research*, Vol. 16, No. 4, December 2011, pp. 178 - 189.

Nedoluzhko L., and G. Andersson, "Migration and First-time Parenthood: Evidence from Kyrgyzstan", *Demographic Research*, Vol. 17, No. 25, December 2007, pp. 741 - 774.

Parrado E. A., "International Migration and Men' s Marriage in Western Mexico", *Journal of Comparative Family Studies*, Vol. 35, No. 1, December 2004, pp. 51 - 71.

Perlmann J., *Italians Then, Mexicans Now: Immigrant Origins and Second Generation Progress 1890 - 2000*, New York: Russell Sage Foundation and the Levy Economics Institute at Bard College, 2005.

Philip Kasinitz and Others, *Inheriting the City: The Children of Immigrants Come of Age*, Cambridge: Harvard University Press, 2008.

Philip Kasinitz, John H. Mollenkopf, and Mary C. Waters, "Becoming American/Becoming New Yorkers: Immigrant Incorporation in a Majority Minority City", *International Migration Review*, Vol. 36, No. 4, December 2002, pp. 1020 - 1036.

Piotrowski, Martin and Paat Yok-fong, "Determinants of Educational Attainment in Rural Thailand: A Life Course Approach", *Population Research and Policy Review*, Vol. 31, No. 6, December 2012, pp. 907 - 934.

Portes A., and Hao L., "The Price of Uniformity: Language, Family, and Personality Adjustment in the Immigrant Second Generation", *Ethnic and Racial Studies*, Vol. 25, No. 6, November 2002, pp. 889 - 912.

Portes A., and Min Zhou, "The New Second Generation: Segmented Assimilation and Its Variants", *Annals of the American Academy of Political and Social Science*, Vol. 530, No. 1, November 1993, pp. 74 - 96.

Portes A., and Rumbaut R. G., *Legacies: The Story of the Immigrant Second Generation*, Berkeley: University of California Press and Russell Sage Foundation,

2001.

Portes A., Patricia Fernάndez-Kelly, and William Haller, "No Margin forError: Educational and Occupational Achievement among Disadvantaged Children of Immigrants", *Annals of the American Academy of Political and Social Science*, Vol. 620, No. 1, November 2008, pp. 12 – 36.

Portes A., *The Economic Sociology of Immigration: Essays on Networks, Ethnicity and Entrepreneurship*, New York: Russell Sage Foundation, 1995.

Richard Alba and Others, "Only English by the Third Generation? Loss and Preservation of the Mother Tongue among the Grandchildren of Contemporary Immigrants", *Demography*, Vol. 39, No. 3, August 2002, pp. 467 – 484.

Richard Alba and Victor Nee, *Remaking the American Mainstream: Assimilation and Contemporary Immigration*, Cambridge: Harvard University Press, 2003.

Rumbaut R. G., "Ages, Life Stages, and Generational Cohorts: Decomposing the Immigrant First and Second Generations in the United States", *International Migration Review*, Vol. 38, No. 3, September 2004, pp. 1160 – 1205.

Rumbaut R. G., "The Crucible Within: Ethnic Identity, Self-Esteem, and Segmented Assimilation among Children of Immigrants", *International Migration Review*, Vol. 28, No. 4, December 1994, pp. 748 – 794.

Samuel P. Huntington, "The Hispanic Challenge", *Foreign Policy*, No. 141, March/April 2004, pp. 30 – 45.

Schultz T. Paul, "The Schooling and Health of Children of U. S Immigrants and Natives", *Research in Population Economics*, Vol. 5, No. 1, Dctober 1984, p. 251.

Settersten R. A., and Mayer K. U., "The Measurement of Age, Age Structuring and the Life Course", *Annual Review of Sociology*, Vol. 23, 1997, pp. 233 – 261.

Van den Berg, Gerard J., Petter Lundborg, Paul Nystedt and Dan-Olof Rooth, "Critical Periods During Childhood and Adolescence", *Journal of the European Economic Association*, Vol. 12, No. 6, December 2014, pp. 1521 – 1557.

Vernez Georges and Abrahamse Allan, *How Immigrants Fare in U. S Education*, Santa Monica: RAND, 1996.

Waldinger R., Lim N., and Cort D., "Bad Jobs, Good Jobs, No Jobs? The Employment Experience of the 'New' Second Generation", *Journal of Ethnic and Migration Studies*, Vol. 33, No. 1, January 2007, pp. 1 – 35.

Waldinger R., Perlmann J., "Second Generations: Past, Present, and Future", *Journal of Ethnic and Migration Studies*, Vol. 24, No. 1, January 1998, pp. 5 – 24.

Wilson W. J., *The Truly Diasadvantaged: The Inner-City, the Underclass and Public Policy*, Chicago: University of Chicago Press, 1987.

Wim Veling, Hans W. Hoek, Jean-Paul Selten, and Ezra Susser, "Age at Migration and Future Risk of Psychotic Disorders Among Immigrants in the Netherlands: A 7—Year Incidence Study", *The American Journal of Psychiatry*, Vol. 168, No. 12, December 2011, pp. 1278 – 1285.

Zhou M, and Bankston C., *Growing up American: How Vietnamese Immigrants Adapt to Life in the United States*, New York: Russell Sage Foundation, 1998.

Zhou M, Bankston C. L., III, "Social Capital and the Adaptation of the Second Generation: The Case of Vietnamese Youth in New Orleans", International Migration Review, Vol. 28, No. 4, December 1994.

Zhou Min and Carl Bankston, *Growing up American: How Vietnamese Children Adapt to Life in the United States*, New York: Russell Sage Foundation, 1998.

后　记

本书是国家社科基金青年项目“农民工随迁子女教育获得与城市融入研究”（项目号：13CSH036）的成果，经过漫长的过程，书稿终于完成了，也算是对我这些年的工作有了个交代。

我一直不觉得自己是“拖拉磨蹭”的人，但是从这个课题立项到成果的出版，历经十年，这个过程又让我不得不承认自己的磨蹭。2013 年课题立项，我和所有拿到国家级项目的“青椒”一样欢欣鼓舞。当时，让我感觉生命如此精彩的还有我即将诞生的女儿，这真是“双喜临门”，我们都觉得是那没出生的孩子给我带来了好运。

和所有拿到课题的研究者一样，喜悦持续没太久，我就开始考虑怎么开展研究。于是，接下来的日子，我面对的是一篇博士论文、一个国家社科基金项目，还有一个嗷嗷待哺的小宝宝。

根据要事优先原则，我先做博士论文，再做社科项目，女儿只有交给了保姆。那段日子，我不是在图书馆码字，就是在田野做调查，唯独缺少的是对孩子的陪伴。终于，在 2016 年我拿到了博士学位；2018 年国家社科项目结项。同年，我的二女儿诞生；2019 年，我拿到了国家社科基金后期资助项目《家庭社会资本与教育获得研究》。又是一轮带娃、做项目。

在这个过程中，有很多关心、帮助我的人。感谢我的导师风笑天教授、师母张慧源老师，导师犹如灯塔的指引，师母犹如春风的关怀，让我勇敢地面对一次次困难与挫折。孙秋云教授、雷洪教授、毛丹教授、卢福营教授等，一直以来关心支持着我，不论是在论文写作，还是在项目申请方向上都给予了我极大的帮助。还有我师门的兄弟姐妹们、博士同学们，法学院的领导们、同事们都给了我极大的支持和鼓励。我的研究生们，在校对书稿过程中和我一起并肩“战斗”。感谢中国社会科学出版社的王莎莎编辑的辛苦工作，她的努力使我的稿子能以最好的面貌呈现给大家。

我要感谢我的家人们！“哪有什么岁月静好，不过是有人替你负重前行”。我的爸爸、妈妈、公公、婆婆时时刻刻牵挂着我们，为了我们能专心工作，他们总是“报喜不报忧”。我的丈夫，他无条件地支持我、帮助我，让我为梦想而努力。我的女儿们，不仅给了我无尽的快乐和动力，而且给了我觉醒和成长的机会。谢谢你们！我真的非常幸运，一路有你们的支持与陪伴！

感恩所有的遇见与美好！

吴新慧
2022 年 12 月 2 日
于杭州电子科技大学法学院